christian jakob
friedrich schorb

soziale säuberung

wie new orleans nach der flut seine unterschicht vertrieb

unrast verlag · münster

UNRAST

Zur Aktualität und den Quellen

Dieses Buch basiert zu einem großen Teil auf Interviews mit den nachstehend alphabetisch aufgeführten Personen. Sie wurden im April und Mai 2007 geführt. Alle in diesem Buch genannten Zahlen und alle Schilderungen beziehen sich ebenfalls auf diesen Zeitraum, es sei denn, anderes ist ausdrücklich erwähnt.

PhD Jay Arena (*Soziologe, Tulane University, New Orleans*), Donald Babers (*Direktor Housing Authority of New Orleans*), Ronald G. Baptiste (*Social Manager, River Garden Development, HRI Properties Inc., New Orleans*), PhD Dr. Martha Burt (*Center on Labor, Human Services & Population, The Urban Insititute, Washington*), Prof. Mike Davis (*Historiker und Soziologe, Institute for History, University of Californa, Irvine*), Luisa Dantas (*Regisseurin und freie Journalistin, New Orleans*), Ron Everard (*ehemaliger Bewohner des St. Thomas Public Housing Development, New Orleans*), Gwen Filosa (*Redakteurin „The Times Picayune", New Orleans*), Davida Finger (*Attorney at Law, Loyola Law School, New Orleans*), Prof. David Gladstone (*Soziologe, Center for Urban Planning, University of New Orleans*), Stacey S. Head (*City Council, New Orleans*), Sharin Jaspers, (*ehemalige Bewohnerin des St. Bernard Public Housing Development, New Orleans*), Endesha Juakali (*Gründer „Survivors Village", New Orleans*), Jim Kelly (*CEO Providence Community Enterprises, New Orleans*), Trey Langus (*Key Asset Manager, River Garden Development, HRI Properties Inc., New Orleans*), Prof. John Logan (*Direktor Institute for the Spatial Structures in the Social Scienes, Brown University, Providence*), Stephanie Mingo (*ehemalige Bewohnerin St. Bernard Development & „Peoples Hurricane Relief Fund Coalition", New Orleans*), James Perry (*Leiter „Fair Housing Action Center", New Orleans*), Malik Rahim (*Vorsitzender „Common Ground Relief" und Gründer der Black Panther Party von Louisiana, New Orleans*), Edward Sears (*ehemaliger Bewohner des St. Bernard Public Housing Development, New Orleans*), Laura Tuggle (*Attorney at Law, „New Orleans Legal Assistance"*).

Wir danken allen InterviewpartnerInnen. Darüber hinaus danken wir:

Common Ground Relief in New Orleans. Und da ganz besonders: Malik Rahim, Curtis Rumrill, Soleil Rodrigue, Jeffrey, Vi, Catherine, Matt, Thomas, Sharon, Tom, Lee, Jay-Jay, John, Mayo, Doug.

Außerdem: Prof. Thomas Krämer-Badoni (*Institut für Soziologie, Universität Bremen*); Prof. Heide Gerstenberger (*Institut für Wirtschaftswissenschaften, Universität Bremen*), dem Tulane University Hospital in New Orleans, Adonis Exposé (*Housing Authority of New Orleans*), Adnan Albadry (*New Orleans*), Rob Weiss (*City Council, New Orleans*), Nicole Vrenegor (*Redaktion Analyse und Kritik, Hamburg*), Federica Matteoni (*Redaktion Jungle World, Berlin*), Willi Bischoff (*Unrast-Verlag, Münster*), Gunther Begenau (*Hans-Böckler Stiftung, Düsseldorf*), Bernd Hüttner (*Rosa-Luxemburg-Initiative, Bremen*), Dora, Vera Starke (*Bremen*), den KollegInnen aus der taz-Redaktion sowie Bernd Krause, Bremen. ◁

im januar 2007 starteten bewohner und unterstützer eine wiederbesiedlung des st. bernard projects (⇨ kap. II) | f: craig morse

Inhalt

▽ 1: kundgebung für den aufbau des stark zerstörten afro-amerikanischen stadtteils "lower ninth ward" im april 2007. "ACORN" ist eine gewerkschaft, die nach der flut für das rückkehrrecht der evakuierten und gegen die enteignung von grundstücken durch die stadtverwaltung kämpfte.

Szenen einer sedierten Stadt

Seit jeher halten sich die Betreiber von Flughäfen an die offenbar eherne Regel, ihre Airports nach Präsidenten, Bürgermeistern und Revolutionsführern zu benennen. So gut wie nie aber geben sie ihnen die Namen von Künstlern.

Außer in New Orleans.

Die Gäste der Stadt werden auf dem Louis Armstrong International Airport empfangen von überdimensionalen Wandbildern, die den Jazztrompeter zeigen, in den Gängen, Wartehallen und Toiletten klimpert aus kleinen Boxen seine Musik, die die Stadt weltberühmt gemacht hat. Die Metropole am Mississippi, so die Botschaft, ist die Wiege der schwarzen Musik. Ihre Marketingstrategen konstruieren die lokale Identität, mit der sich die Stadt jedem Neuankömmling präsentiert, als Museum des kulturellen Erbes der afroamerikanischen Sklaven, deren Nachfahren sie noch heute bevölkern. Die Stadt braucht ihre Schwarzen von früher. Ohne sie ist sie nichts.

* * *

Wer bei einem bekannten Internet-Buchhändler nach „Map New Orleans" sucht, dem schlägt das Versandhaus als erstes ein Erzeugnis eines amerikanischen Verlagshauses zum Kauf vor. Folgt man der Empfehlung, dann liegt wenige Tage später eine recht spezielle Karte im Briefkasten. Sie ist, als habe der Hersteller der Versuchung einer leisen, makabren Ironie nachgegeben, auf wasserfestem Material aus Plastik gedruckt. Buslinien sind darauf nicht eingezeichnet. Und die großen afroamerikanischen Arbeiterviertel im Osten der Stadt, jenseits des „Industrial Canals", sind auch nicht darauf zu finden. Obwohl man diese Karte mit Fug und Recht als unvollständig bezeichnen könnte, erfüllt sie ihre Aufgabe, ein Abbild der Stadt wiederzugeben, in gewisser Weise sehr gut.

* * *

Der Schritt aus dem Louis Armstrong International Airport ist der Schritt in ein sediertes Gemeinwesen. Ende August 2005 traf der Hurrikan Katrina auf die Küste von Louisiana. Der Sturm richtete die schwersten Schäden an, die je durch einen

Wirbelsturm in den USA hervorgerufen wurden. Über 1.800 Menschen starben, der Sachschaden soll umgerechnet 125 Milliarden Euro betragen. In Folge des Hurrikans brachen am 2. September die Deiche des Industrial Canals in New Orleans, der den großen „Lake Pontchartrain" im Norden der Stadt mit dem Mississippi verbindet. Das eindringende Wasser überflutete weite Teile des Stadtgebietes (⇨ Abb. 21). Drei von vier BewohnerInnen wurden evakuiert – oder evakuierten sich selbst. Zweieinhalb Jahre nach der Flut, im Frühjahr 2008, lebten rund 270.000 Menschen wieder in New Orleans. Über 180.000 wollten oder konnten noch nicht dorthin zurückkehren.[1]

Die Stadt erholt sich nur sehr langsam von den Schäden. Vier von fünf öffentlichen Schulen sind noch immer geschlossen, nur die Hälfte der Krankenhausbetten[2] steht wieder zur Verfügung und nur einer von vier Bussen ist wieder auf den Straßen unterwegs. Zu erfahren, wann und wohin diese fahren, ist eine anspruchsvolle Aufgabe. Aushängende Fahrpläne gibt es keine, auch nicht am Flughafen.

Die Fahrt in die Stadt, quer durch die Vororte Kenner und Metairie, weckt Erinnerungen an Bilder afrikanischer Metropolen. Mit der Hautfarbe der wenigen Menschen, die auf den Straßen zu sehen sind, hat das nur am Rande zu tun. Weite Teile der Außenbezirke sind verwahrlost, und nur der Staub, der statt Schlamm die Straßen bedeckt, versichert: Die Flut ist schon lange vorbei. Ihre Schäden aber

▷ 2. der osten von new orleans, am 6. september 2005
f: national oceanographic and atmospheric administration

sind noch da: Schimmelige Holzhäuser, halb eingedrückt, eingefallene Blechwände von Werkstätten, Autowracks, verrammelte Fenster verlassener Geschäfte (⇨ Abb. 3). Die wenigen Läden die fast überall geöffnet haben, sind Pfandleiher und die Pay Day Loan-Shops, in denen man sich bis zum Zahltag am Ende des Monats zu horrenden Zinssätzen einen Vorschuss auf seinen Lohn leihen kann.

* * *

Schon bald nach der Flut kehrten die Touristen zurück in die Stadt. Das berühmte „French Quarter“ und seine Hauptstraße, die „Bourbon Street“, die sich in den USA eines ähnlichen Rufs und ebensolcher Beliebtheit erfreut wie in Deutschland die Reeperbahn, liegen etwas erhöht und waren trocken geblieben. Schon Mitte 2006 wurden sie wieder für den Fremdenverkehr geöffnet.

Auf dem Weg dorthin fahren seitdem jeden Tag Tausende von Touristen den Weg vom Flughafen durch die verlassenen Außenbezirke. An der Stelle, an der der Airportbus sie in das Stadtzentrum entlässt, stehen Banken- und Hoteltürme. Die Schaufenster ganzer Blöcke sind mit Brettern vernagelt. Provisorische Zäune, selbst schon verfallen, sollen verhindern, dass sich Obdachlose in den dunklen Höhlen einnisten, die einst Eingänge waren. Wären die Hochhäuser, aus denen vor Jahren

▷ 3: zerstörter supermarkt im upper ninth ward

die Firmensitze von Ölgesellschaften oder Logistikunternehmen auszogen, nicht aus Beton und Stahl gebaut, so müsste man fürchten, sie würden nun immer schlaffer dem Erdboden entgegen sinken. Doch im Gegensatz zu den flutgeschädigten Vororten ist diese Ödnis nicht neu.

Nicht nur das historische French Quarter, auch der „Central Business District", das Banken- und Hotelviertel, wurde wegen seiner leicht erhöhten Lage von der Flut verschont. Der Niedergang des Geschäftszentrums der Stadt setzte schon Jahre vor Katrina ein. Die Innenstadt von New Orleans verfällt, ebenso wie die vieler anderer amerikanischer Großstädte. Die Suburbanisierung, der Wegzug der weißen, zahlungskräftigen Mittelschicht in neue, sterile Vororte lässt die gewachsenen Zentren ausbluten.

Nachdem die Ölkonzerne, die Reedereien und viele andere Großbetriebe der Stadt in den 1980er Jahren nach und nach den Rücken kehrten, wurden die Besucher des „French Quarter" zur Haupteinnahmequelle von New Orleans. Hier wird „Mardi Gras" gefeiert, der berühmte Karneval der Stadt. Für die Besucher aus den bigotten Provinzstädten des Bible Belts und der Ödnis des Mittleren Westens ist immer „Mardi Gras". In Horden fallen sie in die Bourbon Street ein, um sich hemmungslos zu betrinken und hinterher in die allgegenwärtigen Pornobars zu wanken. Die laxen Sitten brachten New Orleans den Spitznamen „The Big Easy" ein.

▽ 4: die canal street ist die hauptstraße der innenstadt von new orleans. sie wurde nicht überflutet. ihr verfall setzte lange vor dem sturm ein

„Easy“ mag man es auch auf Geschäftsreisen. Und so wurde die Stadt am Unterlauf des Mississippi zu einem überaus beliebten Austragungsort für Kongresse aller Art. Der Bundesverband der Vertreter für dentaltechnische Instrumente, die Vereinigung der Schwerlastverkehrsunternehmen oder der Lobbyverband der Gefängnisindustrie – sie alle tagen mit Vorliebe im Ernest N. Morial Convention Center in New Orleans, nur wenige Schritte von einem der beliebtesten Amüsierviertel des Landes entfernt.

Die Touristen, die Vertreter und die Lobbyisten – sie könnten sich ebenso gut in einer Hotelbar in Oklahoma City oder in Lincoln, Nebraska statt in der Bourbon Street vollaufen lassen. Doch New Orleans hat etwas, das Oklahoma City und Lincoln nicht haben. Das wissen auch die Leute, die die Wandbilder von Louis Armstrong an die Wände des Flughafens haben pinseln lassen. Die vom wirtschaftlichen Niedergang gebeutelte Stadt lebt von der kulturellen Hinterlassenschaft der Afroamerikaner.

John Logan, Stadtforscher von der Brown University in Rhode Island, fürchtet um diesen Standortvorteil: »New York hat den Times Square, Las Vegas hat das Glücksspiel – New Orleans hatte Jazz. Aber wird es auch künftig Jazz haben? Kann Jazz künstlich hergestellt werden, wenn die Bevölkerung, die ihn einst gemacht hat, nicht mehr da ist?«

▷ 5: die "bourbon street" hingegen wurde nur wenige wochen nach der flut wieder für touristen geöffnet | f: wally gobetz

Im Mai 2007 ist die „Bevölkerung, die einst den Jazz gemacht hat“, noch da, ein Teil von ihr zumindest. Mehrere Tausend AfroamerikanerInnen sind einem Aufruf des afroamerikanischen Bürgermeisters von New Orleans, Ray Nagin, und des afroamerikanischen Bürgerrechtlers Jesse Jackson gefolgt. Sie demonstrieren für den

▽ 6: kundgebung für den aufbau des "lower ninth ward", april 2007. links im hintergrund der deich des industrial canal.

▷ 7: zerstörtes wohnhaus im "lower ninth ward"

Wiederaufbau des „Lower Ninth Ward". Das Motto ihres Aufmarsches: „Reclaiming Our Land" – „Unser Land zurück fordern". Der „Lower Ninth Ward" ist ein Symbol des Kampfes um den Wiederaufbau der Stadt. Es handelt sich um einen traditionell von AfroamerikanerInnen bewohnten Stadtteil im Osten von New Orleans, jenseits des „Industrial Canals". Nagin selbst war es, der ihn wenige Monate zuvor zum Abriss freigegeben hatte. An der Stelle, an der der Deich am Tag der großen Flut zuerst brach, ist eine große Bühne aufgebaut. Von ihr blickt man auf das, was vom Lower Ninth Ward übrig geblieben ist: Viele der ehemaligen Holzhäuser wurden planiert, die übrigen so grundlegend zerstört, dass ein Wiederaufbau fast einem Neubau gleich kommt. Die Natur holt sich das sumpfige Terrain unaufhaltsam zurück. Pflanzen überwuchern, was die Flut von den einfachen Bauten übrig ließ.

Auf der Abschlusskundgebung tritt eine lange Reihe von Rednerinnen und Rednern ans Mikrofon, die neben ihrer schwarzen Hautfarbe vor allem eines verbindet: Jeder, der hier für einige warme Worte auf die Bühne geht, stellt sich in Kürze irgendwo zur Wahl. Männer und Frauen die Richter, Sheriff, Senatorin oder Abgeordnete des Repräsentantenhauses werden wollen, haben an diesem Vormittag ihr Herz für das entvölkerte Schwarzenviertel entdeckt. Auch Nagin, der sich nach dem Sturm noch für ein „kleineres, aber besseres" New Orleans – ohne den Lower Ninth Ward ausgesprochen hatte, ergreift das Wort: „Wir brauchen den Wiederaufbau. Wir brauchen Schulen. Wir brauchen Krankenhäuser. Aber mehr als alles andere brauchen wir eure Gebete," ruft er – und erntet Jubel.

* * *

Nagin will ihre Gebete, New Orleans will ihren Jazz. Sie selber will keiner so richtig. „New Orleans ist eine geradezu grotesk segregierte Stadt," sagt der Urbanist Mike Davis. „Die ethnische Trennung ist dort wahrscheinlich sogar weltweit mit am stärksten ausgeprägt. Die weiße Elite, die die Macht über die Stadt hat, ist eine der übelsten Cliquen, die man sich überhaupt vorstellen kann. Du liest ihre Stellungnahmen oder siehst sie im Fernsehen und sie sagen es offen heraus: Sie wollen die Zahl der armen Schwarzen reduzieren, die Armen und die Afroamerikaner sollen regierbarer und vor allem weniger werden. Die Stadt soll in einen Themenpark zu Jazz und ‚Südstaatenkultur' für Touristen verwandelt werden." Die Flut traf nicht irgendeinen Landstrich. Wo Katrina das Wasser des Lake Pontchartrain über die Ufer treten ließ, wartet die Geschichte von Sklaverei, der Ausbeutung auf den Baumwollplantagen, den Sezessionskriegen, der Apartheid und der Bürgerrechtsbewegung auf ihre Fortschreibung. Es gibt in New Orleans keine Auseinandersetzung, kein soziales Handeln, in dem die Rassenfrage* keine Rolle spielen würde.

* * *

Adnan Albadry ist kein Afroamerikaner. Er ist ein irakischer Flüchtling. Albadry floh nicht vor dem Krieg, zumindest nicht vor den letzten. Er lebt schon seit den 1980er Jahren in den USA, die meiste Zeit davon in einem großen Public Housing Project in Chicago. Vor einigen Jahren zog er nach New Orleans, damals gab es hier Arbeit für ihn. Nun sitzt er auf den Stufen der Treppe vor dem Eingang der „St. Marys of the Angels School" im „Upper Ninth Ward" in New Orleans.

Die Schule ist nicht weit von dem Ort, an dem Nagin und Jackson ihre Kundgebung abgehalten haben. Sie steht mitten in einem der verwaisten Schwarzenviertel, die von der Flut getroffen wurden. Die Schule gehört zu einer kleinen Kirche, die direkt gegenüber steht. Sie sind die einzigen Steinbauten in einem Meer aus verfallenden Holzhäusern. Der Priester hat das Gebäude nach der Flut einer Hilfsorganisation zur Verfügung gestellt.

Adnan Albadry spricht einige Worte Deutsch, die USA waren nicht das erste Land, in das er ging, nachdem er den Irak verließ. „In Europa kannst du tun und lassen, was du willst: Als Einwanderer wirst du immer ein Bürger zweiter Klasse bleiben," sagt er. Deswegen hat er Wien verlassen.

„In den USA hast du Chancen," sagt er. Einwanderer seien hier schnell akzeptiert. Das gefällt ihm. Sogar seinen Namen hat er der amerikanischen Schreibweise angepasst. Er sieht sich um und blickt auf die obdachlosen Schwarzen, die auf der

* Im Folgenden werden an verschiedenen Stellen die Begriffe „Rasse", „schwarz" und „weiß" verwendet. In den hierbei angesprochenen Zusammenhängen handelt es sich bei diesen Begriffen um biologistische, soziale Konstruktionen. "Weiß" reproduziert dabei als normbildende Kategorie gesellschaftliche Ausschlußmechanismen. Aufgrund der Tatsache, dass in den USA von allen Beteiligten die englischen Entsprechungen dieser Begriffe benutzt werden, wird auch in diesem Text so verfahren. Damit sollen diese Ausschlußmechanismen jedoch nicht symbolisch affirmiert werden. Es sei auf den Umgang mit diesem Problem in "Mythen, Masken und Subjekte – Kritische Weißseinsforschung in Deutschland" (Unrast, 2005) verwiesen. Hier haben sich die HerausgeberInnen entschlossen, „'Schwarz' (auch in adjektivischer Verwendung) groß zu schreiben. Hinsichtlich von weiß entschieden wir uns statt der Großschreibung für eine Kursivsetzung, um den Konstruktcharakter markieren zu können und diese Kategorie ganz bewusst von der Bedeutungsebene des Schwarzen Widerstandspotenzials, das von Schwarzen und People of Color dieser Kategorie eingeschrieben worden ist, abzugrenzen."

Treppe sitzen und rauchen, bevor sie hineingehen, in die Pausenhalle, und auf den Kirchenbänken eindösen, die der Priester in der Halle eingelagert hat. Demnächst wird auch er sich auf eine der Holzbänke legen. Schon seit Wochen schläft Albadry in der Schule. Tagsüber streift er durch die Stadt, auf der Suche nach Gelegenheitsarbeit. Er hat ein kleines Haus ganz in der Nähe, das er einigermaßen in Schuss gebracht hat. Doch dorthin traut er sich nur am Tag. Die Nacht verbringt er lieber in „St. Mary of the Angels". Vor seinen neuen Nachbarn hat er Angst. Die meisten Häuser in dem ehemaligen Schwarzenviertel stehen leer, die Besitzer können sich die Reparatur nicht leisten. In viele der kaputten Bauten sind Cracksüchtige eingezogen, auch in seiner Straße. Diese würden oft nachts in die leeren Häuser einsteigen, auf der Suche nach etwas Brauchbarem, dass sie verkaufen können. Adnan Albadry möchte nicht, dass sie dabei auf ihn stoßen, wenn er in seinem Heim schläft. Die Crackheads seien häufig bewaffnet und unberechenbar. Er warnt davor, auf dem Weg in die Innenstadt von einer ganz bestimmten Route abzuweichen, die „safe" sei. Hatten auch seine cracksüchtigen Nachbarn Chancen? Er ist sich nicht sicher. Sie täten ihm leid, sagt er.

„Ihr schreibt ein Buch darüber, dass sie den Schwarzen ihre Häuser wegnehmen? Könnt ihr es mir schicken, wenn es fertig ist?"

* * *

Am nächsten Morgen weckt Malik Rahim, ein kräftiger Afroamerikaner, Anfang Sechzig, mit grauem Bart, verwaschenem T-Shirt und langen Rastazöpfen die Schlafenden in „St. Mary of the Angels". „Those days is over with", sagt er: Es reicht jetzt. Rahim fürchtet, dass sich „St. Marys" langsam aber sicher in ein informelles Obdachlosenheim verwandeln wird – und die auf den Straßen herrschende Gewalt sich bis in die ehemaligen Klassenzimmer ausbreitet.

Neben den obdachlosen Schwarzen aus New Orleans sitzen noch weitere Gestrandete an diesem Morgen vor ihm. Ein ehemaliger Soldat aus dem Norden, der nach seiner Zeit beim Militär nicht so recht Fuß fassen konnte im Leben oder Jay-Jay, ein weißer Farmersohn aus Mississippi, der das Pech hatte als Letztgeborener bei der Landverteilung leer auszugehen und davon träumt, sich ein Boot zu kaufen und auf dem Meer zu leben. Dazwischen sind auch ein paar Studenten und Sozialarbeiter aus Oregon, Kalifornien, Chicago und der Ostküste, die gekommen sind, um beim Wiederaufbau zu helfen. Doch momentan gibt es wenig zu tun. Die

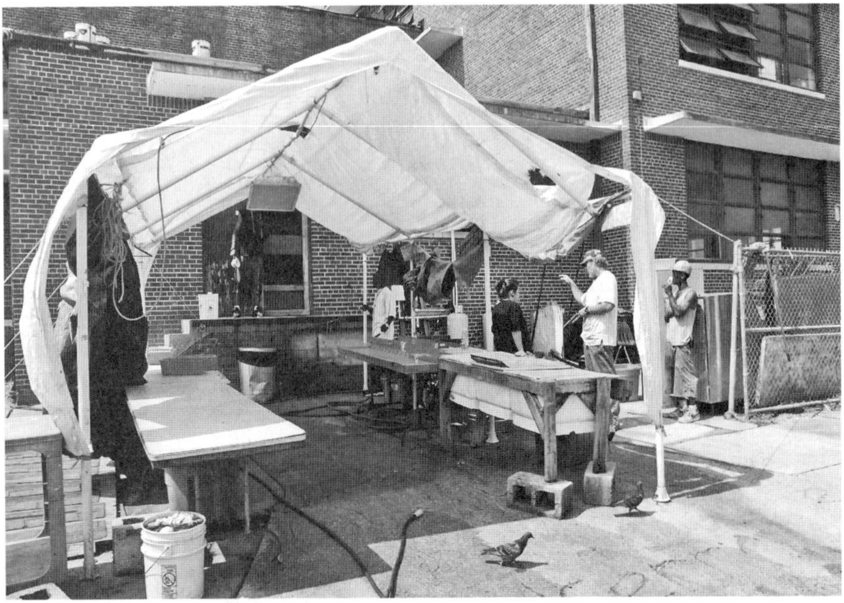

△▽▷ 8 - 11: st. mary of the angels, ein schulgebäude im "upper ninth ward", war nach der flut die unterkunft für die frewilligen des wiederaufbau-kollektivs "common ground relief".

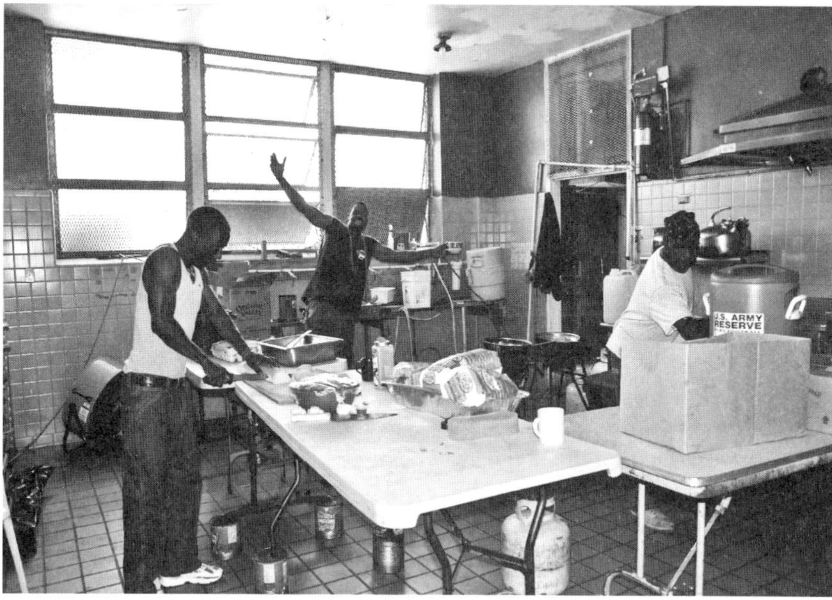

als die ersten bewohner zurückkehrten wurde es zu einem provisorischen stadtteil-zentrum mit volxküche, internet-raum und, wenn auch unbeabsichtigt, schlafplätzen für obdachlose.

Zahl der Freiwilligen ist stark zurückgegangen, seitdem sich die erste Empörung über den Umgang mit den Flutopfern gelegt hat. Rahim kündigt an, „St. Marys of the Angels" aufzugeben. Die wenigen Freiwilligen will er in einigen Häusern unterbringen, die Common Ground im Lower Ninth renoviert hat. Die anderen, die Gestrandeten, sollen in ein Obdachlosenasyl. Dafür muss er auf keine städtische oder staatliche Einrichtung zurückgreifen. Common Ground selbst betreibt zwei „Homeless-Shelter", eines für Frauen und Kinder und eines für Männer.

Es waren Malik Rahim, seine Lebensgefährtin Sharon und eine Handvoll Aktivisten aus dem ganzen Land, die „Common Ground" unmittelbar nach dem Sturm gründeten. „Es gab nichts," sagt Rahim über die ersten Tage nach Katrina, „die Leichen lagen auf den Straßen, die Kliniken waren geschlossen, die Menschen hatten nichts zu essen."

Zunächst haben sie sich um die Versorgung der Kranken gekümmert. Aus dem ganzen Land kamen damals Spenden, Geld und Material, nach New Orleans. In den provisorisch errichteten Gesundheitsstationen arbeiten Ärzte unentgeltlich in ihren Ferien oder nach Feierabend. Die Gesundheitsstationen existieren bis heute. Sie sind in der ganzen Stadt bekannt, der Andrang dort ist groß. Doch mit der Gesundheitsversorgung war erst eines der Probleme angegangen, um die sich die öffentlichen Stellen nicht kümmerten. Der Wiederaufbau von Häusern in den Schwarzenvierteln, der von den Bewohnern nicht aus eigener Kraft bewältigt werden konnte, wurde das nächste große Projekt von „Common Ground".

In den Monaten nach der Flut kamen Tausende von Freiwilligen, meist Studenten in ihren Semesterferien. Sie schliefen in „St. Marys" und wurden von den „Projektkoordinatoren" von „Common Ground" in die umliegenden Stadtteile geschickt. Dort halfen sie Hausbesitzern, ihre schimmeligen Häuser zu säubern, zu entkernen und wieder aufzubauen. Im Jahr 2006 gab es Zeiten, in denen jeder Quadratmeter des Bodens von St. Mary bedeckt war mit den Isomatten und Schlafsäcken von Freiwilligen aus dem ganzen Land.

* * *

Wer bei den politischen Aktivisten in der Stadt herumfragt, der bekommt meist die gleiche Antwort: Die Polizei, die sei das größte Problem. Zwar sei sie auch nicht rassistischer als die weißen Bürger in den besseren Vororten, die schon mal Gesetze erlassen, dass Immobilien nur an Blutsverwandte vermietet werden dürfen,[3] damit keine Afroamerikaner in die Gegend ziehen. Aber die Polizei, da sind sich fast alle einig, macht eben viel mehr Ärger. Straßenkontrollen, Misshandlungen, Verhaftungen, dazu die Justiz, die Afroamerikaner viel eher und viel stärker bestraft als Weiße.

Eines Morgens gibt es hektische Diskussionen in „St. Marys". Ein paar Aktivisten kommen aufgebracht in die Eingangshalle. Sie haben in aller Frühe einen der Projektkoordinatoren abgeholt – aus dem Gefängnis. 900 Dollar mussten sie für ihn als Kaution hinterlegen, ein Teil der Spenden, die in den letzen Wochen hereingekommen waren. Die Polizei hat ihn am Vorabend auf einer Tankstelle dabei beobachtet, wie er einen Sixpack Bier gekauft hat und mit ins Auto nahm. Er war stocknüchtern. Aber Alkohol darf in den USA nicht in der Fahrgastzelle von Autos transportiert werden. Es muss in den Kofferraum. Vor den Augen seiner Freundin haben sie ihn zu Boden geworfen, durchsucht, gefesselt und mitgenommen. Tom Pepper, ein weißer Hotelbesitzer aus Miami, der seit einigen Monaten bei „Common Ground" die Finanzen regelt, spuckt Gift und Galle: „Mich hätten sie nie im Leben deswegen mitgenommen." Der Verhaftete war schwarz. „Es ist immer dasselbe."

Es ist unbestreitbar, dass die Wut von Pepper und den anderen Polit-Aktivisten über den Rassismus der Polizei ihre guten Gründe hat. Aber was niemand so richtig wahrhaben will: Er ist, zumindest in dieser Gegend, ganz offensichtlich das kleinere Übel.

* * *

Was passiert, wenn die Polizei mal nicht da ist, hat der dänische Filmemacher Rasmus Holm dokumentiert. Holm war schon wenige Tage nach Katrina in New Orleans – allerdings auf der anderen Seite des Mississippi, im Stadtteil Algiers. Das Gebiet ist eine von weißen Vororten umgebene Enklave, die zu New Orleans gehört. Hier wohnen Arme, Reiche, Afroamerikaner und Weiße. Der ältere Teil von Algiers heißt Algiers Point. In der Kolonialzeit waren hier der Sklavenmarkt und das Schlachthaus untergebracht. Damals nannte man den Flecken auch „Slaughterhouse Point".[4] Heute ist Algiers Point eine kleine Community, die großen Wert auf ihr Erbe legt, stolz ist auf die Häuser aus dem 19. Jahrhundert und „auf die freundliche Atmosphäre in der man sich kennt, aufeinander acht gibt, in der Kinder friedlich zusammen spielen können und alles noch immer ein bisschen so wie früher ist."[5] Wie alle Gemeinden an jenem Ufer des Mississippis blieb Algiers Point trocken und dank funktionierender Infrastruktur, einigermaßen versorgt. Auf der anderen Seite des Flusses, in New Orleans, da lagen die Flutgebiete, in denen fast 100.000 Menschen, ohne fließendes Wasser, ohne Strom und ohne Lebensmittelversorgung ausharren mussten. Es sollte Tage dauern, bis die Nationalgarde kam und das Militär begann, die Flutopfer auszufliegen. Auf den Dächern und in den oberen Stockwerken der Häuser, in die sich die Eingeschlossenen retteten, herrschte oft blanke Not. Über 1.800 Menschen starben in diesen Tagen. Das Gebiet, in dem Algiers Point liegt, ist durch die „Greater New Orleans Bridge" und die „Crescent City Connection" mit dem anderen Ufer des Mississippi verbunden. Die Brücken fallen in den Zuständigkeitsbereich des Sheriffs des weißen Vorortes Gretna. Während der Flut blockierte die Polizei von Gretna die Brücken und verhinderten mit Gewehren im Anschlag und mit Warnschüssen, dass sich die Flutopfer in die angrenzenden Parishes[6] in Sicherheit bringen konnten.[7]

Holm ist mit seiner Kamera zu Gast bei einer Art Vorgartenparty in Algiers Point. Das Haus steht direkt am Deich des Mississippi, davor parken einige der in den USA so beliebten Geländewagen. Etwa 15 weiße Männer und Frauen sind anwesend. Sie tragen T-Shirts und kurze Hosen, grillen, es gibt Würstchen und Bier. Eine Frau krault zwei Schäferhunde. Die Frage, die Holm stellt, fällt dem Videoschnitt zum Opfer. Danach entspinnt sich folgender Dialog:

„Ich hätte mir niemals träumen lassen, dass ich eines Tages mit zwei 38-Milimetern in meinen Taschen und einer Schrotflinte über der Schulter durch die Straßen von New Orleans gehen würde," sagt ein etwa 60-jähriger Mann, mit weißen Haaren, weichen, leicht sonnenverbrannten Gesichtszügen und einem grauen T-Shirt, auf dem „Key West" steht. Er lehnt an einem Auto, neben ihm eine Frau mittleren Alters, beide halten grüne Bierflaschen in der Hand. „Das war ‚great', das war wie Fasanenjagd in South Dakota. Wenn es sich bewegt, erschießt du's," sagt er. Die Frau lacht. Aus dem Hintergrund wird ihr etwas Unverständliches zugerufen. Holms Kamera richtet sich auf einen der Umstehenden, er hält einen Teller in der rechten Hand, mit der linken isst er ein Brötchen mit einem Würstchen. Auch er hat die Fünfzig hinter sich, seine Haare sind grau, in seinem T-Shirt-Kragen steckt eine zusammen geklappte Sonnenbrille. „Wenn du uns ‚Bürgerwehr'[8] nennen willst, ja. Wir geben halt aufeinander Acht," sagt er und kaut schnell zu Ende. „Du musst tun, was du tun musst. Wenn du jemanden erschießen musst, dann musst du eben jemanden erschießen." Er lacht, ist aber etwas verlegen, zuckt mit den Schultern und beißt wieder in das Brötchen. „So einfach ist das."

Die Kamera schwenkt wieder auf den ersten Mann zurück.

„Wir haben sie erschossen." Er brüllt fast.

„Sie waren Plünderer," ruft die Frau neben ihm. Aus dem Hintergrund ist Zustimmung und Lachen zu hören.

„Du gehst nicht in das Haus einer weißen Frau und sagst ihr, dass du ihr das Haus nehmen wirst," sagt der Mann.

„Nein," pflichtet die Frau bei, „das tust du nicht."

Erneute Zustimmung und Lachen aus dem Hintergrund.

„In dieser Gegend lassen wir so etwas nicht zu."

„Nein."

„Wie es in anderen Teilen des Landes läuft, keine Ahnung."

Die Frau nickt. „Darum kümmern wir uns auch nicht. Aber in dieser Nachbarschaft passen wir auf uns selber auf." Sie nickt wieder und gestikuliert zur Bekräftigung mit der Hand, in der sie die Bierflasche hält.

Der erste Mann kommt wieder ins Bild, er reißt die Augen auf und schüttelt den Kopf: „Weißt du was? *Algiers Point is not a Pussy-Community.*" Was soviel heißen soll wie: Hier wohnen keine von diesen scheißliberalen Weicheiern, die nicht im Stande sind, sich selber zu verteidigen.

Die Umstehenden lachen und nicken, Bier und Würstchen in den Händen.

Holm trifft in der Gegend einen jungen Afroamerikaner, Anfang 20, in einem weißen, weiten T-Shirt, auf dem Kopf eine lila Baseballmütze. Seine Augen glänzen feucht, er spricht hektisch, mit hoher Stimme.

„Sie sind die Straße runtergefahren: ‚You loot, we shoot'," sagt er in die Kamera. Du plünderst, wir schießen. Es bleibt offen, ob die Bürgerwehren ihm das zugerufen oder ob er sich auf die selbstgemalten Schilder in den Vorgärten bezieht.

Er deutet auf die Straße: „Ich war da vorne und sie haben gesagt: Wo bist du her? Dreh' dich um, dreh' dich um, woher kommst du?"

Er hebt die Arme, als hielte er ein Gewehr und würde auf seinen Gegenüber zielen. „Ich habe gesagt: Wartet, ich wohne genau hier, in der nächsten Straße."

„Dreh dich um! Dreh Dich um!" Er hebt wieder die Arme und deutet ein Gewehr an. Es hätte wohl nicht viel gefehlt, dann hätten sie auch ihn erschossen.

Seine Stimme überschlägt sich. „Was ist mit dem Leben der Leute? Was ist mit dem Leben? Wie können sie so was machen?" Er bricht in Tränen aus und wendet sich von der Kamera ab. „Excuse me, brother."

Bürgerrechtler schätzen, dass mehrere Hundert der 1.800 Katrina-Toten von den weißen Bürgerwehren erschossen worden. Obduktionen gab es keine. Die noch Wochen nach der Flut in den Straßen liegenden Leichen wurden von einer von der Regierung beauftragten Firma, die ähnliche Arbeiten im Irak ausführt, in Massengräbern beigesetzt. Auch saatsanwaltliche Ermittlungen habe es nicht gegeben.

Man kommt um die Erkenntnis nicht herum: Wenn die – trotz allem Rassismus – immerhin institutionell kontrollierte Polizei und ihre disziplinierende – oder, wie Juristen sagen, „generalpräventive" – Wirkung nicht mehr da sind, dann bewaffnen sich in den Südstaaten Weiße und erschießen Schwarze. Zur Unterhaltung. Ohne schlechtes Gewissen. Und ohne Angst haben zu müssen, zur Rechenschaft gezogen zu werden.

* * *

Eine der vielen nützlichen Eigenschaften von Wasser ist dessen Fähigkeit, Dinge fortspülen zu können. Ein Blick auf die Regionen der Erde, die von großen Fluten heimgesucht wurden, zeigt: In Verbindung mit der Aussicht auf Profite entfaltet sich diese Wirkung erst dann so richtig, wenn das Wasser längst weg ist.

Sri Lanka beispielsweise liegt viele Flugstunden von Louisiana entfernt. Als im Dezember 2004 die Flutwelle des Tsunami auf den Inselstaat traf, erwischte es am ärgsten die Fischer, die an den Stränden der Ostküste lebten. Die Welle zerstörte ihre Boote, ihre Häuser und die Straßen, auf denen die Händler fuhren, die ihnen ihre Fische abkauften. Sie mussten mit ihren Familien in provisorische Camps ins Landesinnere fliehen, alimentiert von Spendengeldern und Lebensmittelrationen, wartend auf den Tag, an dem sie an ihre Strände würden zurückkehren können.

Am Anfang waren sie froh, wenn die Mitarbeiter westlicher Hilfsorganisationen in ihren Jeeps kamen. Sie waren sicher, sie würden Hilfe bringen. Heute nennen sie die Autos nur noch „Mongster" – aus „NGO" und „Monster".[9]

Der Tag, an dem sie an ihre Strände zurückkehren konnten, kam für viele von ihnen nie. Nach der Flut drängten Investoren ins Land, sie hatten Pläne für große Projekte in ihren Taschen und ihre Einladung, sich daran zu beteiligen, stieß bei der Regierung des bitterarmen Inselstaats auf offene Ohren: Dank der vielen Spenden war man im Stande, große Infrastrukturprojekte mit anzuschieben.

„Unter dem Deckmantel der Tsunami-Hilfsprogramme wurde öffentlicher Raum privatisiert," sagt Thomas Seibert, Mitarbeiter der Hilfsorganisation „medico international", der Sri Lanka mehrfach bereist hat. „Die Kleinfischer verdrängt man, vorgeblich aus Sicherheitsgründen, von den bislang frei zugänglichen Küstengebieten. Wegen ihrer Armut finden sie anderswo aber kein anderes Land. An ihren bisherigen Stränden plant man neue Hotels und den Bau einer Küstenautobahn." An anderer Stelle wolle man acht große Fischereihäfen für internationale Fangflotten errichten. Seibert befürchtet, dass die Gewässer vor der Insel deshalb schon bald leer gefischt sein werden.

Die Kleinfischer wurden durch das, was Seibert „den Tsunami nach dem Tsunami" nennt, ihrer Existenz beraubt. „Die NGOs wollen den Leuten Gutes tun, fragen sie aber nicht, was sie brauchen," fasst Seibert zusammen. Durch diese Art paternalistischer Entwicklungshilfe drohe ein „zivilgesellschaftliches Desaster".

* * *

Auch James R. Kelly will „den Leuten" Gutes tun, den Opfern. „*I care for the poor*," sagt der Kirchenmann, „ich kümmere mich um die Armen". Er sitzt in der ehemaligen Niederlassung der Coca-Cola Company, einem etwas herunter gekommen, zweistöckigen Gewerbebau, am Jefferson Davis Parkway, einer Hauptverkehrsachse außerhalb des Zentrums von New Orleans. In dem Haus residiert nun „Providence Community Enterprises". James R. Kelly ist im Nebenberuf ihr Geschäftsführer. Im Hauptberuf leitet er die „Catholic Charities", ein etwa der deutschen Caritas vergleichbares katholisches Hilfswerk. „Providence" ist eine Ausgründung von „Catholic Charities". Jedem, der ihn danach fragt, zeigt James R. Kelly einen Prospekt (⇨ Kapitel III). Darin sind Grundrisse und Illustrationen einer noch zu bauenden Siedlung abgedruckt. In ihnen schieben junge Mütter Kinderwägen umher und Väter spielen mit ihren Kindern Ball.

Kelly will den Armen Häuser bauen.

Wer in den USA richtig arm ist, und dabei Glück hat, der wohnt in einem der „Public Housing Projects" genannten Sozialbauviertel. Wer nicht soviel Glück hat, der wohnt auf der Straße.

Kellys Prospekt zeigt, was sein katholisches Hilfswerk zusammen mit einer auf Militärwohnanlagen spezialisierten Firma aus einem der ehemals größten Public Housing Projects von New Orleans machen wird.

Wenn die einstigen Bewohner dieses Quartiers sich mit den Fischern aus Sri Lanka treffen könnten, hätten sie sich vermutlich jede Menge zu erzählen.

▽ 12: satellitenbild von katrina am 28. august 2005 | f: NASA

I. „We are a smaller City now..."

»Government will help businesses first and second and third, and if there is anything left, maybe fourth.«[10]

William P. Quigyley, Jura-Professor, Loyola University New Orleans

Katrina hatte verheerende Auswirkungen auf die Verfügbarkeit von Wohnraum in New Orleans. Zwei Jahre nach der Flut sind erst zwei von drei Bewohnern der Stadt dorthin zurückgekehrt. Trotzdem herrscht Wohnungsnot. Das Wasser hat die Bausubstanz ganzer Stadtviertel zerstört. Bis April 2007 riss das „Army Corps of Engineers"[11] über 3.000 vom Sturm beschädigte Häuser ab, teilweise gegen den Willen der Besitzer. Mehr als die Hälfte der bewohnten Häuser und Wohnungen in New Orleans Parish wurden von Katrina und den kurz darauf folgenden Hurrikanen „Rita" und „Wilma" stark beschädigt.[12]

Das Leben in der Stadt ist deshalb teuer geworden: Konnte man 2005 eine 2-Zimmer-Wohnung für durchschnittlich 676 Dollar monatlich anmieten, so musste man 2007 fast 1.000 Dollar dafür bezahlen. Die Regierung sah sich gezwungen zu handeln. Sie legte das so genannte „Road Home"-Programm für die zerstörte Golfküste auf und bewilligte 9,4 Milliarden Dollar Hilfsgelder[13] für den Wiederaufbau von Wohnhäusern. Doch die Auszahlung der Gelder verlief schleppend.[14]

In den Monaten nach Katrina stellte die FEMA vielen Katastrophenopfern Wohnmobile als provisorische Unterkünfte zur Verfügung. Doch das Provisorium sollte von Dauer sein: Im März 2007 standen noch immer über 50.000 solcher Katastrophenhilfs-Trailer in Louisiana – etwa 15 Quadratmeter für bis zu drei Personen, meist in umzäunten und bewachten Trailer Parks, dicht an dicht, mit Hunderten anderen solcher Dauercamper (⇨ Abb. 17).[15]

Der Sturm hatte massive Auswirkungen auf den Wohnungsmarkt der Stadt. Mieten explodierten, Wohnraum, insbesondere niedrigpreisiger, wurde extrem rar. Das ist wohl die wesentliche Ursache dafür, dass einer von drei einstigen Bewohnern der Südstaatenmetropole nicht wieder an den Mississippi zurückgekehrt ist.

Viele von denen, die nicht zurück können, haben vor der Flut in den „Public Housing Projects"[16] der Stadt gelebt. Bei diesen „Projects" handelt es sich um mehrere Straßenblöcke umfassende, städtische Sozialquartiere. Zum Zeitpunkt der Flut

△▽▷ 13 - 16: vom sturm zerstörte wohnhäuser in den stadtteilen "lower ninth ward" und "upper ninth ward".

Blow Me
Katrina

▷ 17: FEMA-trailer park für 'katrina'-opfer in louisiana | f: AP

gab es in New Orleans zehn solcher Siedlungen mit fast 8.000[17] Wohnungen. Knapp 20.000 Menschen, ausschließlich AfroamerikanerInnen, haben darin gelebt. Zwei der Quartiere wurden durch den Sturm völlig zerstört.[18] Die übrigen Anlagen überstanden die Sturmkatastrophe – darunter auch die „The Big Four" genannten vier größten Quartiere der Stadt mit ihren über 4.500 Wohnungen.

In den ersten Monaten des Jahres 2006, nachdem das Wasser aus der Stadt gewichen war, zog die lokale Wohnungsbehörde HANO[19] Zäune um diese Anlagen. Sie verrammelte Türen und Fenster mit grauen Stahlplatten und stellte Polizei vor die Eingänge: Ihre mehr als 10.000 ehemaligen BewohnerInnen sollten nicht in die Wohnungen zurückkehren. Die meisten von ihnen leben heute verstreut in anderen Städten des Südens wie Houston, Baton Rouge und Atlanta. Die FEMA hat sie dort mittlerweile in privaten Mietwohnungen untergebracht und ihnen so genannte „Emergency Assistance Vouchers" ausgestellt, Mietgutscheine, finanziert aus Katastrophenschutzmitteln.

Diese Mietzuschüsse laufen im März 2009 aus. Viele der Betroffenen fürchten, dass ihnen danach Obdachlosigkeit droht. Ihre soziale Lage ist oft desolat.

Seit dem 12. Dezember 2007 reißen Baufirmen im Auftrag der HANO die „Big Four" (⇨ Abbildungen 17 – 20) ab. Zuvor hatte das zuständige Bezirksgericht eine

△▽ 17a, 10: das st. bernard (o.) und das tremé/lafitte (u.) public housing project.

△▽ 19, 20: **die übrigen der "big four": die public housing projects bw cooper** (o, f: fred conrad, new york times) **und cj peete** (u., f: indymedia/infrogmation).

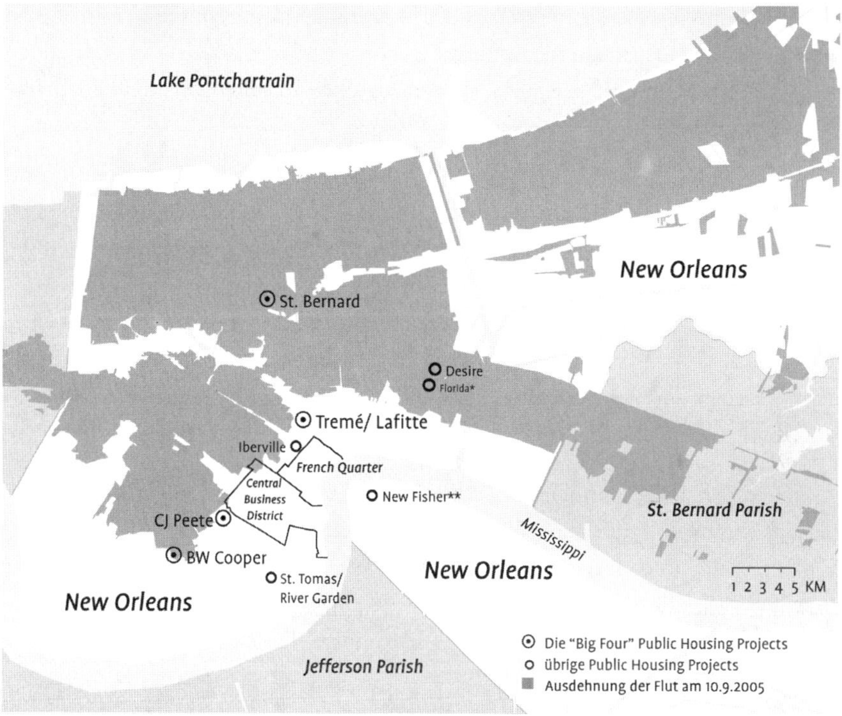

hier gegen gerichtete Klage einiger Bewohner zurückgewiesen. Vier Konsortien, teils unter Beteiligung so genannter „Non-Profit-Firmen", haben sich gebildet und Anfang 2007 Verträge mit der HANO unterzeichnet. Die „Redeveloper" genannten Immobilienfirmen werden auf den zentral gelegenen Grundstücken subventionierte „Mixed Income"-Siedlungen errichten. Über 70 Prozent[20] der Sozialwohnungen werden dabei verloren gehen. Dafür entstehen viele neue Wohneinheiten, die von Mietern mit anderen Einkommenshöhen, zu einem großen Teil zu regulären Marktmieten, bezogen werden sollen.

Die Kosten für diese Sanierung betragen, soweit bisher abschätzbar, etwa 700 Millionen Dollar an öffentlichen Mitteln (⇨ Tabelle 5, Kapitel III). Die Subventionen sind von der Regierung in Washington bewilligt worden. Die Beseitigung der Sturmschäden inklusive einer umfassenden Modernisierung der schon vor Katrina renovierungsbedürftigen Anlagen würde lediglich 420 Millionen Dollar kosten (⇨ Tabelle 4, Kapitel II). Die Ansichten über diese Form von Stadtentwicklung gehen auseinander.

Die Behörden verteidigen ihre Politik als Kriminalitätsbekämpfung und als den einzigen Weg, den afroamerikanischen Jugendlichen durch soziale Durchmischung aus den Ghettos und der Sozialleistungsabhängigkeit zu helfen. So meint die Stadträtin Stacey Head:[20]

> »Wir sind jetzt eine kleinere Stadt und deswegen sollten und werden wir auch weniger Public Housing Mieter haben. Die Kriminalität war vor dem Sturm um die Projects herum konzentriert, genau wie in anderen Städten. (...) Die Konzentration von Armut führt zu einem überproportionalen Anstieg von Kriminalität. In anderen Städten hat das Redevelopment das Leben vieler Menschen verändert und ihnen einen Ausweg aus der Armut gebracht. Es geht uns um die Mischung: ‚Working Poor' sollen zusammen mit Menschen leben, die sich eine Wohnung zu Marktpreisen leisten können.«

Andere sehen die Sanierung weniger positiv. Für sie ist der Abriss der instandsetzbaren Sozialwohnungen eine Maßnahme zur Verhinderung der Rückkehr von Flüchtlingen – und eine riesige Profitmaschine für private Immobilienfirmen. Sie sprechen von „kulturellem Genozid"[21] (⇨ Kapitel IX) und „sozialer Säuberung", wie der Aktivist und einstige Bewohner des St. Bernard-Projects, Endesha Juakali:

> »Seitdem es kein Public Housing mehr in New Orleans gibt, sind die Kriminalitätsrate und besonders die Rate der Morde und Gewaltverbrechen extrem gestiegen – und nicht gesunken. Die logische Schlussfolgerung ist, dass der behauptete Zusammenhang gar nicht vorliegen kann. Was sie wollen, ist wertvolles Land in der Innenstadt zu nehmen, das im Moment von Armen und Schwarzen bewohnt wird. Diese wollen sie loswerden, das Land bebauen, aufwerten und darauf Wohnraum für die Mittelklasse schaffen. Diesem Plan sollen die Armen nicht im Weg stehen. Das ist der Sinn und Zweck von „Mixed Income". Es hat nichts mit Kriminalität, Gewalt oder den Armen zu tun – bis auf die Tatsache, dass sie dabei im Weg sind. Es geht um den Profit der Entwicklungsgesellschaften und darum, dass Weiße keine Lust haben, jeden Tag zwei oder drei Stunden zu ihrer Arbeit in der Innenstadt unterwegs sein zu müssen.«[22]

Der Historiker und Urbanist Mike Davis von der University of California in Irvine sieht die Zukunft der einkommensschwachen Bevölkerung von New Orleans daher pessimistisch:

»Niemand weiß, was auf die Dauer mit den Leuten passieren soll. Niemand weiß, wohin die Leute gehen, die man aus den Projects wirft und ein Voucher gibt. Sie behaupten, die alten Mieter würden ihre Vouchers nehmen und sich auf dem freien Wohnungsmarkt eine gute Bleibe suchen, mit der sie endlich aus der Umgebung der extremen Armut heraus können. Ich bezweifle das stark. In den meisten Fällen, dürften sich die Leute in einer wesentlich schlechteren Wohnsituation wieder finden. Nichts könnte obszöner sein, als über diesen vollkommen annehmbaren Wohnraum – entweder intakt oder wegen seiner Hochwertigkeit leicht instandsetzbar – zu verfügen, und gleichzeitig Menschen zu verweigern, in ihre Stadt zurückzukehren. Und dann auch noch Hilfsgelder dafür zu verwenden, woanders private Investitionsruinen zu finanzieren und vor Ort diesen Wohnraum zu zerstören.«

Das Klima und die Klassenfrage

In der öffentlichen Wahrnehmung erscheinen die Folgen des Wirbelsturms Katrina als Vorboten einer globalen Klimakatastrophe.[23] Man geht davon aus, die Katrina-Schäden seien auf eine neue Qualität von durch Menschen provozierte Wirbelstürme zurückzuführen. Doch das blendet die soziale Dimension der Flut aus. Katastrophal war nicht Katrina. Der Sturm selber richtete in New Orleans keine ungewöhnlich hohen Schäden an, sondern der Zustand der öffentlichen Infrastruktur. So stellt der „Deputy Executive Director" des amerikanischen Verbandes der Bauingenieure, Lawrence H. Roth fest:

»Die meisten Zerstörungen durch Katrina gehen nicht auf den Sturm zurück, sondern auf eine Kette von technischen und politischen Fehlentscheidungen, die über viele Jahre auf fast allen Ebenen der Verantwortlichkeit getroffen wurden.«[24]

Die Überflutung dürfte auf den durch ständige Budgetkürzungen bedingten schlechten Zustand der Deiche und Drainage-Pumpen zurückzuführen sein. Auch die Bilder von zu Fuß fliehenden Menschen und dem hoffnungslos überfüllten „Super Dome" (⇨ Abbildungen 22 – 24), die anschließend um die Welt gingen, sind keinesfalls auf das unerwartet heftige Eintreffen eines Wirbelsturms neuer Qualität zurückzuführen, sondern auf das Handeln der Behörden.[25]

Spätestens die Frage des Wiederaufbaus und des Umgangs mit den Katrina-Flüchtlingen ist rein sozial bestimmt. In seinem berühmt gewordenen Werk „Risikogesellschaft"[26] entwickelt der Münchner Soziologe Ulrich Beck die These,

▽ 21. zerstörtes wohnhaus | f: charles london

ökologische Großkatastrophen träfen nicht länger nur gesellschaftlich benachteiligte Randgruppen, sondern bedrohten Gesellschaften als Ganzes. Sie verlören somit tendenziell ihre soziale Dimension: „Armut ist hierarchisch, Smog demokratisch" schrieb Beck 1986.[27]

Risiken, so seine These, würden unkalkulierbar und daher unversicherbar. Er leitete daraus ein Ende der traditionellen Moderne ab und sah eine zweite, „reflexive" Moderne anbrechen. In ihr verschwänden Grenzen zwischen Nationalstaaten ebenso wie zwischen Klassen und Schichten. Zwanzig Jahre nach der Veröffentlichung von „Risikogesellschaft" sehen viele Becks These in New Orleans bestätigt.[28]

Beck selbst greift 2007 in seinem Folgewerk „Weltrisikogesellschaft"[29] Katrina explizit auf und wiederholt, dass die Totalität neuer Katastrophen ein „Ende der Anderen" bedeute. Die Metropolen, die reichen Industriestaaten, könnten die „Opferrolle" nicht mehr in andere Weltgegenden externalisieren, Privilegierte sich nicht mehr individuell gegen Risiken absichern. Stattdessen müssten nun auch sie selber fürchten, den Zerstörungskräften der Industrialisierung zum Opfer zu fallen, von der sie bisher überproportional profitiert haben.

Die Integration der Natur in die industrielle Produktion habe die Umwelt nicht nur verseucht. Durch eine Art evolutionären Roll-Back sei die Industriegesellschaft

www.g1g3m.com/katrina

▷ 22 - 24: **über 25.000 menschen flüchteten vor dem wasser in den "superdome", das footballstadion von new orleans** | f: u.: bettany allen, o.: reuters

der Natur jetzt „ausgeliefert".[30] Die Anfälligkeit hoch entwickelter Gesellschaften greife unheilvoll mit den Zerstörungskräften ihrer Technologien ineinander. Ein totaler infrastrukturellen Kollaps drohe: „Anspruchsfluten werden ausgelöst. Rechtssysteme fassen die Tatbestände nicht. Medizinische Betreuungen versagen. Naheliegendste Fragen ernten Achselzucken".[31] Diese Irritationen und Störungen versucht Beck mit dem Begriff der „ökologischen Enteignung" zu erfassen: Die Natur entzieht den Menschen die Verfügungsgewalt über ihre Produktionsmittel und ihre funktionalen Systeme. Die Risiken seien im Begriff, der Kontrolle der

Verursacher unwiderruflich zu entgleiten. Drastischste Konsequenz: Es gibt „bei aller Leistung kein Entrinnen" vor den Modernisierungsrisiken.[32]

Es sei dahin gestellt, ob seine Behauptung eines Zusammenhanges zwischen der Erbringung von „Leistungen" und sozialer Besserstellung historisch haltbar ist. Doch bisher war ein privilegierter Ressourcenzugang gleichbedeutend mit einem Weniger an Lebensrisiken. Greift man tiefer für ein Baugrundstück in die Tasche, kann man sich ein Haus in überschwemmungssicherer Lage bauen lassen. Der Verzehr biologisch angebauter Nahrungsmittel mindert die Aufnahme von Umweltgiften. Versicherungen ersetzen die Schäden durch Stürme, Fluten und Erdbeben. Überdurchschnittliche Bildung steigert die Wahrscheinlichkeit für Statuserhalt. Doch ist die Luft erst einmal restlos verpestet, fällt nur noch saurer Regen, sind die Gewässer vergiftet oder explodieren Atomkraftwerke, dann nimmt die Wirkung solcher individueller Schutzstrategien ab: Auch für die Länder des Nordens, und auch für deren reiche Bewohner, kann es zunehmend eng werden. Ist die Katastrophe nur groß genug, sind irgendwann alle gleich. Eben diese „Sprengung des Klassenschemas" soll eine Zäsur in der Sozialgeschichte darstellen.

Ist es wahr, kann es sein, dass Katastrophen Arm und Reich, Schwarz und Weiß unterschiedslos betreffen und man deshalb von einem „Ende der Anderen" sprechen kann? Oder bleiben die Zäsuren und Kerben im sozialen Feld auch im Kollaps zumindest soweit erhalten, dass eine Ungleichheit in der Betroffenheit entlang der „Schicht- und Klassenlagen" erkennbar wäre? In „Weltrisikogesellschaft" wiederholt Beck: „Die Klimaerwärmung ist egalitär und insofern demokratisch (obwohl die Konsequenzen regional sehr unterschiedlich ausfallen)".[33] Es ist „vom Ende all unserer elaborierten Distanzierungsmöglichkeiten" die Rede. Doch die Analyse gerät ambivalenter: „Es mag sein, dass (...) alle im selben Boot sitzen. Aber auch hier gibt es Kapitäne, Passagiere, Steuermänner, Maschinisten und Ertrinkende." Die Konsequenz dieser etwas altbackenen Metapher: „Die Ärmsten der Welt wird es am schlimmsten treffen".[34] Auch Beck ist klar: Die „Konkretisierungen der Gefahren sammeln sich in Verliererzonen".[35]

Wo diese liegen werden, ist absehbar. Die Anfälligkeit für klimabedingte Veränderungen der Lebensgrundlagen wird sehr unterschiedlich ausfallen. Es sind Arme, die oftmals gezwungen sind, in ökologischen Risikolagen zu siedeln. Der bereits bestehende Zusammenhang von Armut, ungünstigen Umweltbedingungen und Anfälligkeit für klimatische Extreme wie Überschwemmungen, Erdrutsche, Dürren oder Stürme, wird sich weiter verschärfen, so das Antirassismusbüro Bremen in einem Positionspapier zum Klimawandel:

> »Die Behauptung, dass alle ‚irgendwie' vom Klimawandel betroffen sein werden, ist bestenfalls die halbe Wahrheit. Denn die Möglichkeit, die negativen Auswirkungen des Klimawandels durch entsprechende Maßnahmen zu kompensieren, wird entscheidend von den jeweiligen Möglichkeiten abhängen. Während zum Beispiel die Erhöhung des Meeresspiegels bereits für die europäischen Staaten eine große finanzielle Kraftanstrengung für Deichbau und Hochwasserschutz bedeutet, aber angesichts der geballten Finanzkraft wohl grundsätzlich zu bewältigen sein wird, ist es hierzulande kein Gegenstand gesellschaftlicher Debatten, wie den entsprechenden Folgen in ärmeren Ländern begegnet werden soll.«[36]

Beck liegt natürlich nicht falsch, wenn er feststellt, dass sich zunehmend auch die Metropolen und ihre Eliten auf eine mögliche „Opferrolle" einrichten müssen. Doch gerät bei ihm aus dem Focus, dass sich eine Radikalisierung der seit Jahrhunderten bestehenden Asymmetrie zwischen Nord und Süd abzeichnet. Im Rheinland können statt Riesling mittelfristig ebenso gut Orangen angebaut werden, Grönland gilt gar als Gewinner der Klimakatastrophe[37] - manche sprechen bereits von einem „Emirat des Nordens". Denn die steigenden Temperaturen machen den Abbau der reichhaltigen Erdölvorkommen Grönlands erst profitabel. Weiter südlich fallt die Bilanz anders aus: Während der pazifische Inselstaat Tuvalu Pläne schmiedet, seine gesamte Bevölkerung evakuieren zu lassen, wird Bangladesh regelmäßig überflutet und in weiten Teilen Afrikas wird künftig womöglich gar nichts mehr wachsen.

Die Katastrophe als Katharsis

In „Weltrisikogesellschaft" macht Beck bei der – noch immer tendenziell unterschiedslos gefährdeten Masse – ein „kosmopolitisches Moment" aus. Und dieses bietet ein ganzes Füllhorn segensreicher „aufklärerischer Funktionen":[38]

> »erzwungene Aufklärung, Kommunikation über alle Gräben und Grenzen hinweg, die politische Kraft der Katharsis, erzwungener Kosmopolitismus, Risiken als Warnung angesichts des Versagens der Regierungen und die Möglichkeit alternativer Regierungsformen in einer globalisierten Welt.«

Ohne auf die Punkte im Einzelnen einzugehen, ist die Botschaft klar: Durch die zunehmende Bewusstwerdung ihres gemeinsamen Schicksals und vernetzt durch

Massenmedien soll Bewegung in die einander näher rückende Weltgesellschaft kommen. Die Netzwerke moderner Medien ermöglichen Kommunikation. Und diese wiederum gilt nicht wenigen als Basis des Sozialen schlechthin.[39] Folgt man Beck, dann war der Umgang mit Katrina ein Musterbeispiel hierfür:

> »Die massenmedial globalisierte Gefahr kann Armen, Marginalisierten und Minoritäten eine weltöffentliche Stimme verleihen. Der Hurrikan Katrina war ein entsetzliches Naturereignis, das zugleich, als ein globales Medienereignis, unfreiwillig und unbeabsichtigt eine aufklärerische Funktion entfaltete. Was keine soziale Bewegung, keine politische Partei und sicherlich keine soziologische Analyse, wie fundiert und wie brillant auch immer sie sein mag, je hätten erreichen können, das geschah innerhalb weniger Tage: Amerika und die Welt wurden mit der Stimme und den Bildern des unterdrückten anderen Amerikas konfrontiert, dem rassistischen Gesicht der Armut der einzigen verbliebenen Weltmacht. Alle Welt sah und hörte, dass die Wohnviertel der Schwarzen von New Orleans wegen ihrer sozialen Verwundbarkeit durch die Sturmfluten zerstört wurden. (...) Auch insofern war Hurrikan Katrina keine Natur-, sondern eine Gesellschaftskatastrophe, inklusive erzwungener Aufklärung.«[40]

Beck resümiert: Zwar müsse die „List der Geschichte" „keine Einbahnstraße zu mehr Freiheit, Demokratie und Frieden" sein.[41] Dennoch: „Frieden in Banda Aceh, gegenseitige Hilfe in New Orleans, die Öffnung der Grenzen in Kaschmir: die Katastrophen des Jahres 2005 spiegelten weltweit wider, wie globale Ereignisse auch die Kraft zu einer politischen Katharsis besitzen."

Die Gleichheit kriegt nasse Füße

Empirische Untersuchungen lassen argen Zweifel an Becks Behauptungen von der „gegenseitigen Hilfe" und dem „Ende der Anderen" aufkommen.

Es liegen Daten darüber vor, wer im Großraum New Orleans überproportional von der Flutkatastrophe betroffen ist: Es sind Afroamerikaner stärker als Weiße, Mieter stärker als Hausbesitzer, Geringverdiener stärker als Besserverdienende und Arbeitslose stärker als Beschäftigte.[42] Die meisten der über 1.800 Todesopfer von Katrina waren Menschen, die kein eigenes Auto besaßen und sich daher nicht rechtzeitig in Sicherheit bringen konnten.[43] Neben den Mietern, die allenfalls ihren Besitz, nicht aber ihre Wohnstätte versichern konnten, sind es vor allem die ärmeren Hausbesitzer die sich eine zusätzliche Versicherung gegen Flutschäden nicht leisten konnten und nun mittellos zurückbleiben.[44]

So kommt eine Untersuchung des wissenschaftlichen Dienstes des amerikanischen Kongresses[45] zu dem Schluss, dass die Flut Quartiere, die von Armen und Minderheiten bewohnt wurden, „überproportional stark“ betroffen hat. Die Rückkehrerquote fällt je nach ethnischer Zugehörigkeit sehr unterschiedlich aus. 2006 wurde festgestellt, dass fast zwei Drittel der weißen Bewohner in die Stadt zurückgekehrt sind, aber nur knapp 43 Prozent der Afroamerikaner.[46] Der Anteil Weißer an der Stadtbevölkerung stieg um fast ein Drittel (⇨ Tabelle 1).

Tabelle 1: Entwicklung der ethnischen Zusammensetzung der Bevölkerung von New Orleans

	Afroamerikanisch	Weiß	Andere	Gesamt
Juli 2005	305.896	127.598	21.371	454.865
	67,2%	28,0%	4,70%	100,0%
Juli 2006	131.293	82.169	9824	223.288
	58,8%	36,8%	4,40%	100,0%
2006 Prozent v. 2005	**42,9%**	**64,4%**	**45,97%**	**49,1%**

Quelle: GCR & Associates, Inc. New Orleans, U. S. Census Bureau

Zu ähnlichen Ergebnisse kommt John Logan[47] von der Brown University in Providence, Rhode Island. Er analysierte Daten der amerikanischen Katastrophenschutzbehörde FEMA. Seine Schlussfolgerung: die Sturmschäden trafen „die afroamerikanische Bevölkerung, Mieter, Arme und Arbeitslose weit überproportional”. In den vom Wasser zerstörten Gebieten machten Afroamerikaner drei Viertel der Bevölkerung aus – in den nicht-zerstörten Gebieten war weniger als die Hälfte schwarz. Im Großraum New Orleans lebten in den zerstörten Gebieten über 45,7 Prozent der Menschen zur Miete – in den nicht-zerstörten Gebieten nur 30,9 Prozent. Schließlich lag in den überfluteten Gebieten das Einkommen von mehr als jedem fünften Haushalt unterhalb der Armutsgrenze – in den nicht-zerstörten Gebieten war weniger als jeder sechste Haushalt arm (⇨ Tabelle 2). Logan meint dazu:

> »Zweifellos erfasste die Flut Quartiere unterschiedlichster sozioökonomischer Ausprägung. (...) Die Betroffenheit verläuft teilweise quer zu ethnischen und zu Schicht-

grenzen. Doch die Wahrscheinlichkeit, in einem zerstörten Gebiet zu leben, ist für Schwarze, Mieter und Arme eindeutig höher.«

Tabelle 2: Sozialstruktur in zerstörten[a] und nicht zerstörten Gebieten von New Orleans

	Afro-amerikanisch	Arm[b]	Arbeitslos	MieterIn [c]	über 65-jährig mit Behinderung
Zerstört	75,0%	29,2%	10,4%	52,8%	5,7%
Nicht zerstört	46,2%	24,7%	7,2%	55,1%	5,3%

[a] Als „zerstört" gelten hier diejenigen Gebiete die nach Einstufung der FEMA und des „Dartmouth Flood Observatory" Schäden der Klasse „moderate" bis „catastrophic" erlitten haben;

[b] Logan spricht lediglich von „under the poverty line", ohne eine Definition zu nennen. Es ist davon auszugehen, dass er die jährlich vom U. S. Census Bureau festgelegte Armutsgrenze zu Grunde gelegt hat, die sich an einem Verbraucherpreisindex orientiert.

[c] Das Merkmalspaar MieterIn/HausbesitzerIn reflektiert für den Stadtbereich New Orleans nur unzureichend den Schichtaspekt, da die Rate der Hauseigentümer in der Unterschicht hier außergewöhnlich hoch liegt. Betrachtet man hingegen den Großraum New Orleans, so lebten in den zerstörten Gebieten 45,9 Prozent der Menschen zur Miete – in den verschonten nur 30,2 Prozent.

Quelle: Logan, John, Institute for Spatial Structures in the Social Sciences, Brown University

Die Bewohner mit der höchsten ökonomischen Verletzbarkeit haben auch das höchste Risiko getragen, das Sturm und Flut ihr Haus zerstörten. Hinzu gekommen sei, dass Afroamerikaner und Arme weniger Ressourcen haben, um zurückzukehren und ihre Häuser wieder aufzubauen. Logan erklärt sich das folgendermaßen:

»Es war seit jeher klar, dass die tiefer liegenden Gebiete der Stadt gefährlich, unbequem und voller Moskitos waren. Das hat sie sozusagen als Wohngebiete der Schwarzen und der Armen prädestiniert – und somit wurden diese Bevölkerungsgruppen diesem Risiko ausgesetzt. Ich denke, dass dieser Mechanismus für Städte insgesamt gilt. Reiche müssen sich Risiken kaum aussetzen - und wenn doch, dann haben sie Versicherungen. Fest steht also: es handelt sich um eine menschengemachte Katastrophe. Wir haben die Menschen diesem Risiko ausgesetzt und gewartet, dass es passiert. Als ich ein Kind war, haben wir uns oft diese Indianerfilme angesehen, in denen die Indi-

> aner ihre Gefangen nackt und mit Honig beschmiert an Bäume gefesselt haben und dann zugesehen haben, wie die Insekten sie aufgefressen haben. Ungefähr das ist es, was wir im Städtebau betreiben.«[48]

Zu ähnlichen Ergebnisse kommen die Soziologen Elliott und Pais.[49] Sie weisen nicht nur nach, dass die Risiken, durch Katrina Schäden zu erleiden, für die Unterschicht höher lagen, sondern dass für diese Gruppe auch die Aussichten, die Folgen zu bewältigen, schlechter waren. Die Forscher befragten einen Monat nach dem Sturm weiße und afroamerikanische ehemalige Bewohner von New Orleans, die zu der Zeit in verschiedenen Teilen der USA lebten. Sie fragten nach ihrer Evakuierung, nach angebotener materieller und psychologischer Unterstützung, nach ihrer Wohn- und Arbeitssituation und untersuchten die Wahrscheinlichkeit einer Rückkehr nach New Orleans.

Sie fanden heraus, dass Mitglieder von Haushalten mit einem Jahreseinkommen von 40.000 bis 50.000 Dollar eine fast doppelt so hohe Chance hatten, die Stadt vor dem Sturm zu verlassen, als jene mit einem Jahreseinkommen von 10.000 bis 20.000 Dollar. Schichtbereinigt war die Wahrscheinlichkeit für Schwarze 50 Prozent niedriger, die Stadt rechtzeitig vor dem Sturm verlassen zu können. Elliott und Pais führen das zum einen auf die fehlenden Transportmittel sowie eine geringere Neigung, Evakuierungswarnungen zu beherzigen, zurück.

Hausbesitzer lebten fast sieben Mal häufiger bereits wieder in ihren Häusern als Mieter.

Ähnlich sah es bei der Erwerbstätigkeit aus: Die Aussicht, wieder am alten Arbeitsplatz tätig zu sein, war für Schwarze fast vier Mal schlechter als für Weiße. Afroamerikaner mit einem Jahreseinkommen von 40.000 bis 50.000 Dollar wurden doppelt so häufig wieder in ihrem alten Job beschäftigt, wie Schwarze mit einem Jahreseinkommen von 10.000 bis 20.000 Dollar.

Sanierung im Zeitraffer

Vielen gilt als sicher, dass die Sanierungs- und Wiederaufbaupolitik dazu führt, dass große Teile der Unterschicht nicht wieder in die Stadt zurückkehren. Und für die, die wieder nach New Orleans zurückgehen, wird sich vieles ändern. Das Konzept der „Mixed Income"-Communities hat tief greifende Folgen für die Sozialstruktur der gesamten Stadt. „Mixed Income" folgt einer Theorie von Armutsbekämpfung, die seit etwa 30 Jahren die Sozialpolitik in den USA prägt.

Nach Phasen eines keynesianisch geprägten Sozialstaates setzte sich die Auffassung durch, dass staatliche Wohlfahrt die Ursache für die Herausbildung einer „Kultur der Armut“ sei. Diese soll für den dauerhaften gesellschaftlichen Ausschluss der Sozialleistungsempfänger verantwortlich sein. Sie soll zu einer Verstetigung von Verhaltensweisen wie Kriminalität, Drogenkonsum und Arbeitsscheue führen. Ausgehend von dieser Erkenntnis baute man das Fürsorgewesen ab – und den staatlichen Repressionsapparat aus. Und auch in der Wohnungspolitik schlug sich die „konservative Wende“ nieder.

Die alte, europäisch geprägte Vorstellung, dass der Staat einspringen müsse, wenn der Einzelne kein Dach über dem Kopf hat, bekam ein neues, neoliberales Gewand. Nicht mehr der als ineffizient geltende Staat soll den sozialen Wohnraum herstellen und bewirtschaften, sondern private Immobiliengesellschaften. „Mixed Income”, das heißt soviel wie: gleicher Ort, verschiedene Schichten. Menschen die Sozialleistungen beziehen, „Working Poor” und solche mit „White Collar-“, also mit qualifizierten Jobs, sie alle sollen im selben Quartier wohnen, zu einem neuen, homogenen Sozialgefüge verwachsen – doch diesmal eine Stufe weiter oben auf der sozialen Leiter.

Die Konzentration der Armut und ihre sich an diesen Orten entfaltende „Kultur“ soll ausgemerzt werden. Die verbleibenden Armen sollen sich im Mittelschichtsmilieu auflösen wie homöopathische Mittel in Wasser und irgendwann, so die Hoffnung, mögen sie ganz verschwinden. „Mixed Income” lebt von der Ideologie des sozialen Auftsiegs. Die „Crime Infested Areas” und ihre Subkultur sollen den Werten der weiß bestimmten Mittelklasse und ihrer alten, puritanischen Geschichte vom Erfolg durch harte Arbeit weichen.

Keine auf dem Rasen vor dem Haus verdösten Tage, aber, so die Theorie, auch keine dauerhaften „McJobs”. Diese sollen nur Migranten oder jungen Menschen als Durchgangsstation dienen. Mittelfristig lockt der Aufstieg durch Qualifizierung und am Ende das weiße, hölzerne Häuschen mit abgezirkeltem, eigenem kleinen Garten, in dem allein, so scheint es, die amerikanische Seele Frieden finden kann.

Der Staat war von Anfang an bereit, sich die neuen, sauberen Siedlungen etwas kosten zu lassen. Die ausführenden Immobiliengesellschaften, gleichzeitig Eigentümer der neuen Bauten, können sich über exorbitante Subventionen freuen – obwohl sie nur einen Bruchteil ihrer Wohnungen an Niedrigverdiener vergeben müssen. Der „Mixed Income“-Politik wird deshalb vorgeworfen, öffentliche Gelder für die Vernichtung günstigen Wohnraums in zentralen Lagen auszugeben. Auf diese Weise würden Arme aus den Innenstädten vertrieben, ohne dass adäquater Ersatz bereitgestellt würde. Diese aus anderen amerikanischen Großstädten bekannte Strategie wird in New Orleans nun im Zeitraffer umgesetzt.

Die Krise als Wegbereiter des „Unvermeidlichen"

Noch einmal zurück zu Ulrich Beck. Der lauscht den epochenstiftenden Katastrophen seiner „reflexiven" Moderne nämlich nicht nur die soziale Einebnung, die neue Gleichheit ab. Er begreift die riskante Entwicklungsdynamik der kapitalistischen Industrialisierung auch als eine Art Treibstoff – für sich selbst:

> »Ökologische Entwertungen und Enteignungen treten vielfältig und systematisch in Widerspruch zu den Gewinn- und Besitzinteressen. (...) Dennoch brechen die Verbreitung und Vermarktung von Risiken keineswegs mit der kapitalistischen Entwicklungslogik, sondern heben diese vielmehr auf eine neue Stufe. Modernisierungsrisiken sind big business. Sie sind die von den Ökonomen gesuchten, unstillbaren Bedürfnisse.«[50]

Die Notwendigkeit der kapitalistischen Wirtschaft, ständige Renditen erwirtschaften zu müssen, arrangiert sich laut Beck also in ganz hervorragender Weise mit der durch sie selbst hervor gerufenen Zerstörung. Diese ermöglicht es nämlich, am Wiederaufbau zu verdienen: „Mit Risiken – könnte man mit Luhmann sagen – wird die Wirtschaft selbstreferentiell, unabhängig von der Umwelt menschlicher Bedürfnisbefriedigungen".[51]

Folgt man der kanadischen Publizistin Naomi Klein[52], dann begibt sich Beck mit dieser Sichtweise in die gedankliche Nähe zu dem Ökonomen Milton Friedman. Berühmt wurde der mit einem Nobelpreis für Wirtschaftswissenschaften dekorierte Friedman durch seine makroökonomische Theorie des Monetarismus. Der Monetarismus geht von einer natürlichen Stabilität des privatwirtschaftlichen Sektors aus. Störungen des wirtschaftlichen Ablaufs sollen im Wesentlichen durch den intervenierenden Staat hervorgerufen werden. Der österreichische Wirtschaftswissenschaftler Karl Brunner[53] erläutert das so:

> »Der private Sektor federt Ausschläge ab und formt sie in eine stabilisierende Bewegung um [...] die Hauptinstabilitäten und Unsicherheiten des ökonomischen Prozesses [gehen] auf das Verhalten des staatlichen Sektors zurück. Die Unsicherheiten sind im Besonderen den Steuer- und Ausgabenprogrammen zuzurechnen sowie den Maß-

> nahmen eingreifender Instanzen. Die Instabilität ist vor allem der Geld-, Kredit- und Fiskalpolitik zuzuschreiben.«

Anders gesagt: Hält sich der Staat zurück, ist alles in Ordnung. Fängt er an, sich in die Wirtschaft einzumischen, etwa durch die Erhebung von Steuern zur Finanzierung öffentlicher Dienstleistungen, dann geht alles drunter und drüber.

Friedmans Thesen gelten als Grundlage dessen, was unter dem Schlagwort „Neoliberalismus" bekannt geworden ist: Der Vorstellung also, dass durch die strikte Zurücknahme des öffentlichen Sektors zugunsten privater Anbieter, der Senkung von Steuern und des Abbaus von Sozialleistungen eine gesamtwirtschaftliche Dynamik ermöglicht wird, deren Leistungsbilanz der eines Sozialstaates überlegen sei. Hierdurch soll auf Dauer ein höheres durchschnittliches Wohlstandsniveau erreicht werden als bei sozialstaatlicher Umverteilung.

Aufgabe der Politik soll es daher sein, einen möglichst raschen und umfassenden Abbau des öffentlichen Sektors – auch gegen Widerstände in der Bevölkerung – durchzusetzen. Diese Art von Reformpolitik, so glaubt Friedman, sei am effektivsten nach schweren Krisen aller Art umsetzbar. In solchen Zeiten sei die Bevölkerung nämlich damit beschäftigt, die Folgen der Krisen zu bewältigen und könne keine oppositionellen Aktivitäten organisieren. Friedman meint dazu in einem Interview Folgendes:

> »Nur eine Krise (...) führt zu echtem Wandel. Wenn es zu einer solchen Krise kommt, hängt das weitere Vorgehen von den Ideen ab, die im Umlauf sind. Das ist meiner Ansicht nach unsere Hauptfunktion: Alternativen zur bestehenden Politik zu entwickeln, sie am Leben und verfügbar zu halten, bis das politisch Unmögliche politisch unvermeidlich wird.«[54]

Friedman war sogar der Ansicht, die Dauer des Zeitfensters bestimmen zu können, innerhalb dessen die nötigen Reformen durchsetzbar seien:

> »Eine neue Regierung hat ungefähr sechs bis neun Monate Zeit, um tiefgreifende Veränderungen zu erreichen; nutzt sie die Gelegenheit nicht, während dieses Zeitraums entscheidend zu handeln, wird sie sie nicht noch einmal bekommen.«[55]

Naomi Klein hat die Wirkung von Friedmans Theorien auf die Politik der letzten Jahrzehnte untersucht. Sie glaubt, dass seine Thesen erstmals im Rahmen seiner Beratung des chilenischen Generals und Regierungschefs Augusto Pinochet in den

1970er Jahren erprobt wurde. Die Tatsache, dass der erfolgreiche Umbau der Wirtschaftspolitik im Rahmen eines – sozusagen krisenhaften – Militärputsches stattfand, habe Friedman als Beleg für seine These von der Notwendigkeit von „Schockbehandlungen" interpretiert.[56, 57] Seither, so Klein, seien immer wieder Krisen – politischer, ökonomischer, sozialer und ökologischer Art – von entscheidendem Einfluss auf die Wirtschafts- und Militärpolitik nicht nur der USA, sondern auch vieler anderer Länder:

> »Krisen und Katastrophen auszunutzen war von Anfang an der *Modus Operandi* von Milton Friedmans Anhängern gewesen: Diese fundamentalistische Form von Kapitalismus hat schon immer Desaster gebraucht, um voranzukommen (...) Was im Irak und New Orleans passierte (...) war der Höhepunkt von drei Jahrzehnten (...) Schock-Strategie.«[58]

So seien unter anderem auch der Falkland-Krieg, die Schuldenkrisen Afrikas und Lateinamerikas in den 1980er Jahren, das Tiananmen-Massaker von Peking, der Zusammenbruch der Sowjetunion, die NATO-Angriffe auf Belgrad, der Tsunami im indischen Ozean, die zweite Intifada in Palästina sowie die Terror-Anschläge des 11. September zur raschen Umsetzung radikaler wirtschaftlicher und politischer Reformen benutzt worden.[59]

Friedman selbst schrieb nur wenige Wochen nach Katrina in einem Beitrag für das „Wall Street Journal":[60]

> „Die meisten Schulen von New Orleans liegen in Trümmern. (...) Das ist eine Tragödie. Es ist aber auch eine Gelegenheit, das Bildungssystem radikal zu reformieren."

Hilfsgelder sollten nicht in den Wiederaufbau öffentlicher Schulen, sondern in die Ausgabe von „Vouchers", Schulgutscheinen, fließen, mit denen Eltern ihre Kinder in neu zu eröffnenden „Charter Schools" anmelden können.

Bei „Charter Schools" handelt es sich um privatwirtschaftlich betriebene Schulen, die dem Staat monatlich einen bestimmten Betrag für die Beschulung von Kindern in Rechnung stellen und öffentliche Schulen ersetzen sollen. Das Modell wurde seit 1988 von 40 amerikanischen Bundesstaaten eingeführt. 2005 besuchten in den USA etwa eine Million Schüler private Charter Schools. Chester Finn und Eric Osberg[61] vom Washingtoner Fordham-Institut fanden heraus, dass Schüler an Charter Schools den Staat im Landesdurchschnitt 2.256 Dollar weniger pro Jahr kosten, als an seinen eigenen Schulen (9.604 Dollar gegenüber 7.348 Dollar) – ein

Minus von 23,5 Prozent. Laut Klein sind die öffentlichen Schulen in New Orleans gemäß Friedmans Empfehlung nahezu vollständig durch Charter Schools ersetzt worden. Vor Katrina gab es 123 öffentliche und sieben Charter Schools. Im Februar 2008 waren es noch 38 öffentliche, aber 41 Charter Schools. Nur wenige der 4.700 gewerkschaftlich organisierten Lehrer an den staatlichen Schulen der Stadt fand eine neue – schlechter bezahlte – Arbeit in den Charter Schools. Die meisten blieben erwerbslos.[62, 63]

Die Heritage Fundation,[64] und das Republican Study Committee, ein Zusammenschluss von über 100 republikanischen Kongressabgeordneten, haben nur zwei Wochen nach dem Sturm eine Konferenz zu Katrina veranstaltet. Als Ergebnis wurde eine Liste mit 32 „pro-marktwirtschaftlichen" Vorschlägen zum Umgang mit den Folgen von Katrina vorgelegt.[65] Die Lobbyisten forderten die Einrichtung einer Sonderwirtschaftszone im Katastrophengebiet, drastische Steuersenkungen, die Aufhebung arbeitsrechtlicher Standards sowie die Aufhebung investitionshemmender Umweltgesetze. Sämtliche der Vorschläge seien noch in derselben Woche von Präsident Bush umgesetzt worden, hätten jedoch später teilweise wieder aufgehoben werden müssen.[66]

Auch Unternehmen, die im Irak als Auftragnehmer der Bush-Regierung fungieren, nutzten ihre guten Kontakte zur Regierung – und die Gunst der Stunde. Aufträge mit einem Volumen von mehreren Milliarden Dollar, die im Zusammenhang mit den Sturmschäden standen, seien ohne Ausschreibungen an solche Firmen vergeben worden, so Klein. Adäquate Gegenleistungen hätten sie oft nicht erbracht– sich dafür aber mit hohen Parteispenden bedankt.[67] Zudem seien von den Auftragnehmern kaum Bewohner der Region beschäftigt worden. Stattdessen habe man massenhaft papierlose Arbeiter zu Niedrigstlöhnen in der deregulierten Katastrophenwirtschaft arbeiten lassen – und diese häufig um ihren Lohn geprellt.[68] So habe sich beispielsweise die Firma Kenyon den Auftrag, die Leichen aus den Straßen der Stadt zu bergen, gesichert. Der vereinbarte Preis pro entfernter Leiche: 12.500 Dollar. Später wurde der Firma vorgeworfen, viele Leichen zwar abgerechnet, aber gar nicht geborgen zu haben. Zudem seien viele Leichen nicht ordentlich bestattet worden.

Die Katastrophenschutzbehörde FEMA soll laut Davis[69] der Baufirma Shaw einen absurd hohen Preis von 175 Dollar je zehn Quadratmeter für die Abdichtung von Hausdächern mit Plastikplane gezahlt haben. Hiervon sollen die ausführenden Arbeiter lediglich zwei Dollar erhalten haben – und die FEMA soll auch noch die

Plane bereitgestellt haben. Klein, Davis und andere haben lange Listen mit solchen Fällen zusammengetragen, die als Beleg für die These dienen, dass im Zusammenhang mit Katastrophen und Krisen Gewinnspannen realisierbar sind, die unter regulären Bedingungen ausgeschlossen wären.

Zurück zur politischen Ebene. Wegen der hohen Kosten für Katrina-bedingte Hilfsmaßnahmen sowie der Militäroperationen im Irak und Afghanistan kürzte der republikanisch dominierte Kongress im November 2005 40 Milliarden Dollar in anderen Etats des Bundeshaushalts. Die unmittelbaren Katrina-Folgen wurden mit 29 Milliarden Dollar hiervon beziffert. Die Kürzungen trafen im Wesentlichen die Gesundheitsprogramme „Medicaid“ und „Medicare“, die Studierendenkredite „Federal Student Loans“ sowie die Mittel für Lebensmittelmarken.[70] Dabei handelt es sich um Programme, deren Einschränkung von der republikanischen Partei in der Vergangenheit ohnehin immer wieder verfolgt wurde.

Doch es geht noch weiter: Die Bush-Regierung gestattete nicht, dass öffentliche Katrina-Hilfsgelder zur Bezahlung kommunaler Angestellter herangezogen wurden. Weil aber viele der Evakuierten nur sehr langsam zurückkehrten, brachen die Steuereinnahmen der Kommune New Orleans drastisch ein.

Und so musste die Stadt in den Monaten nach der Katastrophe 3.000 kommunale Angestellte entlassen.[71] Wegen des entstandenen Mangels an Fachleuten seien anschließend Hilfsgelder dafür benutzt worden, private Beraterfirmen mit Aufgaben der öffentlichen Verwaltung zu betrauen[72] – ein Abbau des öffentlichen Sektors im Sinne des neoliberalen Privatisierungsdogmas. Auch die öffentlichen Nahverkehrsbetriebe hätten erheblich darunter gelitten, nach der Katastrophe völlig vernachlässigt worden zu sein – zum besonderen Nachteil der ärmeren Bewohner der Stadt, die sich keine Autos leisten können.

Schließlich sei auch das Justizwesen und die Polizei vernachlässigt worden. Dies blieb nicht ohne Folgen: Die Kriminalitätsrate explodierte (⇨ Abschnitt 6, "Abrissbirne für die Armut"). Viele reiche Bewohner von New Orleans – und auch die Katastrophenschutzbehörde FEMA – beauftragten vor diesem Hintergrund private Sicherheitsdienste mit der Bewachung ihrer Häuser und Straßen. Die meisten Aufträge erhielt, wie Jeremy Scahill dokumentiert, die im Irak tätige Söldnerfirma „Blackwater“.[73]

Die Liste ließe sich fortsetzen. Festzuhalten bleibt: In vielen Bereichen fand ein Abbau des öffentlichen Sektors statt. Sei es, weil zerstörte Infrastruktur nicht wieder aufgebaut wurde, sei es, weil privaten Dienstleistern der Vorzug gegeben wurde.

Insofern wurde Friedmans pragmatischer Ansatz, den Hurrikan als „Gelegenheit“ zu begreifen, offenkundig von vielen Politikern geteilt.

Und auch die Wirtschaft vermochte dem Flutdesaster durchaus positive Seiten abzugewinnen. Das Beck’sche Wort von den Modernisierungsrisiken als „big business“ bestätigte sich: „Ich denke, wir haben jetzt einen schönen reinen Tisch für einen Neuanfang. Und auf diesem Tisch erwarten uns ein paar sehr große Gelegenheiten,“[74] sagte der Immobilienunternehmer Joseph C. Canizaro aus New Orleans Ende September 2005 in der New York Times. Canizaro weiß, wovon er spricht. John A. Arena, Sozialwissenschaftler an der privaten Tulane Universität in New Orleans untersuchte in seiner Doktorarbeit[75] die Sanierung des St. Thomas Public Housing Projects in New Orleans in den 1990er Jahren.

Er fand heraus, dass eine Investorengruppe um Canizaro in der Zeit von 1991 bis 2000 durch den An- und Verkauf von Grundstücken in der Umgebung des St. Thomas Projects mit einer Investitionssumme von 11 Millionen Dollar einen Gewinn von über 720 Prozent erzielte (⇨ Kap IX). Canizaro konnte durch seine Kontakte in der Immobilienwirtschaft die Wertsteigerung der Grundstücke frühzeitig voraussehen. Katrina brachte die Chance auf ähnliche Profite – in vielfacher Ausführung.

Politiker, denen an dem Abriss der Projects gelegen war, sahen in der Flutkatastrophe gar eine Art göttlichen Segen: „We finally cleaned up public housing in New Orleans. We couldn’t do it, but God did,”– „Wir haben endlich mit den Sozialbauten in New Orleans aufgeräumt. Wir selbst haben das nicht geschafft, aber Gott hat es getan.“[76]

So äußerte sich der republikanische Kongressabgeordnete Richard H. Baker aus Baton Rouge am 9. September gegenüber Immobilienanwälten in Washington. Nach Protesten sah sich Baker zu einer Stellungnahme genötigt – bekräftigte darin aber nur das Gesagte: „We have been trying for decades to clean up New Orleans public housing to provide decent housing for residents, and now it looks like God is finally making us do it.” – „Wir haben seit Jahrzehnten versucht, mit den Sozialbauten in New Orleans aufzuräumen, um anständigen Wohnraum für die Bewohner bereit zu stellen, und jetzt sieht es so aus, als ob Gott uns endlich ermöglicht, dies zu tun.“

Ist Katrina also ein Katalysator für eine von den funktionalen Eliten verfolgte soziale und politische Neugestaltung von New Orleans?

Vieles spricht dafür, dass Kleins These von der katastrophenbedingten zeitlichen

Verdichtung von Verwertung und Reformen nicht ganz an der Sache vorbei geht. Es stellt sich die Frage nach den zu Grunde liegenden Mechanismen. Der Soziologe David Gladstone vom Center for Urban Planning der Universität von New Orleans meint dazu Folgendes:

> »Es ist halt am Ende darauf hinausgelaufen, das reiche, weiße Leute von allem profitiert haben. So liegen die Dinge eben strukturell. Haben die europäischen Siedler geplant, die Indianer auszurotten, als sie nach Amerika gekommen sind?«[77]

▽ während einer besetzung beginnen mieter, ihre wohnungen in st. bernard vom schimmel zu befreien | f: craig morse

▽ 25: der stetig gelöcherte zaun um das gesperrte st. bernard public housing project

II. Welcome Back – Unless You're Black

»The bottom line is, we do want our families back.«[78]

Donald Babers, Direktor HANO

»They wanted them poor niggers out of there and they ain't had no intention to allow it to be reopened to no poor niggers, you know? And that's just the bottom line.«[79]

Malik Rahim, Mitbegründer der Black Panther Party von Louisiana

Am 3. November 2005, knapp zwei Monate nach Katrina besuchte der Leiter der Bundesbehörde für Wohnungsangelegenheiten, HUD, Alfonso Jackson, New Orleans. In Begleitung von vier der sieben Mitglieder des City Council hielt Jackson eine Pressekonferenz auf dem Gelände des Fischer Public Housing Project ab. Die Lokalzeitung notierte: „Alle versprachen den ärmsten Bewohner der Stadt eine leuchtende Zukunft, einschließlich neuer, moderner Häuser, die sie nach New Orleans zurücklocken sollten."[80] HUD-Chef Jackson sagte:

> »Die Zeit des Public Housing, wie New Orleans es vor Katrina kannte, ist vorüber. Die neuen Anlagen, die wir bauen werden, werden die Armen nicht mehr in den Backsteinbauten isolieren. Was wir bauen werden, wird anders sein. Das traditionelle Public Housing wird nicht wieder aufgebaut.«

Er kündigte an, dass die HUD in der zerstörten Golfregion 1,8 Milliarden Dollar in Public Housing investieren werde, einen Großteil dieser Summe in New Orleans. Das erste Projekt, das mit diesem Geld bezahlt werden sollte war der Abriss des CJ Peete Public Housing Projects. Die übrigen der „Big Four" sollten kurz darauf folgen.

Zehn Tage später, am 13. November 2005, begann die Sicherheitsfirma „Access Denied" aus Las Vegas, die Türen von Tremé/Lafitte, CJ Peete und weiterer Public Housing Gebäude der HANO mit grauen Stahlplatten zu verschließen.[81] Der Behörde war die „Sicherheitsmaßnahme" 55 Dollar je Fenster und 110 Dollar je Tür wert. Die Gesamtkosten dürften sich auf rund 370.000 Dollar belaufen haben.

Am 19. Januar 2006 erhielt die „EBE Fence Company" aus New Orleans den Auftrag, das St. Bernard Public Housing Project und Teile des BW Cooper Projects mit stacheldrahtbewehrten Zäunen abzusperren. Gesamtkosten: Über eine halbe Million Dollar.[82] An den Zaun und die Stahlplatten wurden Hunderte kopierter Plakate mit folgenden Aufschriften gehängt:

»**Betreten verboten**

Sie werden hiermit aufgefordert, den Grundbesitz der HANO unverzüglich zu verlassen und nicht ohne vorherige Genehmigung durch die HANO zurückzukehren. Jede Person, die dieses Gebäude ohne vorherige Genehmigung durch die HANO betritt, wird strafrechtlich verfolgt. Dies bedeutet:

1. Die Räumung und Inhaftierung wegen Hausfriedensbruches.

2. Die Erwirkung einer einstweiligen Verfügung, die jeden weiteren Versuch, das Gelände zu betreten, sich auf dem Gelände aufzuhalten oder das Gelände wieder zu betreten, mit Strafen belegt.

3. Die Eintreibung der Kosten für die Beseitigung aller an HANO-Eigentum verursachten Schäden.

4. Falls irgendwelche Ansprüche auf das Bewohnen einer HANO-Wohneinheit bestehen, erlöschen diese unverzüglich, einschließlich des Verlustes des Anspruches auf jede weitere Form von aktueller oder zukünftiger Unterstützung durch die HANO.«

Auf dem zweiten Plakat stand:

»Mieter, die persönliche Gegenstände holen möchten, mögen sich mindestens 72 Stunden vorher unter den Telefonnummern (...) an die Wohnungsbehörde von New Orleans wenden, um einen Termin zu vereinbaren.«

Nach Angaben der Hilfsorganisation „Common Ground Relief" war es über einen langen Zeitraum so gut wie unmöglich, über diese Nummer einen HANO-Mitarbeiter zu erreichen. In vielen Berichten wird beschrieben, wie Mieter versuchten, sich eigenmächtig Zutritt zu ihren Wohnungen zu verschaffen und daran mit vorgehaltener Waffe von der Nationalgarde oder der örtlichen Polizei gehindert wur-

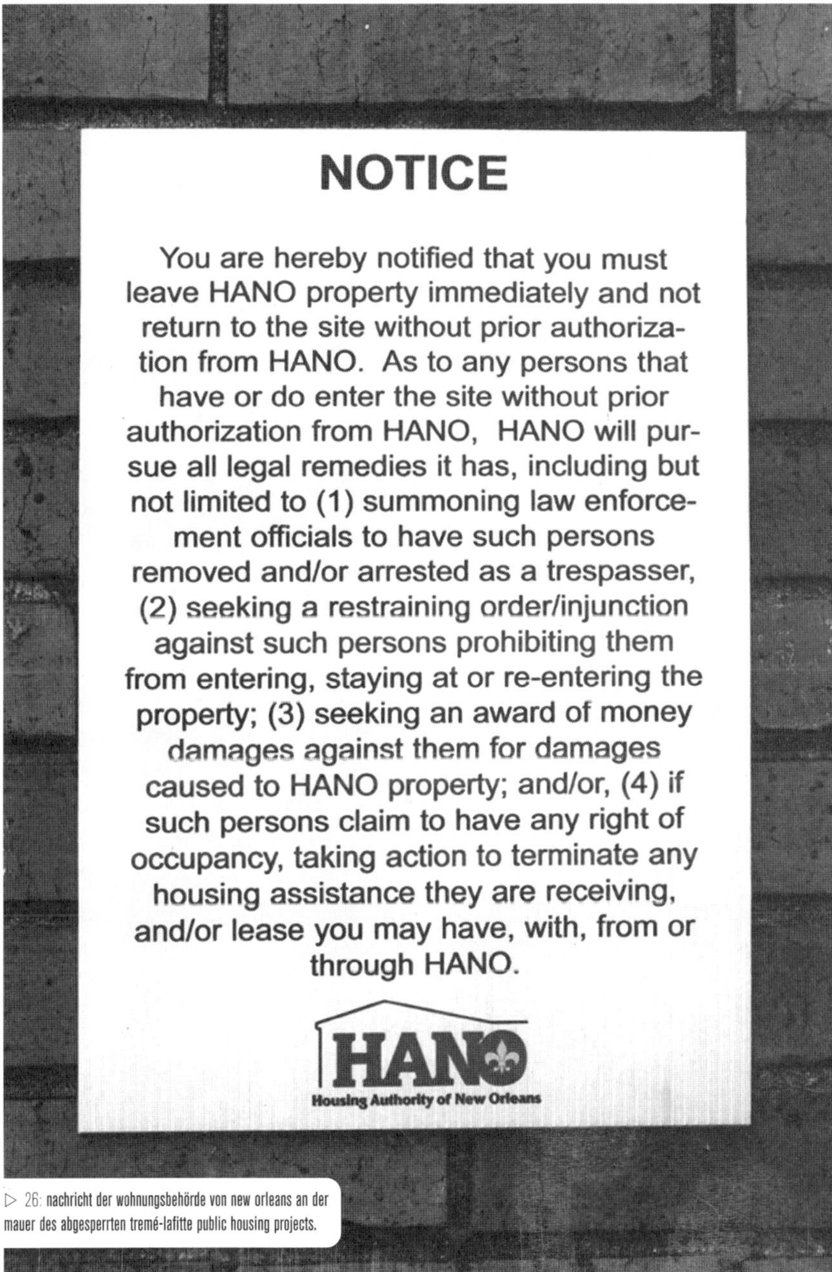

▷ 26: nachricht der wohnungsbehörde von new orleans an der mauer des abgesperrten tremé-lafitte public housing projects.

▷ 27: nachricht der HANO am zaun des st. bernard public housing projects

▷ 28: das abgesperrte tremé-lafitte public housing project

den. Auch im April 2007 patrouillierten noch alle paar Minuten Streifenwagen entlang der Absperrungen der Projects.

Als der Sturm kam, hatte die HANO fast 8.000 Sozialwohnungen, von denen etwas mehr als 5.000 belegt waren. Kurz nach dem Sturm wurden einige der Wohnungen im direkt neben dem French Quarter gelegenen (und trocken gebliebenen) Iberville-Project wieder geöffnet. Nach und nach kamen weitere Einheiten in weiteren Projects hinzu. Bis April 2007 gestattete die HANO den Bezug von insgesamt 1.350 Appartements. 412 Wohnungen waren zu dieser Zeit zwar bezugsfertig, aber unbewohnt.[83,84] 6.031 Wohnungen blieben geschlossen.[85]

Nach Katrina stand also in New Orleans Sozialbauten jede Menge Wohnraum leer. Trotzdem gab die amerikanische Katastrophenschutzbehörde FEMA (Federal Emergency Management Agency) in derselben Zeit Unsummen aus, um evakuierte Flutopfer, darunter auch die einstigen Sozialmieter, in anderen Städten im Süden der USA unterzubringen.

So kaufte sie für 900 Millionen Dollar insgesamt 26.300 Fertighäuser. 632 Millionen Dollar gab sie für Hotel-Gutscheine für obdachlose Familien aus. Dadurch entstanden dem amerikanischen Steuerzahler Kosten in Höhe von 2.400 Dollar im Monat je Familie. Später erhielten viele Familien so genannte „Disaster Vouchers", Mietgutscheine, im Wert von monatlich 800 Dollar zur Zahlung ihrer Miete.

249 Millionen Dollar ließ sich die FEMA die sechsmonatige Anmietung von über 8.000 Kabinen auf Kreuzfahrtschiffen für Katastrophenopfer kosten. Das kostete satte 5.100 Dollar je Kabine und Monat. Das ist mehr als das sechsfache dessen, was der Staat für die Anmietung einer normalen Wohnung hätte bezahlen müssen.[86,87]

Anfänglich kam FEMA im Rahmen ihres „Katrina Rental Assistance Program" auf diese Weise für die Unterbringung von 250.000 Familien auf. Im Dezember 2007 waren es noch immer fast 30.000 Familien.[88]

Es ist offensichtlich, dass hier – um den Preis erheblicher Mehrkosten für die auswärtige Unterbringung der evakuierten Sozialmieter – Fakten geschaffen werden sollten. Wären die Bewohner nach dem Sturm in ihre Wohnungen zurückgekehrt, hätte dies der öffentlichen Hand zwar etliche Millionen Dollar erspart – aber den geplanten Abriss der Public Housing Projects um Jahre verzögert.

Die meisten der von der FEMA auf diese Weise umgesiedelten Familien wurden im texanischen Houston untergebracht. Das war offensichtlich durchaus im

Sinne der dortigen Immobilienwirtschaft. Mike Davis:[89]

»Es gibt eine landesweite, massive Wohnungsknappheit. Trotzdem hatte die aus Texas stammende Bush-Regierung nichts Besseres zu tun, als FEMA–Mittel und andere Wohnhilfegelder ausgerechnet nach Houston zu leiten – wo es schon erhebliche Überkapazitäten am Wohnungsmarkt gab.

Houston ist immerhin die New Orleans am nächsten gelegene Großstadt.

Glaubt, was ihr wollt. Denkt ihr, die weiße Mittelklasse in Houston ist bekannt für ihre ausgesprochene Großzügigkeit gegenüber Schwarzen? Houston war schon immer ein völlig überbauter Immobilienstandort. Die große Krise der Immobilienwirtschaft vor 12 bis 15 Jahren – Houston war ihr Epizentrum. Die Überkapazitäten dort liegen in der Größenordnung von Hunderttausenden Wohnungen, etliche Firmen gingen Pleite. Katrina löste dieses Problem. Und natürlich wollen sie nun, dass die FEMA die Mieten noch eine Weile zahlt.«

Die große Aussperrung nach Katrina

Für die Sozialmieter bedeutete diese „Katastrophenhilfe" oft eine quälende Odyssee, die am 30. August 2005 ihren Anfang nahm. An diesem Tag brachen die Deiche des Industrial Canal. Der Kanal verbindet den Lake Pontchartrain im Norden der Stadt mit dem Mississippi, südlich des Zentrums. Die nahe am Kanal und dem See gelegenen Teile der Stadt liefen innerhalb von zwei Tagen voll mit Wasser. So auch das Gebiet des St. Bernard Public Housing Projects, auf halbem Weg zwischen dem French Quarter und dem Lake Pontchartrain. Die 58-jährige ehemalige Krankenschwester Sharin Jaspers berichtet von diesen Tagen:

»Was ist Ihnen passiert, als nach Katrina die Flut kam?

Als die Flut kam, haben wir uns zunächst auf das Dach des Hauses gerettet. Später sind wir dann mit einem Boot zu einer nahe gelegenen Autobahnbrücke gepaddelt. Nach zwei Tagen haben uns dort endlich Hubschrauber aufgesammelt und in den Vorort Metairie geflogen. Dort mussten wir wieder zwei Tage warten. Die Zustände waren katastrophal. Es waren Herzkranke und Schwangere dabei, es gab kein Essen und keine Tampons für die Frauen. Als endlich der Bus kam, um uns zu evakuieren, wussten wir nicht einmal, wohin er fährt.

Und, wohin fuhr er?

Es hieß nur: „Rein!", sonst haben sie uns nichts gesagt. Letztlich war es uns aber auch egal. Nach all den Strapazen wollten wir nur noch an einen Ort, an dem es trocken war und wo es ein Bad gab. Ich bin sofort eingeschlafen, als ich in dem Bus saß. Als ich wach wurde, waren wir im Cajun-Dome in Lafayette. Dann hat man uns nach Houston gebracht.«

Das Klima in der Stadt war zu der Zeit äußerst repressiv. Überall patrouillierten so genannte „Sicherheitskräfte" mit einer äußerst niedrigen Schwelle zur Gewaltanwendung (⇨ Abbildungen 29 – 30).

»They have M-16s and they're locked and loaded. (...) These troops know how to shoot and kill, and they are more than willing to do so, and I expect they will.«[90]

Mit diesen Worten teilte die Gouverneurin von Louisiana, Kathleen Blanco, auf einer Pressekonferenz am 2. September der Öffentlichkeit die Verhängung des Ausnahmezustandes über New Orleans und den Einsatz der Nationalgarde mit, um diesen durchzusetzen. Sie bekannte also freimütig, dass die Garde „mehr als motiviert" war, von ihren M-16-Gewehren Gebrauch zu machen und tat ihre Erwartung, wenn nicht gar Hoffnung, kund, dass es auch zum Schusswaffeneinsatz kommen werde. Die Maßnahme sollte vor allem der „Eindämmung von Plünderungen" dienen. Viele der Einheiten kamen direkt von einem Einsatz im Irak. Die hochoffizielle Ermutigung, Schusswaffen einzusetzen, blieb nicht ungehört. Mike Davis:

»Ich habe viele Bekannte, weiße Cajuns, aus der Gegend. Während ‚Rita', dem zweiten Hurrikan, habe ich sie besucht. Einer von ihnen ist Polizist aus Baton Rouge. Am dritten Tag nach Katrina ist er mit Booten der Nationalgarde mitgefahren. Ihre Anweisung verbot es ihnen, Menschen aufzunehmen. Sie durften nur Leichen einsammeln. Niemand wusste, wie giftig diese Leichen genau waren. Dabei saßen die Leute noch immer auf den Dächern fest, halb wahnsinnig vor Hunger und Durst. Er hat mir erzählt, wie ein Mann, ein Schwarzer, der auf dem Dach saß und sie wieder wegfahren sah, ohne dass sie Anstalten machten, ihn mitzunehmen. Er schoss aus lauter Verzweiflung mit einer Pistole in die Luft. Die Nationalgardisten haben ihn daraufhin sofort aus dem Boot heraus auf seinem Dach erschossen. Einfach so. Beschissene, weiße, idiotische

▷ 29: infanteristen patroullieren kurz nach 'katrina' im french quarter | f.: us army

▷ 30: nationalgarde im upper ninth ward

Typen mit einem Gewehr in der Hand. Haben ihn einfach abgeknallt. So geht es zu im Süden.«[91]

Vergleichbar mit dem Bericht von Sharin Jaspers sind auch die Erinnerungen ihres ehemaligen Nachbarn Edward Sears, einem arbeitslosen Gärtner:

»Können Sie die Situation während der Evakuierung beschreiben?

Ich war hier im Project, ich habe im ersten Stock gewohnt. Als das Wasser kam, habe ich den Kindern und den Älteren dabei geholfen in das oberste Stockwerk zu gehen. Meine Sachen konnte ich nicht mehr retten. Da war keine Zeit. Wir hingen fest auf den Dächern und den oberen Stockwerken. Das Wasser stand 10 Fuß hoch. Es gab nur einen Helikopter, der manchmal über das Project flog, aber es kamen keine Boote. Wir haben zwei Tage auf unserem Dach gesessen und den Hubschraubern zugewunken, doch die sind nur über uns her geflogen, um den Wasserstand zu beobachten.

Wie sind Sie dann dort weg gekommen?

Wir mussten am Ende Boote stehlen. Wir wussten, dass es in der Nähe des Projects einige Leute gab, die welche im Garten hatten. Die Boote sind einfach nicht gekommen, das war der Grund, warum wir welche stehlen mussten. Mit dem Boot konnten wir zu einer nahe gelegenen Brücke fahren. Dort haben uns Hubschrauber aufgesammelt. Ich hatte Gluck, das ging bei mir recht schnell. Einige Leute mussten dort noch mehr als eineinhalb Tage warten. Man konnte seinen Hund nicht mitnehmen, niemand hat einem gesagt, wohin es ging. Am zweiten September bin ich in Houston angekommen. Am vierten September ist mein Geburtstag, den habe ich im Astrodome verbracht.

Und dann?

Mit dem Bus wurden wir zu dem Militärstützpunkt Fort Polk in Leesville, Louisiana gebracht. Von dort hat man uns nach Houston in den Astrodome gebracht. Die Leute, die vorher im Superdome in New Orleans untergekommen sind, wurden auch nach Houston in den Astrodome gebracht. Aus dem Superdome mussten alle raus, weil da das Wasser rein kam, es gab kein Essen, keine Toiletten, Leute sind davor gestorben. Es hat Tage gedauert, bis die Evakuierungen richtig in Gang kamen. Die Hälfte der Einwohner von New Orleans kann nicht schwimmen. Im Lower Ninth Ward, wo der Industrial Canal brach, war es besonders schlimm. Viele Menschen sind dort gestorben, als sie versucht haben ihre Kinder oder andere zu retten. Als auch in Houston alles voll war, hat man angefangen, die Menschen nach Florida, Chicago und Kalifornien zu fliegen.

Wie ist es Ihnen in Houston ergangen?

Den Leuten wurden Wohnungen in Häusern und auf Hausbooten in Houston angeboten. In Houston hat es mir nicht gefallen ich wollte zurück. Ich habe denen gesagt ich möchte zurück, die haben mir ein Ticket für den Greyhoundbus in die Hand gedrückt. Nach drei Wochen war ich wieder hier. Als ich hier wieder ankam, dass muss so Anfang November um Thanksgiving gewesen sein, da waren außer mir hier vielleicht zwei, drei Leute auf dem riesigen Gelände. Ich habe meine Wohnung mit Chlorreiniger gesäubert, die Wände, wegen dem Schimmel, ich habe meine kaputten Möbel raus gebracht. Die waren alle verschimmelt, ich habe ja im Erdgeschoss gewohnt. Alles was da noch zu gebrauchen war, war ein Grill.«

Im April 2007 sitzen gegenüber dem ehemaligen St. Bernard Public Housing Project Edward Sears und ein paar seiner einstigen Nachbarn auf einer Bank in einer Bushaltestelle, die nicht mehr angefahren wird. Für wen auch, schließlich ist das Project geschlossen und die Leute in den umliegenden Häusern haben alle Autos. Immerhin hat der kleine Lebensmittelladen direkt hinter der Haltestelle noch geöffnet. So haben es Edward und seine Kumpels nicht weit, wenn sie Nachschub brauchen. Hier verbringen sie ihre Zeit. Mit einem Bier in der Hand schauen sie auf das, was einmal ihr Zuhause war und jetzt zum Greifen nah und doch wegen der Drahtzäune und Stahltüren für sie unerreichbar ist. Sears erinnert sich an seine letzten Tage in dem Project:

»Durften Sie dort bleiben?

Nach zwei Wochen kam die HANO und sagte, ich sollte raus. Sie haben angefangen, den Zaun zu bauen und gesagt, niemand dürfe sich hier aufhalten. Ich habe ihnen dabei zugesehen, wie sie den Strom abzwickten. Sie haben erst die zentralen Sicherungen rausgedreht und dann die großen Kabel durchgeschnitten. Im Dezember haben sie dann auch noch das Wasser abgedreht. Ohne Wasser in der Toilette konnte ich da nicht wohnen bleiben, es war zu mühsam, immer das Wasser her zu tragen. Als dann die Polizei kam um mich rauszuholen, bin ich mitgegangen. Ich bin dann zur HANO, die sollten einem ja etwas geben, aber es gab keine freien Wohnungen, die nicht zerstört waren. Im Februar 2006 kam die Polizei und hat die letzten Leute rausgeholt.

31: edward sears

▷ 32: sharin jaspers

Wohin sind Sie gegangen, als Ihnen die HANO keine neue Wohnung gab?

Ein Pastor hat mir einen Raum gegeben. Seit Februar 2006 wohne ich in einer entkernten Kirche, zusammen mit einem Freund. Wir haben kein richtiges Zimmer, das ist eher so ein großer Raum, dort schlafe ich auf dem Boden. In diesem Raum lagert die Kirche so Sachen wie Matratzen, Möbel und Kühlboxen und verteilt die dann an Bedürftige. Dort ist es sauber und ich habe einen Fernseher. Seit drei Wochen habe ich ein Section 8-Voucher.

Das heißt, Sie haben 14 Monate auf das Voucher warten müssen?

Ja, aber das war nicht ihre Schuld, das war meine Schuld. Ich habe mich nicht richtig darum gekümmert, ich war deprimiert und konnte mich nicht richtig darum kümmern. Ich habe nie irgendwelche Mietbeihilfen bekommen, vorher. Für 965 Dollar kann ich mir jetzt mit dem Voucher ein Appartement suchen.

965 Dollar?[92]

Ja. Aber ich finde trotzdem nichts. Die Mieten sind gestiegen und die Regierung fördert die Hausbesitzer mit diesen Wuchermieten. Und die Mieten steigen noch immer. Die Leute die zurück wollen, haben kein Geld um ihren Umzug zu bezahlen und kein Geld für die Mieten und Möbel. Hier gegenüber von St. Bernard Project wird gerade ein Ein-Zimmer-Appartement renoviert, da würde ich gerne rein. Das Problem ist, ich kann mir die Kaution nicht leisten, die zahlt die HANO nicht und der Strom ist auch teurer geworden seit Katrina. Die Kaution für dieses Appartement beträgt 750 Dollar. Strom, Wasser und Gas wären etwa 300 bis 400 Dollar jeden Monat. Soviel habe ich natürlich nicht, ich habe eigentlich gar nichts.

Und wovon leben Sie dann?

Ich arbeite ein bisschen, ich mache den Leuten den Rasen. Ich bin Gärtner. Ich habe in einen Rasenmäher investiert, aber viel bleibt da nicht übrig, ich habe nur vier Kunden. Ich hatte mehr, aber als ich zwischendurch krank geworden bin, habe ich einige verloren. Ich habe heute Morgen jemandem für zwanzig Dollar den Rasen gemäht. So halte ich mich über Wasser. ‚Food Stamps' bekomme ich, die gebe ich aber meiner Tochter, die ist krank, kann nicht arbeiten und muss sich im nächsten Monat operieren lassen.«

Dass Edward Sears Houston so schnell er konnte wieder verlassen hat, war, trotz allem, sehr voraus schauend. Rick Wilson und Robert Stein[93] von der texanischen Rice University haben untersucht, wie es denen ergangen ist, die dort geblieben sind. Sie fanden heraus, dass weniger als 20 Prozent der aus New Orleans in die texanische Metropole Evakuierten bis Juli 2006 dort Arbeit finden konnten. Vor Katrina, in New Orleans, hatten über 60 Prozent von ihnen Jobs. Der Anteil von Personen ohne Krankenversicherung stieg unter den Evakuierten von 29 Prozent vor Katrina auf 46 Prozent in Houston. Trotz der geringen Beschäftigungsrate kam es wegen ihrer Konkurrenz auf dem Niedriglohnsektor rasch zu schweren Konflikten mit den hispanischen Minderheiten in den Evakuierungsorten. Die sozialen Netzwerke aus New Orleans sind aufgelöst, der Anschluss an das einstige soziale Umfeld zerstört. In der Wilson/Stein-Studie klagen drei von vier Befragten über Vereinsamung, viele geben an, unter Depressionen zu leiden.[94] Auch Sears' Nachbarin Sharin Jasper gefiel es in Houston nicht:

»Wie ist es Ihnen Houston ergangen?

In Houston war es vor allem für die Schulkinder schlimm. Ich kenne einen Jungen, dem haben seine Klassenkameraden angedroht, ihn umzubringen, weil er als Katrina-Opfer neu in die Klasse kam. Sie haben die ganzen Kinder aus New Orleans spüren lassen, dass sie nicht willkommen sind. Es gibt Tausende Kinder, deren Seele durch den Sturm viel Schmerz zugefügt wurde. Sie wurden aus ihrem ganzen Leben heraus gerissen.

Welche Hilfen gab es für Sie als Katrina-Opfer?

Die FEMA hat uns eine Soforthilfe von 2.000 ausgezahlt. Später, als ich bei der FEMA durchgesetzt habe, zurück nach New Orleans gehen zu können, gab es 1.500 für den Umzug. Hinzu kommen 10.000 Kompensationszahlungen, die aber nicht für Reparaturen in der alten Wohnung verwendet werden durften.

Was ist denn mit Ihrer alten Wohnung passiert?

Ich habe immer wieder bei der HANO angerufen, damit sie aufschließen und ich meine Sachen holen kann, ich habe aber nie eine Antwort bekommen. Als ich während der Besetzung endlich rein gegangen bin, habe ich gesehen, dass die Wohnung von HANO-Arbeitern leergeräumt wurde. In meinem Appartement war gar kein Wasser.

▷ 33 – 37: die nach der flut von der HANO abgesperrten st. bernard-sozialwohnungen verfielen durch feuchtigkeit, obwohl nur das erdgeschoss etwa 80 zentimeter unter wasser stand. die einrichtung, die die bewohner bei ihrer evakuierung zurücklassen mussten, setzte schimmel an.

Trotzdem sieht es überall ganz schlimm aus – und alles, was irgendeinen Wert hatte, ist weg.

Wie leben Sie jetzt?

Das Haus, in dem ich jetzt wohne, gehört einem Slumlord.[95] Er hat es nach dem Sturm von mexikanischen Arbeitern, die überhaupt nicht qualifiziert waren, wieder aufbauen lassen. Es ist in sehr schlechtem Zustand. Die Isolierung ist schlecht, die Farbe bröckelt, in der Wand sind Löcher, die Heizung geht nicht. Im Winter konnte ich vor Kälte nicht schlafen, ich hatte immer meine ganze Kleidung an, nachts. Ich lebe jetzt mit zwei meiner Enkel in diesem Haus.

Bezahlt das die FEMA?

Nein, die HANO. Die zahlen über ein ‚Emergency Voucher' die Miete, ich selber zahle 360 Dollar Nebenkosten im Monat. In den Projects gab es viele arbeitende Leute. Nach dem Sturm haben die meisten ihren Job verloren und das ist das Problem. Wenn du im Project nichts verdient hast, hast du auch keine Miete gezahlt. Das war der Vorteil. Jetzt ist es schwierig. Mit Section 8 muss man immer noch die vollen Nebenkosten selber tragen, egal, ob man etwas verdient oder nicht. So werden Arbeitslose ganz schnell auch obdachlos.«

Ob die Erfahrungen von Sharin Jasper oder Edward Sears typisch für alle ehemaligen HANO-Mieter sind, ist nicht mit Bestimmtheit zu sagen. Fest steht aber: Rund 3.600 Haushalte, etwa 10.000 Menschen, die vor dem Sturm in einer Sozialwohnung lebten, konnten bis zum Dezember 2007 nicht dorthin zurück.

Wer wissen möchte, warum Jaspers, Sears und ihre Nachbarn bei ihrer Rückkehr mit Stacheldraht und Stahlplatten vor ihren Häusern empfangen wurden, der erfährt in der Touro Street, im Stadtteil Dillard mehr. Dort, in einem weißen, vierstöckigen Bürogebäude, weit außerhalb des Zentrums, liegt das Büro von Donald Babers. Wer zu ihm will, dem weist ein Pförtner den Weg: „Wenn man aus dem Fahrstuhl, der nicht funktioniert, aussteigt, rechts." Die HANO, die Housing Authority of New Orleans, wird seit Jahren von der zuständigen Bundesbehörde zwangsverwaltet, nachdem sie landesweit wegen chronischer Ineffizienz und Korruption berühmt wurde. Bei den jährlichen Evaluationen erreichte sie regelmäßig nur etwa ein Drittel aller möglichen Benchmark-Punkte, immer wieder verschwand Geld – irgendwann reichte es der Bundesregierung und die Selbständigkeit der Behörde war dahin.

Donald Babers wurde aus Washington als ihr neuer Leiter eingesetzt. Der massige Afroamerikaner Mitte fünfzig, im schwarzen Hemd und mit viel Goldschmuck am Körper, gibt gerne Auskunft über die Gründe für die Abriegelung der Sozialbauten. „Wir haben eine Verpflichtung für die Umwelt und die Gesundheit unserer Mieter. Wenn die Leute einfach sagen ‚Wir wollen aber zurück', dann geht das eben nicht," sagt er. Die Behörde begründet die Schließung der Projects offiziell mit dem Schutz vor Plünderungen und der Schimmelbelastung der Gebäude.[96] Allerdings stand ein großer Teil der Projects aber entweder gar nicht oder nur sehr geringfügig unter Wasser. Die entstandenen Schäden sind im nächsten Teil ausführlich beschrieben. Bei der HANO ist man der Ansicht, alles Erforderliche zu unternehmen, um den Flutopfern, die noch immer ungekündigte Mietverträge für ihre Sozialwohnungen haben, gerecht zu werden:

»Wie haben Sie versucht, in Kontakt mit Ihren ehemaligen Mietern zu treten?

Es ist ein Problem, Kontakt zu allen der ehemaligen Mieter aufzunehmen. Die sind über das ganze Land verstreut. Aber wir arbeiten daran. Wir waren kürzlich in Houston, Dallas, San Antonio, Austin und anderen Städten. Dort haben wir etwa 500 unserer ehemaligen Mieter getroffen. Am Anfang haben wir gedacht, etwa 60 Prozent kommen zurück, das hätte bedeutet, dass wir 3.000 Wohneinheiten brauchen. Auf dieser Reise haben wir von vielen gehört: Ja, wir kommen wohl zurück, aber nicht unter den Bedingungen, in denen sich die Häuser jetzt befinden. Ihr renoviert, wir kommen zurück, das haben sie gesagt. Ein paar haben gesagt, wir wollen gleich zurück. Denen habe ich gesagt: Du willst zurück – ich hole dich zurück. Ich zahle deinen Umzug und dein Busticket. Wir haben, wie gesagt, 400 schlüsselfertige Wohnungen. Und die Leute rennen uns nicht gerade die Bude ein. Sonst stünden die Wohnungen ja wohl kaum leer.

Ist es nicht viel mehr so, dass der Leerstand im Wesentlichen mit ihrem Vergabeverfahren zusammen hängt? Wenn Sie eine freie Wohnung haben, müssen Sie doch erst einmal die alten Mieter ausfindig machen und dann muss sie in einer bestimmten Reihenfolge Angehörigen bestimmter Statusgruppen angeboten werden.

Ja. So läuft das Verfahren. Finden wir die nicht oder können die sich nicht entscheiden, dann bieten wir einem älteren Mieter das Objekt an. Die haben ein gewisses Zeitfenster, die Wohnung anzunehmen. Wir können keine sechs Monate warten, bis sich irgendjemand entschließt, eine Wohnung zu nehmen. Dieses Vergabeverfahren haben wir mit den Repräsentanten der ehemaligen Mieter vereinbart. Allerdings ist sowohl das als auch unsere Planungsgrundlage von einigen Leuten angezweifelt worden.

▷ **"du willst zurück, ich hole dich zurück"** – der sitz der HANO in der touro street in new orleans.

Wie begegnen Sie diesen Zweifeln?

Im Moment machen wir Folgendes: Eine unabhängige, externe Stelle kontaktiert alle ehemaligen 5.000 Familien und fragt an, was ihre Präferenz ist: Wollen sie überhaupt zurück? Wenn ja, wann? Auf dieser Basis werden wir, ganz transparent, unsere Planzahlen noch einmal prüfen: wie viele der 5.146 kommen wieder? Wie viele Wohnungen müssen wir bereitstellen? Es gibt Leute, die haben mir höchstpersönlich gesagt: Ich will gar nicht zurück. Andere haben gesagt, ich komme, aber erst wenn ihr mit dem Neubau fertig seid. Klar, Leute können ihre Meinung ändern. Aber das haben sie mir gesagt. Andere wollen jetzt sofort zurück und die kriegen von mir ein Voucher.«

„Sie verdienen etwas viel besseres"

Am 27. Juni 2006 erhoben 18 ehemalige Mieter der „Big Four" „as representatives for a class of all similarly situated African-American public housing residents" beim Bezirksgericht von Ost-Louisiana Klage gegen die HUD und die HANO.[97] Ziel ihrer Klage: Die Öffnung der geschlossenen Projects. Ihr zentrales Argument: Die Weigerung der Behörden, die nicht zerstörten Wohnungen in den Projects ihren einstigen Bewohnern zugänglich zu machen, stelle eine Diskriminierung dar, weil auf diese Weise eine bestimmte Gruppe überproportional benachteiligt werde. Zudem verletze das Vorgehen Vertragspflichten, die aus den nie gekündigten Mietverträgen erwachsen seien.

Die Anwälte von HUD und HANO erwiderten in einer Stellungnahme, die Aussperrung der Bewohner sei rechtens, weil diese, im Gegensatz zur HANO, keine Eigentumsrechte an den Wohnungen hätten. Zudem sei durch die FEMA-Vouchers für Unterkunft gesorgt und die Wohnungen in einem nicht bewohnbaren Zustand. Über die Klage ist bis Anfang Januar 2008 nicht abschließend entschieden worden. In der Zwischenzeit konkretisierten sich die Pläne für die Neubebauung der Projects bis zur Unterschriftsreife mit den Entwicklungsgesellschaften. Diese sind im übernächsten Abschnitt ausführlich beschrieben.

Sharin Jaspers und einige andere nach New Orleans zurückgekehrte, ehemalige Bewohnerinnen und Bewohner von St. Bernard wollten dies nicht hinnehmen. Sie gründeten die „Peoples Hurricane Relief Fund Coalition". Die Vertriebeneninitiative nahm sich vor, die Wohnungsbehörde zu zwingen, die Projects wieder für ihre Bewohner frei zu geben. Die Koordination der Proteste war schwierig. Viele der Aktivisten lebte gezwungenermaßen in anderen Städten, oft konnten sie sich die

Fahrkarten zu den gemeinsamen Aktion nicht leisten. Demonstrationen, Sit-Ins, Eingaben, Besuche von Senatoren und Kongressabgeordneten in Washington blieben fruchtlos. Am 15. Januar 2007 schließlich brachen einige Hundert ehemalige Bewohner des St. Bernard Projects den Zaun auf, der ihr einstiges Domizil umgab. Sie besetzen ihre alten Wohnungen und begannen, den Schimmel und Müll zu beseitigen, der sich in der Zwischenzeit breitgemacht hatte. Am ersten Tag kam die Polizei mit HANO-Angestellten und sagte den Besetzern, sie sollten den Komplex verlassen. Die Besetzer blieben und putzten weiter. Vier Tage lang.

Zwischendurch besuchte sie die demokratische Kongressabgeordnete Maxine Waters. Die bereitete zu jener Zeit einen Gesetzentwurf vor, der unter anderem vorsieht, die Regierung in Washington zu verpflichten, die Projects in New Orleans wieder zu öffnen. Bei dem Gesetzentwurf handelt es sich um den so genannten „HR1227"- oder „Gulf Coast Recreation Act". Er wurde kurz nach der Besetzung vom demokratisch dominierten Kongress angenommen, wartet seither jedoch auf eine Ratifizierung durch den Senat.

In der Nacht zum 19. Januar schickte die HANO ein SWAT-Team der Polizei von New Orleans, was ungefähr einem deutschen Spezialeinsatzkommando entspricht. Dies nahm die Besetzer vorübergehend fest, die Löcher im Zaun wurden repariert. Ernsthaft verletzt wurde bei der Räumung niemand. Auch Anzeigen wegen Hausfriedensbruches, wie die HANO sie zunächst angedroht hatte, sind nicht erstattet worden. „Dafür haben sie uns wegen Sachbeschädigung, Diebstahl und Vandalismus angezeigt – weil wir die Schlösser aufgebrochen und Löcher in die Zäune geschnitten haben," sagt Sharin Jaspers.

Eine andere einstige Bewohnerin von St. Bernard, Stefanie Mingo, hat die Besetzung mit organisiert. Drei Monate nach der Aktion berichtet sie von den Schwierigkeiten, die völlig über das Land verteilten Ex-Mieter für Proteste zusammen zu führen:

»Soweit wir wissen, waren Sie die Erste, die nach der Flut begonnen hat, gegen die Schließung der Projects zu protestieren. Nun planen Sie eine neue Besetzung?

Ja. Das sind meine Leute, meine Familie, ich will dass sie alle wieder kommen. Wir gehen da noch mal rein, besetzen es und bleiben da. Es ist die Frage, welcher Zeitpunkt dafür am besten ist, vielleicht Juni. Da sind Ferien. Aber wenn man den Leuten sagt, sie sollen zurückkommen, dann geht das nicht einfach so. Die haben hier ja gar keinen Platz, die brauchen erst etwas, wo sie schlafen können.

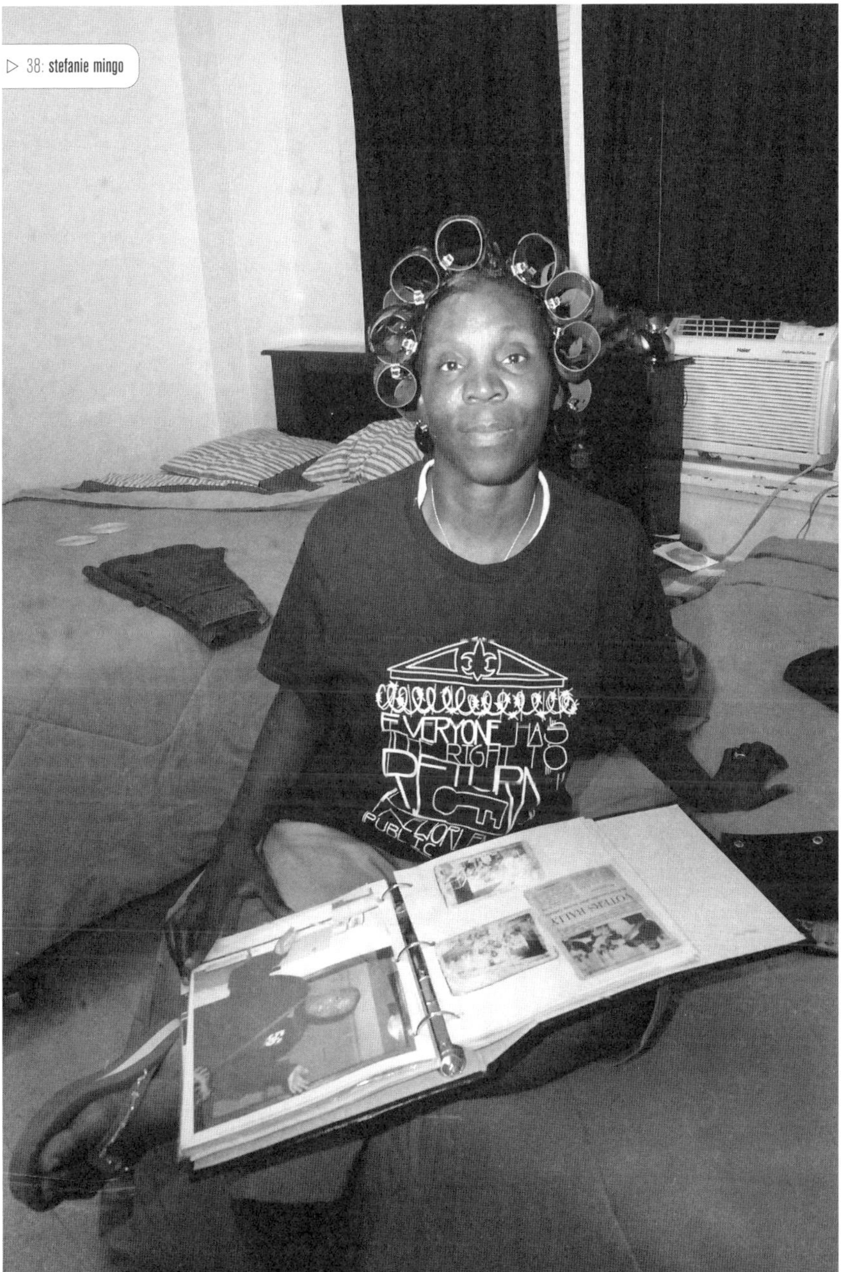

▷ 38: stefanie mingo

▷ 39: treffen des "survivors village", im hintergrund das abgesperrte st. bernard project

Und wie wollen Sie das lösen?

Wir versuchen ein Gebäude bei dem Project fit zu machen, damit die Leute erstmal dahin kommen und dann von dort aus versuchen zurück nach St. Bernard zu gehen. Aber das ist alles nicht so einfach. Ich habe jetzt ein Section 8-Voucher und ich kann nicht gleichzeitig damit wohnen und im Public Housing, das ist eine schwere Straftat. Man kann den Leuten nur dann sagen, dass sie wiederkommen sollen, wenn man bereit ist, mit ihnen da rein zu gehen, eine direkte Aktion, zivilen Ungehorsam, zu machen, wenn man das nicht mitmachen will, dann braucht man den Leuten auch nicht zu sagen, das sie wiederkommen sollen.

Wie reagieren die Politiker auf Ihre Forderungen?

Kein einziger unserer lokalen Politiker hat sich je hervorgetan und gesagt: ‚Ich helfe Euch.' Wir hatten Treffen mit dem Gouverneur und mit dem Bürgermeister und die haben da immer nur gesessen wie Du jetzt, aber nie etwas gesagt. Erst als hier letzte Woche Jesse Jackson[98] mit ein paar Busladungen von Leuten angekommen ist, da hat Nagin gesagt: „Oh, ja, Ihr habt das Recht zurückzukehren, lasst uns dafür kämpfen. Niemand sollte Eure Häuser zerstören." Das war die andere Seite von Nagin, der Laber-Nagin. Den mochte ich.

Ist er bei dieser Haltung geblieben?

Als die Demonstranten weg waren, da war alles wieder wie vorher: „Verfrachtet Euern Arsch dahin, wo ihr her gekommen seid, wir wollen Euch nicht länger in der Stadt." Er sagt immer, er will eine Schokoladen-Stadt, mit vielen Schwarzen darin. Aber wenn Du in der Sonne sitzt und einen Hershey-Schokoriegel in der Hand hältst, was meinst Du, wie lange geht das gut? Der ist bald weg, verschwunden, geschmolzen. Was glaubt Nagin, wie lange er einfach nur dastehen und labern kann, ohne den Leuten zu helfen? Bald sind alle weg, keiner weiß, wie er hier überleben soll.«

Am 15. November 2007 wies das 5. Bundesberufungsgericht einen Eilantrag ab. Die HANO-Mieter hatten eine einstweilige Verfügung beantragt, die den Abriss der Projects bis zum Abschluss der Hauptverhandlung ihrer Klage gegen die HANO stoppen sollte.[99] Das Gericht erlaubte also, mit dem Abriss zu beginnen, obwohl über die Rechtmäßigkeit der Aussperrung der Mieter noch gar nicht entschieden worden war. Die einzige Auflage, die die Richter der HANO machten: Das City Council, der Stadtrat von New Orleans, sollte dem Abriss zustimmen.

Am 28. November 2007 erteilte die HANO vier Baufirmen die mit insgesamt 23,2 Millionen Dollar[100] dotierten Aufträge für den Abriss der „Big Four". Knapp drei Wochen später, am 19. Dezember, stimmte das City Council nach sechsstündiger Debatte mit Sieben zu Null Stimmen für den Abriss.[101] Der Ratsvorsitzende Arnie Fielkow sagte nach der Abstimmung:

»Jeder Bürger hat das Recht auf einen sicheren und erschwinglichen Ort, um eine Familie zu gründen. Unsere Bewohner verdienen etwas besseres, etwas viel besseres, als wir ihnen in der Vergangenheit geboten haben. Veränderungen sind immer schwierig. In New Orleans sind sie noch schwieriger.«

Vor dem Gebäude der City Hall kam es während dessen zu schweren Zusammenstößen zwischen Demonstranten und Sondereinheiten der Polizei.[102,103] Die Abstimmung war offenbar eine reine Formsache: Bereits am 12. Dezember, also schon vor der Council-Sitzung, begannen Bauarbeiter der Firma Keith B. Key Enterprises aus Columbus, Ohio, Gebäude des BW Cooper-Komplexes einzureißen. Am selben Tag entfernten Arbeiter zur Vorbereitung des Abrisses die Stahlplatten vor den Fenstern und Türen des Tremé/Lafitte-Projects.[104] Kurz darauf begann der Abriss von CJ Peete. Im Laufe des Jahres 2008 sollen alle vier Projects vollständig abgerissen werden. Die HUD schrieb im Dezember 2007:

»Unser Ziel ist, dass unsere Familien das Weihnachtsfest des Jahres 2010 in ihren neuen, sicheren, sauberen und lebendigen Nachbarschaften feiern. Weil wir dies erreichen wollen, können wir es uns nicht länger leisten, den Beginn eines neuen New Orleans noch weiter zu verzögern.«[105]

Eben das warf man den klagenden Ex-Mieter und ihrem Anwalt Bill Quigley vor: Verschleppung. Die HANO drehte den Spieß um und behauptete, die Klage führe dazu, dass die baldige Rückkehr der Evakuierten hinaus gezögert werde. Dabei steht fest: Das Redevelopment wird mehrere Jahre dauern, viele Gebäuden müssen abgerissen werden, der Boden muss saniert werden, dann erst kann der Neubau beginnen. Realistischerweise können wohl frühestens 2012 alle Mieter in die neuen Siedlungen einziehen. Katrina wird dann sieben Jahre her sein. Im Gegensatz zu der Situation, die bei einer sofortigen Wiedereröffnung der Projects entstanden wäre, dürfte sich bis dahin die Motivation vieler der ehemaligen Bewohner gelegt haben, in ihre alte Heimat zurückzukehren.

Tabelle 3: Übersicht der abzureißenden Public Housing Projects

Project	CJ Peete	Tremé/ Lafitte	BW Cooper	St. Bernard	Gesamt
Baujahr	1941 (723 Einh.) 1955 (680 Einh.)	1941	1942 (690 Einh.) 1954 (860 Einh.)	1942 – 1943	
Einheiten 2000	1.403	896	1.546	1.436	5.281
Einheiten 2005	723	896	1.546	1.436	4.601
Mietparteien 2005	144	865	1015	1.015	3.039
Offizielle Bewohner 2005	422	2.534	2.974	2.974	8.904
Nach Katrina geöffnete Einheiten	0	0	261	0	261

Quelle: HANO, HUD

Das Ausmaß der Zerstörung

Das tatsächliche Ausmaß der Sturm- und Flutschäden ist ein zentraler Punkt in der öffentlichen Debatte um den Abriss der Gebäude. Viele der Mieter beharren darauf, dass die Häuser kaum beschädigt waren, die HANO behauptet, es habe sich um schwere Schäden gehandelt. Fakt ist: Wegen der Solidität der Backsteingebäude konnte der Sturm den „Big Four" kaum etwas anhaben. Nennenswerte Zerstörung richtete, wenn überhaupt, das eingedrungene Wasser an. Dieses stand in den vier Projects zwischen 0 (Teile von CJ Peete) und 100 Zentimeter (Teile von St. Bernard) hoch. Dass hierdurch irreversible Schäden entstanden seien, wird von niemandem behauptet. Und auch eine „belastbare" Zahl für die Instandsetzungskosten wurde von der HANO genannt: „Wir haben ausgerechnet, dass es etwa 129 Millionen Dollar kosten würde, alle Katrina -Schäden in den Projects zu beheben," sagte HANO-Direktor Babers im April 2007. Dieser Kalkulation liegen zwei von der HANO in Auftrag gegebene Gutachten zu Grunde.

Im März 2007 veröffentlichte die HUD vier von der „United States Risk Management" erstellte Untersuchungen zur Zerstörung und Umweltbelastung der vier Public Housing Projects. Bei „United States Risk Management" handelt es sich um ein privatwirtschaftliches Institut für Umweltwissenschaften mit Niederlassungen im gesamten Südosten der USA. Das Institut kam in allen vier Fällen zum gleichen Urteil: „Die Zerstörung durch den Hurrikan Katrina hat die Projects unbewohnbar gemacht. Deshalb wurde den Bewohnern nicht gestattet, in ihre Appartements zurückzukehren."[106] Die Umweltgutachter selbst bringen sich in der zu jener Zeit schwelenden juristischen Auseinandersetzung in Stellung. Als Replik auf das Argument der klagenden Project-Bewohner, sie seien durch die Aussperrung als AfroamerikanerInnen diskriminiert worden, verweist „United States Risk Management" auf die festgestellte Zerstörung und Schadstoffbelastung der Projects. Würden die Appartements geöffnet, dann stelle eben dies eine Diskriminierung von Minderheiten dar, so ihr Argument, weil so Afroamerikanern eine Gesundheitsgefährdung zugemutet würde.

Bei allen vier Projects wird festgestellt, dass Wind und eingedrungenes, teilweise salzhaltiges und schadstoffbelastetes Wasser zu folgenden Schäden führten:

- Rost an Rohrleitungen
- Bereichsweises Absinken des Erdbodens um 15 bis 30 Zentimeter[107]
- Glasbruch bei Fenstern
- Äußere Risse in der Fassade
- Schäden an Türen und Türrahmen, Termitenbefall von einigen Eingängen
- vereinzelte Schäden an Dachziegeln und Dachrinnen
- „mäßiger bis erheblicher" Schimmelbefall der Wände und Böden im Erdgeschoss

- Feuchtigkeitsflecken auf dem Mörtel im Erdgeschoss
- Zerstörung der in den Erdgeschosswohnungen verbliebenen Einrichtungsgegenstände durch Wasser, Luftfeuchtigkeit und Schimmel

In allen Fällen werden Belastungen des Bodens mit Blei und anderen, teilweise toxischen Substanzen festgestellt. Diese dürften zum Teil aus dem Flutschlamm stammen. Allerdings waren den Gutachten Umgebungskarten der jeweiligen Projects beigefügt, auf denen die Höhe der Bodenbelastung eingezeichnet ist. Daraus geht hervor, dass zumindest die Bleibelastung grundsätzlich großflächig ist und nicht nur das Gebiet des Projects, sondern jeweils die gesamte Umgebung umfasst. Es ist davon auszugehen, dass auch die übrigen Schadstoffe weiträumig auftreten.

Der Anwalt der Abrissgegner, Bill Quigley, beauftragte seinerseits den „Associate Professor“ für Bautechnologie am Massachusetts Institute for Technology, John Fernandez, mit einer Expertise zum Zustand der vom Abriss bedrohten Gebäude. Der Experte für Baumaterialien untersuchte die Projects in der Zeit vom 10. bis zum 16. Oktober 2006. Fernandez gab am 23. Oktober 2006 vor dem US District Court for the Eastern District of Louisiana folgende Eidesstattliche Erklärung ab:

> »Meine Untersuchung hat keine strukturellen Schäden der Bausubstanz festgestellt, die einen Abriss der Gebäude wirtschaftlich sinnvoll erscheinen lassen. Zwar war eine Vielzahl von Beschädigungen vorzufinden, die auf den Sturm zurückzuführen sind. Hierunter befanden sich jedoch keine Schäden, die die Integrität des Mauerwerks oder den inneren Zustand der Wohnungen selbst irreparabel angegriffen hätten. Ein sicheres und lebenswertes Wohnumfeld lässt sich mit relativ niedrigem finanziellem Aufwand wieder herstellen. Ich habe festgestellt, dass Materialien auf Zellulose-Basis nur in geringem Umfang verwendet wurden. Dieses weitgehende Fehlen organischer Materialien trug zur sehr geringen Speicherung von Feuchtigkeit in den Wänden und Böden der Gebäude bei. Der Abriss der Gebäude der vier Projects ist aus meiner Sicht nicht zu befürworten. Die Backsteingebäude sollen mit Neubauten ersetzt werden, für deren Errichtung die derzeit üblichen Bauweisen Verwendung finden. Diese kennzeichnet eine geringere Qualität sowie Lebensdauer der Gebäude. Die beim früheren Bau der Projects verwendeten Methoden und Materialien sind den gängigen Neubauten, was ihre Widerstandsfähigkeit gegen Hurrikane angeht, weit überlegen. Nach einer Renovierung und bei regelmäßiger Instandhaltung können die Gebäude aller vier Projects noch viele Jahrzehnte als Wohnraum dienen.«[108]

Fernandez' Position wird von dem Architekturexperten der New York Times, Nicolai Ouroussoff, gestützt:

> »Mit ihren niedrigen Geschoßhöhen zählen diese Gebäude zu den besten Public Housing-Anlagen in den USA (...) Solide gebaut, mit einem Mauerwerk, Ziegeldächern und schmiedeisernen Ballustraden, kennzeichnet die Gebäude eine handwerkliche Güte, die man sonst eher auf dem Campus einer Ivy League[109] Universität als in einem der in heutiger Zeit gebauten Public Housing Komplexe findet.«[110]

Auch wenn der Grad der Zerstörung insgesamt als umstritten gelten muss, steht fest: Eine den gesamten Wohnraum wahrende Renovierung der Gebäude wäre möglich – und erheblich billiger als jede Neubebauung. Die Flutschäden zu beheben würde rund 130 Million kosten, eine Generalüberholung der Wohnungen etwa das Dreifache: 420 Millionen. Die von der öffentlichen Hand zu tragenden Kosten für den Neubau, nach dem nur noch ein Bruchteil des Sozialwohnraums zur Verfügung stehen wird, belaufen sich auf rund 700 Millionen Dollar.

Tabelle 4: Flutschäden, Abriss- und Instandsetzungskosten

Project	CJ Peete	Tremé/ Lafitte	BW Cooper	St. Bernard	Gesamt
Überflutung	0 bis wenige cm	bis 30 cm	bis 60 cm	bis 100 cm	–
Schadensniveau	„Minor Flooding"	„Flood Damage"	„Flood Damage"	„Severe Flood Damage"	–
Einheiten 2005	723	896	1.546	1.436	4.601
Reparaturkosten (Mio. $)[b)]	12,6	20	45,1	41	ca. 129[c)]
Abrisskosten (Mio. $)[a)]	5,8	2,5	6	9	23,3
Modernisierungskosten (Mio. $)[b)]	70	85	135	130	420

a) HANO lt. Times Picayune[111], b) Anwalt Bill Quigley[112], c) lt. HANO-Direktor Babers — *Quelle: HANO*

III. Stadt wie neugeboren – Die Pläne für den Neubau

»Es gibt im Moment in New Orleans einen Wohnungsnotstand, ja.«

Donald Babers, Direktor HANO

Am 27. März 2007 gab die Housing Authority of New Orleans bekannt, am Ende eines Ausschreibungsverfahrens Vorverträge mit vier Konsortien geschlossen zu haben, die auf den Arealen der „Big Four“ neue Quartiere bauen sollen. Von nicht weniger als einer „Wiedergeburt“ für die ganze Stadt war die Rede.[113] „Dies wird einen ungeheuren wirtschaftlichen Aufschwung auslösen," sagte HANO-Direktor Donald Babers bei der Vorstellung der ausgewählten Immobilienentwickler. Der Leiter der Bundesbehörde HUD, Alfonso Jackson, ergänzte: „Dieses Konzept (...) hat Armutscluster in Städten wie Atlanta, Washington D.C. und Boston eliminiert."

Die HANO wies darauf hin, dass es sich mit Ausnahme des für Tremé ausgewählten Unternehmens um so genannte „Minority Owned Firms“ handelt, um Baufirmen also, deren Eigentümer afroamerikanischen Ursprungs sind. Inwieweit dies bei der Auswahl der Unternehmen tatsächlich eine Rolle gespielt hat, sei dahin gestellt. In jedem Fall sollte dieser Umstand dazu dienen, dem im Zusammenhang mit der Sanierung immer wieder erhobenen Vorwurf des Rassismus zu entkräften, wohl etwa nach der Logik: „Wie kann etwas, das Schwarze tun, rassistisch oder schlecht für Schwarze sein?“ Laut HANO war das entscheidende Kriterium für die Auswahl der Gesellschaften deren Erfahrung mit dem Aufbau von „Mixed Income“-Communities in anderen Städten. Die Neubauten, so kündigte die HANO an, werden sich architektonisch an dem „River Garden“- und dem Fisher-Projekt (⇨ Abbildungen 40, 59) orientieren und demnach aus hölzernen, pastellfarbenen Doppelhäusern bestehen.

Die von Jackson und Babers an jenem Tag vorgestellten Pläne sind ein einziges Wohnraumvernichtungsprogramm. Insgesamt sollen durch die Quartierssanierung mehr als 3.500[114] neue Wohnungen entstehen. Nur rund 1.300 davon werden noch Sozialwohnungen sein, fast 1.800 werden zu Marktpreisen vermietet.

Vor Beginn der Sanierung gab es in den vier Projects 4.600 Sozialwohnungen. Fast 3.300 Sozialwohnungen gehen also verloren – das sind über 70 Prozent. Und das in einer Stadt, in der es nach einer verheerenden Naturkatastrophe bei weitem nicht genügend Häuser gibt, erst recht nicht für Menschen mit wenig Geld.

Tabelle 5: Neubaupläne für die innerstädtischen Public Housing Projects

Project	CJ Peete	Tremé/ Lafitte	BW Cooper	St. Bernard	Gesamt
Einheiten 2005	723	896	1.546	1.436	4.601
Neubaukosten (Mio. $)[a]	ca.190	ca. 100	ca. 221	ca. 197	ca. 700[b]
Entstehende Einheiten Public Housing	154	865[b]	154	155	1.328
Einheiten mit subventionierter Miete	133	35	133	155	456
Einheiten zum Marktpreis	123	600	123	155	1.784
Einheiten gesamt	410	1.500[c]	410	464	3.568
Verlust an Public Housing Einheiten	**569 -78,7%**	**31 -3,5%**	**1.392 -90,0%**	**1.276 -89,2%**	**3.268 -71,0%**

[a] Die Addition der vom Mieter-Anwalt Quigley veröffentlichten Neubaukosten ergibt eine Summe von 708 Mill. Dollar. Laut Times-Picayune ist in offiziellen HANC-Verlautbarungen von 681 Millionen Dollar die Rede[115]. Deshalb wird hier eine Summe von 700 Mill. Dollar angesetzt.

[b] sofern die angekündigte 1:1-Ersetzung tatsächlich eingehalten wird.

[c] von den 1.500 Einheiten die im Zuge der Sanierung von Lafitte entstehen sollen, werden nur 550 auf dem Gelände selber gebaut. Die Ankündigung der Entwicklungsgesellschaften, ausnahmslos alle der ehemaligen Public Housing-Mietparteien wieder dort unterzubringen, ist nicht plausibel. Siehe hierzu den Abschnitt „Stadt wie neu geboren".

Quellen: HANO, Quigley, eigene Berechnungen

Insgesamt wird diese "Sanierung" voraussichtlich rund 700 Millionen Dollar kosten. Diese äußerst kostspielige Vernichtung von sozialem Wohnraum ist kein Missgeschick und kein Planungsfehler. Sie ist politisch gewollt. Stacey S. Head, Mitglied des City Council von New Orleans, ist zuständig für den District B. Dabei handelt es sich um das Gebiet zwischen dem Central Business District und der Tulane University. Ihr Bezirk umfasst einige der wohlhabendsten Teile der Stadt:

▷ 40: die "new fisher"-modellsiedlung der HANO im stadtteil algiers

»Hier leben eben keine 485.000 Menschen mehr. Und deshalb wird jede Planung öffentlicher Infrastruktur – Krankenhäuser, Schulen und so weiter – unter der Maßgabe betrachtet: Wie viel davon brauchen wir in den nächsten fünf oder zehn Jahren wirklich? Und so müssen wir auch planen, statt so zu tun, als ob es Katrina nicht gegeben hätte und wir weiterhin eine 485.000 Einwohner-Stadt wären.«[116]

Dass der für einkommensschwache Familien zur Verfügung stehende Wohnraum die Anzahl solcher Familien in der Stadt bedingt, wird hierbei von Head einfach ausgeblendet. Kurz nach der Bekanntgabe der ausgewählten Entwicklungsgesellschaften erläuterte HANO-Direktor Babers die Pläne für die Neubebauung der Quartiere:

»Wie geht es nun mit den Projects weiter?

(...) dort werden „Mixed Income"-Communities entstehen. Wir hoffen, dass wir dort einen Mix aus Wohnformen einrichten können, der folgendermaßen aussieht: Ein Drittel der Wohneinheiten soll auf dem freien Markt angeboten werden, das zweite Drittel sollen Public Housing Wohnungen sein, ein weiteres Drittel soll ‚Section 8'- und Tax-Credit-Wohnungen werden. Es wird also eine Mischung geben, und zwar eine Drittelmischung. Man kann nie garantieren, dass es am Ende genau mit diesem Drittel-Verhältnis hinhaut, aber das ist es, was wir mit der Neubebauung anstreben.

Das „Redevelopment" besteht also lediglich aus einer Änderung der sozialen Zusammensetzung der Bewohner?

Nein. Wir wollen auch soziale Dienste bereitstellen. Die Leute sollen nicht nur zurückkommen, sie sollen auch in eine Umgebung mit einer sozialen Infrastruktur zurück. Das heißt, es soll Beratungs- und Qualifizierungsangebote geben. Das ist unser langfristiges Ziel.

Heißt ‚Qualifizierungsangebote' in diesem Fall so etwas wie Weiterbildung?

Genau das, Weiterbildung. Und diese Weiterbildungsprogramme sollen fertig sein, noch bevor die Bewohner zurückkommen. (...) Wir haben eine (...) Verpflichtung – und das kann ich gar nicht überbetonen – die Qualifizierung („job-readiness") dieser Leute zu fördern. Sie sollen auf eigenen Füßen stehen („self-sufficient"). (...) Es gibt ein Programm namens Section 3. Dieses sieht vor, dass bei Verträgen mit Entwicklungsgesellschaften freie Jobs prioritär an die Bewohner des jeweiligen Quartiers vergeben werden müssen. Mit anderen Worten: Wenn die Entwicklungsgesellschaften ihre Arbeit aufnehmen, dann sind die Bewohner mit im Boot. Sie bekommen Jobs. (...)

Was für Jobs sollen das denn sein?

Wir müssen versuchen sie als Elektriker oder Schreiner zu qualifizieren, jemand der Trockenbauarbeiten machen kann, ein Dach decken oder mauern. Wir verhandeln mit den Entwicklungsgesellschaften. Die sollen nicht nur kommen, das Geld kassieren, ihre Arbeit tun und wieder gehen. Wir sorgen dafür, dass die Bewohner an diesen Verhandlungen beteiligt sind. Sie können anfangen, über diese Dinge zu reden. Sie haben vorhin gesagt, viele dieser Leute seien ‚Working Poor'. Nun, das war gestern. Heute ist ein neuer Tag. Das Kriterium, unter dem wir die Entwicklungsgesellschaften ausgewählt haben, war: Welche Erfahrungen haben sie in anderen Städten gemacht? Wie haben Sie dort mit den Bewohner zusammengearbeitet und wie wollen sie sie hier integrieren? Bieten sie ihnen Beschäftigung?

Der Abriss und Neubau der vier Projects soll also im Großen und Ganzen durch die Arbeitskraft der ehemaligen Bewohner geleistet werden, die hierzu von den Entwicklungsgesellschaften eingestellt und ausgebildet werden?

Es ist unser Ziel, dass das zumindest teilweise so sein wird.«

In den öffentlich zugänglichen Dokumenten zu den Sanierungsplänen sind diese

△ 41: stadträtin stacey s. head

Qualifizierungspläne, wenn überhaupt, nur sehr pauschal oder beiläufig erwähnt.

Was die Kosten für den gesamten Neubau der vier Projects angeht, so schwanken die veröffentlichten Zahlen. Nach Angaben des Anwalts der Abrissgegner, Bill Quigley, soll es sich für alle vier Projects um mittelbare und unmittelbare Subventionen aus Steuermitteln von 744 Millionen Dollar handeln.[117] Laut Times Picayune spricht die HANO von 681 Millionen.[118] Ein Teil dieser Summe soll nach Angaben des Wohnungsmarktexperten Curtis Rumrill von der Hilfsorganisation „Common Ground Relief" durch nicht abgerufene Mietzahlungen für die Evakuierten aufgebracht worden sein:

> »Vor Katrina gab es eine Vielzahl an „Section 8"-Wohnungen. Nachdem die Bewohner wegen Katrina die Wohnungen verlassen mussten, liefen die Mietzahlungen von der HUD an die HANO weiter, obwohl die Vermieter gar kein Geld mehr bekommen haben. Dieses Geld hat die HANO zur Seite gelegt und will damit nun die „Mixed Income"-Umgestaltung bezahlen. Da HANO während dieser Zeit sowieso von der Bundesbehörde HUD zwangsverwaltet wurde, darf man getrost annehmen, dass es sich dabei um keinen Verwaltungsfehler, sondern um Kalkül gehandelt hat.«[119]

Im Einzelnen sehen die Sanierungspläne für die vier großen Public Housing Projects folgendermaßen aus:

St. Bernard

Für die Neubebauung des St. Bernard-Komplexes bildete sich ein Konsortium namens „St. Bernard Redevelopment LLC". Dieses besteht aus der Immobilienfirma „Columbia Residential" aus Atlanta. „Columbia Residential" wurde 1991 gegründet und begann zunächst mit dem Bau von subventionierten „Affordable Housing"-Projekten. 1996 erweiterte die Firma ihr Dienstleistungsportfolio und begann, die von ihr errichteten Wohnanlagen im Auftrag der Housing Authority of Atlanta auch selber zu managen. „Columbia" betreibt derzeit 22 Familien- und neun Seniorenwohnanlagen in Atlanta, Dallas und Houston.[120] Gründer und Eigentümer von „Columbia Residential" ist der afroamerikanische Immobilienmakler Noel F. Khalil, der vor der Gründung von Columbia eine Reihe von Schlüsselpositionen bei mehreren großen Baufirmen bekleidete.[121]

Zweiter Partner der „St. Bernard Redevelopment LLC" ist die „Baton Rouge Area Foundation" (BAF). Hierbei handelt es sich um eine 1964 gegründete Stiftung, die sich nach eigenen Angaben wohltätigen Zwecken in der Region Baton

Rouge widmet, indem sie „Philantropen", also Mäzene oder Großspender, „mit fähigen Non-Profit-Organisationen zusammen bringt".[122] Im Vorstand der überaus nobel und seriös auftretenden Stiftung finden sich Großindustrielle und Unternehmensberater aus Baton Rouge – die auf diese Weise Steuern sparen können, ohne die Kontrolle über die von ihnen gespendeten Mittel aus der Hand geben zu müssen. In den vier Jahrzehnten ihres Bestehens konnte die BAF ein Stiftungskapital von 496 Millionen Dollar ansammeln.[123] 2006 gab die Stiftung 33,8 Millionen Dollar für von ihr geförderte Projekte aus.

Dritter im Bunde ist die „Fore! Kids Foundation" aus New Orleans. Auch hierbei handelt es sich um eine steuerbefreite Stiftung. „Fore! Kids" wird von Personen aus dem Umfeld des Golf-Clubs von New Orleans sowie des örtlichen Rotary-Clubs betrieben. Das Stiftungsmodell besteht im Wesentlichen aus der Veranstaltung dreier Golfturniere, darunter einer Station der berühmten Zurich Classic PGA-Golf Tour sowie einem „Charity Golf-Ball". Auf diese Weise will die Stiftung nach eigenen Angaben seit 1954 gerade einmal 16 Millionen Dollar für die „Gesundheitsversorgung"[124] von 200.000 bedürftigen Kindern aus der Region gesammelt haben[124b] – sehr lukrativ ist die Golf-Spendensammlung also nicht. Die Stiftung sowie der Golfclub sind ohnehin finanziell etwas schwachbrüstig.

Dies hängt vor allem damit zusammen, dass ihr jährliches PGA-Golfturnier seit 2004 auf dem hochdefizitären, privaten „TPC of Louisiana Golf Course" im Vorort Marrero stattfindet. Dieser wurde mit einem 13 Millionen Dollar-Zuschuss des Staates Louisiana errichtet und existiert seither nur dank alljährlicher öffentlicher Subventionen in Höhe von durchschnittlich 700.000 Dollar im Jahr. Diese Zuwendungen sind jedoch bis 2009 befristet. Ab dann müsste der Club seinen Platz allein unterhalten – und dies kann er sich nicht leisten.[125]

Als bekannt wurde, dass sich „Fore! Kids", die bisher nicht durch irgendwelches Engagement im Immobilien-Sektor aufgefallen ist, für St. Bernard interessiert, argwöhnten viele, dort seien noch andere Motive im Spiel: In unmittelbarer Nähe des St. Bernard Projects liegt der rund neun Quadratkilometer große „City Park" – und der beherbergt einen kleinen, öffentlichen Golfplatz. Der Park wurde von Katrina zerstört, die Böden sind wegen des eingedrungenen Wasser stark mit Schadstoffen belastet und müssten saniert werden. Dies kann sich wiederum die Stadt momentan nicht leisten. Und so sprach Gary Solomon, Vorstandsmitglied der „Fore! Kids"-Foundation im Herbst 2007 in einem Fernsehinterview davon, dass der von ihnen kurz zuvor öffentlich vorgeschlagene, private, PGA-fähige Golfplatz im Central

City Park dabei helfen würde, die „Nachbarschaft zu integrieren". Ein Public Private Partnership böte den Beteiligten viele Vorteile: Der Stadt würde ein Teil der aufwendigen Parksanierung erspart bleiben, der Golfclub könnte seinen defizitären Marrero-Platz abstoßen – und ein Teil des riesigen, praktisch umsonst an „Fore! Kids" gefallenen St. Bernard-Geländes, könnte, statt ihn zu bebauen, dem neuen Golfplatz zugeschlagen werden. Das wurde Ende 2007 auch in der lokalen Times Picayune[126] diskutiert.

Die „St. Bernard Redevelopment LLC" gedenkt, auf dem Gelände von St. Bernard insgesamt 465 neue Wohnungen zu errichten. Davon werden 155 Wohnungen zu Marktpreisen vermietet. 155 der Einheiten gehen als so genannte „Tax-Credit Affordable Housing" an Familien mit unterdurchschnittlichem Einkommen, 155 weitere schließlich als vollsubventionierte Public Housing Einheiten an Familien, die in die „Extremely Low Income"-Kategorie fallen. Insgesamt gehen also 935 der vormals 1.400 Einheiten an Wohnraum verloren – und 1.245 Sozialwohnungen. 127 Millionen Dollar Baukosten werden von der HANO bezahlt.[127] Das Sanierungskonzept sieht auch die Errichtung von Bildungs- und Freizeiteinrichtungen vor, über die jedoch öffentlich keine Details bekannt gegeben wurden.[128]

Das üppige Ruhegeld des HUD-Direktors Alfonso Jackson

Anfang Oktober 2007 berichteten amerikanische Zeitungen über zwei Korruptionsvorwürfe gegen den Leiter des US Department for Housing and Urban Development, Alfonso Jackson.[129] Jacksons Behörde hatte, als Zwangsverwalter der HANO, an jeder Stelle die letzte Entscheidungsgewalt über die Sanierung der Sozialquartiere in New Orleans.

Den Berichten zufolge handelt es sich bei „Columbia Residential", die sich bei der mit 127 Millionen Dollar dotierten Ausschreibung für St. Bernard durchsetzen konnten, um einen alten Arbeitgeber von Jackson. Nach Angaben seines Sprechers war Jackson als „Partner/Berater" bei Columbia beschäftigt, bevor er 2001 zur HUD ging. Aus dieser Zeit stammt eine Vereinbarung über den regelmäßigen Bezug von Zahlungen von Columbia an Jackson für „zurückliegende Leistungen". Er bezog also eine Art Ruhegeld. Zwar ist in diesem Zusammenhang bisher nur einmal Geld geflossen, nämlich 35.000 Dollar im Jahr 2003.

Doch unbeschadet dessen steht „Columbia" nach Angaben von Jackson, der als hoher Bundesbeamter seine Finanzen offen legen muss, mit „zwischen 250.000

und 500.000 Dollar" bei ihm in der Kreide – wohl die aufgelaufenen „Ruhebezüge". Als dies bekannt wurde, warf man Jackson vor, Columbia für den lukrativen St. Bernard-Deal ausgewählt zu haben, damit diese endlich seine Schulden bei ihm begleichen. Jackson wies dies zurück und beteuerte: „I never interfered with a contract" – ich habe mich nie in eine Auftragsvergabe eingemischt. Er verwies darauf, dass seitens der HUD nicht er, sondern sein Stellvertreter Scott Keller am Auswahlprozess für New Orleans beteiligt gewesen sei. Keller hat die HUD im August 2007 verlassen und wurde privater Berater in der Immobilienbranche.

Der zweite mögliche Korruptionsfall: Ohne eine reguläre Stellenausschreibung sorgte Jackson dafür, dass der Bauunternehmer William Hairston, ein ehemaliger Kollege und derzeitiger Nachbar Jacksons, 18 Monate lang, bis Juni 2007, als Baumanager für die HANO arbeitete. Sein Stundenlohn hierfür betrug 175 Dollar. Insgesamt strich Hairston 485.000 Dollar für den Job ein. Weil die „Hairston Construction Services" gleichzeitig Auftragnehmer der HUD ist, schaltete sich das FBI ein und beschlagnahmte alle im Zusammenhang mit Hairston angefallenen Akten. Die Ermittlungen laufen. Auch ein Ausschuss des Kongresses leitete Untersuchungen ein. Hairston gab zu, trotz der erfolgten Zahlungen niemals einen unterschriebenen Arbeitsvertrag von der HANO erhalten zu haben. Er verwies jedoch darauf, der Behörde durch seine Fachkenntnisse als Bauunternehmer bei der Auftragssteuerung mehrere Millionen Dollar erspart zu haben. Jackson sei „der aufrichtigste Mann," dem er „in seinem Leben begegnet" sei, sagte Hairston. Jackson selber verwies auf die hohe Fachkompetenz Hairstons, sowie auf den Umstand, dass die HANO zu jener Zeit händeringend eine entsprechende Fachkraft gesucht habe.

BW Cooper

Auch die Neubebauung des größten Public Housing Projects, BW Cooper, wird von einem Joint-Venture übernommen.

Dessen größerer Partner ist die „Keith B. Key Enterprises" aus Columbus, Ohio. Ihr afroamerikanischer Inhaber und Gründer, Keith B. Key, gibt in seiner Autobiografie an, mit seiner allein erziehenden Mutter in einem Public Housing Project in Pittsburgh, Pennsylvania aufgewachsen zu sein. Dort habe er „die Hoffnungslosigkeit, Verzweiflung und die schlechten Seiten des Lebens in den Innenstädten" erlebt. Key, der seinem nach ihm benannten Immobilienimperium ein Nashorn als Symbol gab (⇨ Abb. 42), führt es auf den Einfluss seiner „Mutter und der Kirche" zurück, dass es ihm gelang, „kein Opfer von Gewalt, Drogen, jugendlicher Elternschaft und anderen innerstädtischen Problemen" geworden zu sein.[130] Nun betrachte er es als seine Aufgabe, „außergewöhnliche Immobiliendienstleistungen durch kreative Finanzmodelle, Bewohnerbeteiligung und Public-Private-Partnership anzubieten, um den Qualitätsansprüchen der Familien in urbanen Quartieren gerecht zu werden."

Nach Posten in diversen, meist finanzwirtschaftlichen, Unternehmen gründete Key 2004 „Keith B. Key Enterprises". Das Unternehmen ist nach eigenen Angaben derzeit mit der Bearbeitung von Aufträgen mit einem Gesamtvolumen von über 500 Millionen Dollar befasst. Seit der Unternehmensgründung hat die Firma 14 Immobilienkomplexe, vorwiegend im Osten der USA, gebaut. In Ohio, Pennsylvania und New York errichtete KBK „Affordable Housing Projects" im Auftrag der Wohnungsbehörden. Auch Keith B. Key managt die von ihnen gebauten Wohnanlagen in der Regel selbst. Die HUD lobt den „ganzheitlichen" Quartiersentwicklungsansatz der Firma, die auch die Dimension „beyond bricks and sticks" ihrer Projekte, also den „weichen" konzeptionellen Fragen besondere Aufmerksamkeit widmen würde.[131] KBK soll sich mit seinem Konzept gegen elf andere Firmen durchgesetzt haben.[132]

Partner von KBK ist die „BW Cooper Resident Management Corporation" (RMC), eine gemeinnützige Gesellschaft, über die die Bewohner von BW Cooper das Project im Auftrag der HANO selbst verwaltet haben. Seit den 1970er Jahren gab es auf der Ebene der Mieterselbstorganisation Fortbildungsprogramme für die Bewohner. Die so ausgebildeten Mieter erledigten im Auftrag der HANO im Project anfallende Arbeiten. Seit 1985 wurde die Mieterorganisation gefördert, um betriebswirtschaftliche Qualifikationsmaßnahmen anzubieten. Mit denen sollten die Mieter die gesamte Verwaltung ihrer Anlage als Auftragnehmer der HANO übernehmen können. 1995 war es soweit: Mit der RMC übernahmen die Bewohner von BW Cooper offiziell die vollständige Verwaltung des Quartiers. Das Konzept galt landesweit als vorbildlich,[133] konnten doch

▷ 42: keith b. key | f: kbk enterprises

auf diese Weise nicht nur einige der Bewohner eine dauerhafte Beschäftigung erlangen, sondern vor allem viele von ihnen berufliche Qualifikationen erwerben. Dies wird künftig, wenn überhaupt, wohl nur in sehr eingeschränktem Maß möglich sein. Als Juniorpartner wird sich die kleine RMC kaum gegenüber dem Immobilienriesen KBK durchsetzen können. Im Geschäftsjahr 2004/2005 setzte die Mieterselbstverwaltung gerade einmal 4 Millionen Dollar um – alles Zahlungen der HANO für die Verwaltung und Instandhaltung der Gebäude.[134]

KBK und RMC werden auf dem Gelände von BW Cooper insgesamt 410 Wohnungen errichten und erhalten dafür von der öffentlichen Hand 114 Millionen Dollar. 410 Wohnungen werden dort entstehen, 154 von ihnen werden Public Housing-, 133 Affordable Housing- und 123 Marktpreiswohnungen sein.[135] Es gehen also 1.392 beziehungsweise 90,1 Prozent der einst 1.546 Public Housing Wohnungen verloren. Später sollen Gewerbeimmobilien zu den Wohnhäusern hinzukommen.[136] Die Entwicklungsgesellschaften und die HUD kündigten an, im Rahmen der Sanierung eine „Vielzahl an unterstützenden sozialen Dienstleistungen für alle, die dorthin zurückkehren" zur Verfügung zu stellen.[137]

CJ Peete

Das Konsortium, dass den CJ Peete-Komplex abreißen soll, hat sich den Namen „Central City Partners" gegeben.[138] Drei Firmen, alle „for-Profit", sind hieran beteiligt: Bei „McCormack Baron Salazar", 1973 in St. Louis gegründet, handelt es sich nach eigenen Angaben um das „landesweit führende Unternehmen für die Entwicklung wirtschaftlich integrierter urbaner Nachbarschaften". Gemeint ist, dass es zum Geschäftsmodell gehören soll, aus angeblich normativen Gründen („We belief that a strong neighborhood is economically, racially, ethnically, and generationally diverse") in den von ihnen abgerissenen Stadtvierteln nicht ausschließlich hochpreisige Immobilien zu bauen. Fast 14.000 solcher Einheiten in 33 Städten errichtete das Unternehmen bisher.[139,140] Die Firma ist der Ansicht, dazu berufen zu sein, die innerstädtischen Wohnquartiere im ganzen Land „wiederaufzubauen, die durch Jahrzehnte der Vernachlässigung verfallen sind".[141]

„Kai Design & Build" ist ein Architektenbüro aus St. Louis mit 90 Beschäftigten. Das Unternehmen wurde 1980 gegründet, die beiden Vorstandssprecher sind Afroamerikaner. KDB waren Auftragnehmer für die Sanierung von „Cochran Gardens" Public Housing Projects in St. Louis. Die New York Times beschrieb „Cochran Gardens" folgendermaßen:

> »Eine schmutzige Höhle für Drogendealer, mit Einschusslöchern in den Wänden und Seen von Urin in den Gängen. Die Mieter, die meisten von ihnen Sozialfälle, leben wie Gefangene in den 12 Gebäuden des Komplexes. Die Menschen werfen ihren Müll aus den Fenstern und in den Gängen rotten die Müllsäcke mit Babywindeln und Monate alten Essenresten vor sich hin, bis Mäuse aus ihnen heraus springen.«[142]

Nach der Sanierung fand die Times" Cochran Gardens" in folgendem Zustand vor:

> »Ein Schaufenster städtebaulichen Erfindungsreichtums, in dem die Mieter jeden Tag die Flure fegen und dabei darauf Acht geben, nicht die frisch gestrichenen Wände zu beflecken.«

Und auch für KDB dürfte sich die Angelegenheit gelohnt haben: 45 Millionen Dollar erhielten das Unternehmen und seine Partner für den Bau der 243 Drittelmix-Wohnungen[143] – bevor sie kamen, gab es dort 735 Public Housing Einheiten, auch hier ein Verlust von rund 85 Prozent an Sozialwohnungen.[144]

Dritter Beteiligter an „Central City Partners" ist die „New Orleans Neighborhood Development Collaborative" (NONDC). NONDC ist ein als gemeinnützige Gesellschaft anerkannter Zusammenschluss von Vereinen und Privatpersonen, der sich nach Katrina in der Innenstadt von New Orleans der Instandsetzung von Wohnhäusern gewidmet hat. Es handelt sich auch hier um eine ungleiche Partnerschaft: Ganze 20 Wohneinheiten stellte NONDC nach eigenen Angaben innerhalb eines Jahres fertig. NONDC nimmt für sich in Anspruch, als Lobbyorganisation gegenüber der Politik auf lokaler und nationaler Ebene für „Affordable Housing" einzutreten.[145]

„Central City Partners" werden auf dem Gelände von CJ Peete nach dem Abriss 410 neue Wohnungen bauen. Davon werden 154 Public Housing, 133 Affordable Housing-Wohnungen und 123 Marktpreiswohnungen sein. Von ursprünglich 723 Sozialwohnungen gehen also fast 80 Prozent verloren. Es ist unklar, wie viel der Bau genau kosten wird, die Summe dürfte sich jedoch in der Größenordnung von 140 Millionen Dollar bewegen.[146] „Central City Partners" und die HUD kündigten an, im Rahmen der Sanierung werde das Public Housing und dessen Bewohner „wieder Anschluss an die Quartiere des Stadtzentrums erlangen". Neben den Wohnungen würden auch zwei Quartiersschulen, ein Stadtteilzentrum für soziale Dienstleistungen und ein „Business Center" angesiedelt.[147]

Tremé/Lafitte

Die Pläne für die Neubebauung des Tremé/Lafitte Projects stellen im Vergleich zu den übrigen drei Projects einen Sonderfall dar. Für Tremé/Lafitte haben sich die „Providence Community Housing“ mit „Enterprise Community Partners“ zusammengeschlossen. Bei „Providence Community Housing“ handelt es sich um eine Ausgründung der „Catholic Charities“ des Erzbistums von New Orleans, vergleichbar etwa der deutschen Caritas. Beide Organisationen werden von der gleichen Person, dem Betriebswirt James R. Kelly, geleitet. „Providence Community Housing“ wurde erst nach Katrina gegründet. Zweck der Gründung soll sein, bis zum Jahr 2012 in der Region New Orleans mehrere Tausend „Affordable Housing“-Wohnungen zu bauen.[148] „Enterprise Community Partners“ ist eine Branchengröße im Bereich der Errichtung subventionierten Wohnraums in den USA. 2006 hat das Unternehmen nach eigenen Angaben 1,2 Milliarden Dollar für den Bau oder die Instandsetzung von 23.000 „Affordable Housing“-Einheiten in verschiedenen Staaten der USA zusammengebracht.[149] Das Geschäftsmodell besteht im Wesentlichen daraus, bei Privatpersonen und Unternehmen Kapital für Sozialimmobiliengeschäfte zu akquirieren, für das diese im Gegenzug von Enterprise verwaltete „Tax Credits“, also Steuernachlässe, erhalten. Das Unternehmen wurde 1982 gegründet.

Die beiden Firmen wollen ein integriertes Quartier bauen, dass sich außer durch eine heterogene „Mixed Income“-Bewohnerschaft auch durch soziale Dienstleistungen, wie Gesundheitsversorgung, Jugend- und Qualifikationsprogramme auszeichnen soll.[150] Im Rahmen der Sanierung sollen auch „bessere Schul- und Bildungsmöglichkeiten für die Familien und Kinder des Quartiers“ erreicht werden. Einzelhandelsgeschäfte, ein Stadtteilzentrum und Freizeiteinrichtungen sollen „in Laufweite“ entstehen. Auf diese Weise wollen Providence und Enterprise eine „nachhaltige Entwicklung“ des Quartiers anstoßen, das auf diese Weise „sicherer, gesünder und familienfreundlicher“ werden soll.

Das Tremé/Lafitte-Engagement der beiden Firmen ist eingebettet in die über das Project hinausgehenden Pläne des Joint-Ventures: Die Sanierungspläne sehen auch den Abriss und Neubau von Gebäuden in der Umgebung des Projects vor. Nur 550 Wohneinheiten sollen auf dem Gelände des Tremé-Lafitte Projects entstehen, weitere 950 Einheiten „off-Site“, im angrenzenden Tulane/Gravier-Quartier. Insgesamt will Providence 900 Miet- und 600 Eigentumswohnungen bauen.[151]

Um bei den Bewohner für das Projekt zu werben (⇨ Abb. 43) haben Providence und Enterprise ihre Planungen sehr offensiv kommuniziert. Im Gegensatz zu den anderen Projects konnten über die USA verstreute ehemalige Bewohner auf Kosten von Providence zu Mieterversammlungen reisen und wurden über die Neubaupläne informiert. Vertreter von ihnen wurden in die Planungen einbezogen. Entsprechend positiv stehen viele der Mieter den Sanierungsplänen gegenüber:

> »Ich unterstütze die innovativen Pläne von Providence Community Housing aus ganzem Herzen (…) Die Bewohner des neuen New Orleans, im neu gebauten Tremé/Lafitte werden viele Vorteile von ihrer Gemeinschaft haben (…) Es mag einige Widerstände gegen die Fortschritte geben, aber sobald die Neinsager eine Chance haben, die Zukunft zu sehen, und aufhören, die Vergangenheit zu romantisieren, dann werden wir – dessen bin ich mir sicher – ihre volle Unterstützung bekommen.«

Russell Michael Fraise,"*kriegsversehrter Vietnamveteran und lebenslanger Bewohner des Tremé/Lafitte Housing Development*"[152]

Auf diesen Versammlungen wurde nach Angaben von Providence auch die Splittung der Sanierung in Phasen vereinbart, um einem Teil der Familien eine Rückkehr bereits vor Ende der gesamten Bauzeit zu ermöglichen. Zudem ist auf diesen Versammlungen in Aussicht gestellt worden, dass auch ehemalige Public Housing Bewohner über besondere Kreditmodelle einen Teil der Eigentumswohnungen werden kaufen können. Mieterberater halten dies für unrealistisch und warfen Pro-

▷ 43: zeichnung aus dem prospekt für das neue tremé-project | *f: providence*

© 2006 Urban Design Associates

vidence vor, mit falschen Hoffnungen die Zustimmung der Bewohnerschaft für die Baupläne des Konsortiums erkauft zu haben. „Selbst zu Niedrigstzinsen könnte sich nur ein verschwindend geringer Teil der Public Housing Bewohner einen solchen Hauskredit leisten," so Curtis Rumrill von der Hilfsorganisation „Common Ground Relief".[153]

Die Unternehmen haben sich öffentlich verpflichtet, sämtliche 896 Public Housing-Einheiten von Tremé-Lafitte 1:1 zu ersetzen und sämtliche 865 der ehemaligen Mietparteien wieder dort aufzunehmen. So steht es jedenfalls im „Fact-Sheet" von Providence:

> »In developing this new community, Providence and Enterprise have formally committed to absolute opportunity for former Tremé/Lafitte residents to return and aone for one replacement of each pre-Katrina subsidized unit with a suitable and comparable unit in the same community.«[154]

Unter Zugrundelegung der von Providence selbst vorgelegten Zahlen ist also nur folgender Schluss möglich: Entweder werden fast alle der neuen 900 Mietwohnungen wieder an die 865 alten Haushalte vermietet – was aber dem „Mixed Income"-Postulat widerspräche. Oder die Immobiliengesellschaft wird ihre Ankündigung, alle ehemaligen Mieter wieder aufzunehmen, nicht einhalten. Es kann unterstellt werden, dass Providence und Enterprise davon ausgehen, dass bis zum Abschluss der Bauarbeiten in einigen Jahren[155] längst nicht mehr alle Bewohner zurück wollen. Katrina wird zu diesem Zeitpunkt vermutlich sieben Jahre zurück liegen, die Familien dürften oft an anderen Orten Fuß gefasst haben. Und die Formulierung der Zusage lässt die Interpretation zu, dass nur genau die 865 ehemaligen Tremé-Bewohner, nicht aber jene aus anderen Projects oder gar neue für den Bezug einer solchen Wohnung qualifizierte Familien dort würden einziehen dürfen. Gegenüber dem angekündigten 1:1 Ersatz ist wohl auch angesichts folgender Aussage des HANO-Direktors Donald Babers Skepsis angebracht:

> **»Sie sagen, ein Drittel der künftigen Bewohner sollen nach dem ‚Redevelopment' Public Housing Mieter sein. Davor haben Sie gesagt, dass Sie langfristig etwa 5.000 Public Housing Wohneinheiten bereitstellen wollen. Soll dass heißen, dass insgesamt 15.000 neue Wohnungen entstehen werden?**
>
> Wir wollen hier nichts Eins zu Eins ersetzen. Das machen wir nicht. Wir fühlen uns verpflichtet, alle unsere Familien zurückzubringen. Wir wissen aber, dass viele Familien wahrscheinlich nicht zurückkommen werden. Selbst wenn sie es täten, würden wir sie

nicht an denselben Orten unterbringen. Dann wäre nämlich das alte Problem der Konzentration nicht gelöst. St. Bernard oder BW Cooper beispielsweise sind Areale in der Größenordnung von 18 Hektar. Auf ihnen standen etwa 1.500 Wohneinheiten. Wir werden an diesen Orten nicht mehr dieselbe Anzahl von Wohnungen bauen. Dieser Mix entspricht nicht unseren Vorstellungen.

Ein 1:1-Ersatz für die abgerissenen Wohnungen ist also nicht vorgesehen. „Providence" stellt den ehemaligen Bewohner von Tremé/Lafitte aber genau das in Aussicht.

Tatsächlich?

Tatsächlich. Viele der Bewohner räumen ein, dass das Konzept überzeugend ist, verweisen jedoch auf die Erfahrungen bei St. Thomas (⇨ Kap. IX**). Auch dort wurden den Bewohner gute Angebote gemacht, am Ende gab es jedoch nichts von alldem, angeblich wegen gestiegener Baukosten.**

Natürlich kann immer irgendwas schief gehen. Und genau danach suchen sie immer, die ewigen Neinsager, die zweifelnden Thomase. Wir sind eine Verpflichtung eingegangen und werden diese einhalten. Man kann immer in der Vergangenheit herumwühlen und sagen dieses oder jenes hat nicht geklappt. Das war eine ganz andere Verwaltung, das war vor unserer Zeit. Es gab bei St. Thomas sicher einige Dinge, die nicht optimal gelaufen sind, aber wenn sie sich das Quartier heute ansehen, dann müssen sie zugeben: Es sieht nun sehr gut aus. Bei uns gibt es nun ein neues Team, wir wollen unsere Ankündigungen wahr machen und wir werden uns bei den Zweiflern Anerkennung verdienen.«

IV. Wie eine Jugend in einem Kriegsgebiet

No helicopter looking for a murder (...)
Today I didnt even have to use my AK
I got to say it was a good day.

Ice Cube „It Was A Good Day"

Glaubt man Babers und den übrigen Verantwortlichen für die Sanierung, wird in den neuen Quartieren also alles besser. Einer von Wissenschaftlern um die amerikanische Sozialwissenschaftlerin Susan Popkin erarbeiteten Studie zufolge ist das auch bitter nötig. Popkin will herausgefunden haben, dass die Wahrscheinlichkeit, erschossen zu werden für Public Housing Bewohner doppelt so hoch liegt, wie für die Bewohner vergleichbar armer Quartiere.[156] Dort aufzuwachsen komme wegen der grassierenden Gewaltkriminalität einer „Jugend in einem Kriegsgebiet gleich": „Wenn die Bewohner von einer Verbesserung sprechen, dann reden sie nicht von dem, was wir eine gute Situation nennen würden. Sie meinen dann, dass es heute noch keine Schießerei gab."

Das dürfte auch von dem Rapper C-Murder so gesehen werden. C-Murder wurde 1971 als Corey Miller[157] in New Orleans geboren und wuchs im BW Cooper Project auf. Als ihn eines Tages Musikjournalisten nach dem Sinn seines Namens fragten, antwortete er: "They call me C-Murder, cuz I see murder" – „Ich heiße C-Murder, weil ich überall nur Morde sehe." Einige Jahre später schrieb er gar einen autobiografisch gefärbten Roman namens „Death around the Corner". Miller hat sich seine Ghettojugend versilbert. Nie vergaß er zu erwähnen, in welchem „berüchtigten"[158] Viertel er lebt. Das kam an: Seine vier seit 1998 veröffentlichten Soloalben verkauften sich in den USA millionenfach.

Eines Tages begleitet ein Kamerateam des Musiksenders MTV den nunmehr berühmten Musiker durch das Project. Die entstandenen Aufnahmen wurden mit Kommentaren des Rappers Ice-T zusammengeschnitten und werden seitdem unter dem Titel „Straight from the Projects" als DVD vertrieben. Ice-T macht sich zu Beginn die Mühe, BW Cooper vorzustellen: „Das ist das tougheste Project in New Orleans, da wohnen 3.500 Leute und die Miete kostet nur 25 Dollar im Monat, okay? Da gibt es jede Menge Morde, Gewalt und da zu wohnen ist ein echter Lifestyle."

Dann kommt C-Murder ins Bild. Mit dem Geld aus seinen Platten hat er sich sein gesamtes Gebiss durch Goldzähne ersetzen lassen, er trägt ein riesiges oranges Hawaiihemd, eine gleichfarbige Baseballmütze und sagt: „Wenn ihr New Orleans sehen wollt, dann habt ihr hier New Orleans“. Die folgenden 40 Minuten gleichen sich: Junge Afroamerikaner, noch keine 20, lungern inmitten der Backsteinbauten des BW Cooper Projects herum. Sie tragen viel zu große Hosen und Goldketten, sagen meist wenig und fuchteln dafür mit riesigen Waffen herum. Sie rauchen Zigarren, aus denen sie den Tabak entfernt und mit Gras ersetzt haben. Dazu zeigen sie stolz ihre verheilten Schusswunden, einige gar ihre Krücken, weil sie wegen Schussverletzungen nicht mehr richtig laufen können und grüßen ihre toten Freunde, die bei Feuergefechten ums Leben kamen. Ambulanzen kommen ins Bild, die Leichen abtransportieren. Einmal wird das Bild eines der Jungen aus BW Cooper, mit denen C-Murder beim herumhängen zu sehen ist, eingefroren. Über seinem Gesicht erscheinen die Buchstaben „RIP“ für „Rest in Peace“ – der Junge wurde offenbar in der Zeit zwischen dem Videodreh und dem Ende der Produktion erschossen.

Ice-T facht die Horrorshow weiter an: „Wisst ihr, was das schockierende an der Sache ist? In BW Cooper laufen Versicherungsvertreter ‘rum, die verkaufen Lebensversicherungen für Zwölfjährige für 500 Dollar. Kennt ihr einen anderen Ort, an dem Lebensversicherungen für Zwölfjährige gekauft werden?“

Den Vorwurf des Voyeurismus weist er ungefragt zurück: „Waffen, Morde, dass muss hier auftauchen. Die Wahrheit ist: Kinder haben Waffen, alle haben in diesen Projects Waffen. Ob das richtig oder falsch ist, kann ich nicht sagen, aber es ist die Realität.“ Keine Frage, das Ganze ist eine Inszenierung, die vor allem dazu da ist, dass sich junge Weiße in ihren Wohnzimmern gruseln können und hinterher umso lieber C-Murders Platten kaufen. Und trotzdem hat Ice-T Recht mit seiner Behauptung: Für die Inszenierung mussten die Videoproduzenten kaum etwas an der Realität ändern, die sie in BW Cooper vorfanden.

Auch C-Murder stellte einige Zeit später unter Beweis, dass seine Gang-Nummer keine bloße Verkaufsmasche war. Am 12. Januar 2002 soll er bei einem Hip-Hop Battle im „Platinum Club“ in Harvey, einem Vorort von New Orleans, mehrfach auf den 16-jährigen Nachwuchsrapper Steve Thomas geschossen haben. Thomas starb und C-Murder wurde ein Jahr später von einem Geschworenengericht wegen Mordes zu lebenslanger Haft verurteilt. Anfang 2008 wurde das Verfahren allerdings wegen Formfehlern neu aufgerollt, Millers Haftstrafe wurde ausgesetzt. Mag die Biografie von Corey Miller auch außergewöhnlich sein, so ist sie dennoch exemplarisch für die Zustände in den urbanen, staatlichen Schwarzenghettos. Doch trotz all der Gewalt, trotz der weniger als dürftigen Wohnqualität wehren sich viele ihrer Bewohner mit Händen und Füßen gegen den Abriss der Bauten. Wer sie nach ihren Gründen dafür fragt, der bekommt fast immer die gleiche Antwort: die Verbundenheit mit der dort über Jahrzehnte gewachsenen Gemeinschaft. In diesem Abschnitt geben drei ehemalige Bewohner Auskunft über ihr Leben in den Projects. Sie entstanden getrennt voneinander im April/Mai 2007 in New Orleans.

Dass diese Interviews nicht als repräsentativ gelten können, hat nicht nur mit der geringen Stichprobengröße zu tun, sondern vor allem mit dem fehlenden Zufallscharakter der Stichprobenauswahl. Potentielle Interviewpartner waren nur über die Initiativen für die Wiedereröffnung der Projects kontaktierbar. Es sind nur solche Bewohner bei diesen Initiativen aktiv, die ein positives Bild von ihren ehemaligen Quartieren haben. Eine Stichprobenauswahl zu treffen, die auch „nicht-organisierte“ Ex-HANO-Mieter zu Wort kommen gelassen hätte, war nicht möglich. Denn diese leben, wie erwähnt, über das ganze Land verstreut. Nur die Katastrophenschutzbehörde FEMA verfügt über ihre Adressen – und gibt diese nicht heraus.

„In meinem Haus gab es keine Kakerlaken“

Sharin Jaspers ist 59 Jahre alt, gelernte Krankenschwesternhelferin und eine ehemalige Bewohnerin von St. Bernard.

»Seit wann wohnten Sie im St. Bernard Project?

1949 ist meine Mutter in eine Wohnung in St. Bernard gezogen. Damals war ich gerade geboren. Ich habe fast mein ganzes Leben in St. Bernard verbracht. Zwischendurch bin ich zweimal für kurze Zeit ausgezogen. Später habe ich dort meine eigene Wohnung bekommen. Meine Familie hatte, als der Sturm kam, also zwei Wohnungen: Meine und die meiner Mutter. In meiner Wohnung habe ich ständig mit zwei Enkelkindern gewohnt. Ich habe 6 Kinder und 14 Enkelkinder. In der Wohnung war viel Platz, und so konnte jedes von ihnen, das zwischendurch keine Bleibe hatte, immer zu mir kommen. Mein Enkel konnte kommen, um seine Highschool zu beenden. Mein Sohn hatte Probleme mit seiner Frau – er konnte kommen und bei mir wohnen. So war es seit Generationen. Das war das Gute am Public Housing. Immer dorthin zurück zu können, und sich sicher zu sein, dass einem dort geholfen wird, das ist es, was die Community in den Projects ausmacht – oder ausgemacht hat.

Wie haben Sie dort gelebt?

Ich habe in St. Bernard in einer sehr schönen 4-Zimmer-Wohnung im ersten Stock gewohnt. In meiner Wohnung gab es keine Kakerlaken, ich habe sie immer sehr sauber gehalten. Jeden Dollar, den ich erübrigen konnte, habe ich in die Wohnung gesteckt. Ich hatte Glastüren, schöne Möbel, Gardinen, Kerzenleuchter, einen Plasmafernseher und sogar ein großes Bett mit Stufen, über die man in das Bett steigen konnte. So mochte ich es. Wahrscheinlich hätte niemand eine solche Wohnung im Public Housing erwartet, so war es aber. Ich und die Nachbarn haben uns auch immer Mühe gegeben, außen alles sauber zu halten. Die Leute, die draußen herumgelungert haben, haben das auch respektiert.

Wovon haben Sie Ihren Lebensunterhalt bestritten?

Wegen einer Behinderung erhalte ich jeden Monat Sozialhilfe in Höhe von 520 Dollar. Davon musste ich 162 Dollar als Miete an die HANO abführen, die Kosten für Strom, Wasser und Heizung waren da schon inbegriffen. Ich liebe es zu kochen. Als ich in St. Bernard gewohnt habe, habe ich immer „Frozen Cups" (selbstgemachtes Eis in Plastikbechern, AdV), Burger, Hähnchen und Limonaden gemacht und aus einem Fenster im Erdgeschoss heraus verkauft. So habe ich mir etwas dazu verdient. Ich hatte einen richtigen kleinen Laden, außer den „Frozen Cups" gab es bei mir noch Bonbons, Eis, Zigaretten, Feuerzeuge und so weiter. Eigentlich war das natürlich verboten, weil ich ja als arbeitsunfähig galt, aber das ist nie herausgekommen.

Welche Form von Behinderung ist das?

Ich bin gelernte Krankenschwesternhelferin und habe früher auch in diesem Beruf gearbeitet. Später habe ich dann eine Schilddrüsenkrankheit bekommen. Außerdem leide ich an Bluthochdruck und Diabetes. Deswegen konnte ich nicht mehr arbeiten. Zwei Jahre habe ich darum gekämpft, dass meine Erkrankung anerkannt wird, seitdem habe ich dann Sozialhilfe bekommen. Am Anfang waren es 400 Dollar im Monat später stieg es dann auf 540 und schließlich 562 Dollar. Dazu kamen ‚Food Stamps' im Wert von 12 Dollar pro Woche. Diese zu bekommen, war jedoch immer sehr erniedrigend. Man musste immer lange für sie anstehen und die Beamten, die sie mir ausgehändigt haben, waren immer sehr herblassend. Wegen meiner Erkrankung wurde ich in die staatliche Gesundheitsversorgung ‚Medicaid' aufgenommen. Die ist für meine Arztrechnungen aufgekommen, Medikamente musste ich jedoch selbst bezahlen.

Können Sie nachvollziehen, dass ein Leben im Public Housing von vielen Politikern nicht als Folge, sondern als Ursache für die Abhängigkeit der Bewohner von Sozialleistungen betrachtet wird?

Ich weiß, dass viele Leute denken, das Public Housing ein schlechter Ort zum Leben für faule Leute ist. Meine Eltern waren aber hart arbeitende Leute, die sich viel Mühe mit unserer Wohnung und unserer Erziehung gegeben haben. Sie haben uns immer gut ernährt und uns die Werte vermittelt, an die sie geglaubt haben. Religion vor allem.

Hat es aus ihrer Sicht Probleme in St. Bernard gegeben?

Das größte Problem für die St. Bernard Community war nicht der Drogenhandel, sondern die korrupte Polizei. Die Polizei war schrecklich. Sie hat die Leute bestohlen und schikaniert. Ich selbst bin immer ganz gut damit fertig geworden, aber für jüngere war es oft schlimm. In meinen Laden hatte ich eine Videokamera liegen. Oft haben die Leute mich aus dem Laden geholt, wenn die Polizei da war und ich habe sie gefilmt. Wir haben diese Aufnahmen eigentlich nicht für irgendwelche Gerichtsverfahren verwendet, aber allein die Tatsache, dass wir sie gefilmt haben, hat sie schon etwas diszipliniert.

Die Projects sind Brennpunkte von Kriminalität und Gewalt. Opfer dieser Gewalt sind nicht nur Menschen außerhalb der Projects, sondern auch viele der Bewohner. Können Sie vor diesem Hintergrund die häufige Polizeipräsenz nicht nachvollziehen?

Sicher gab es viele Waffen und viel Gewalt. Mir ist allerdings nie etwas passiert. Trotzdem finde ich es falsch, dass dies als Argument genommen wird, die Projects nun schließen zu wollen. Wo kommen die Waffen denn her? In den Projects werden sie jedenfalls nicht hergestellt.«

Edward Sears ist etwa 60 Jahre alt, ungelernter Gärtner und ebenfalls ein ehemaliger Bewohner von St. Bernard.

»Wie lange haben Sie im St. Bernard Project gewohnt?

Ich war fünf, als ich mit meinen Eltern nach St. Bernard gezogen bin. Nach dem ich geheiratet habe, bin ich ausgezogen. Ich habe mit 17 geheiratet. Ich habe meine Freundin geschwängert und meine Familie war traditionell. Also musste ich heiraten. Das war so damals. Ich begann zu arbeiten. Ich brach die Schule in der elften Klasse ab. Ich musste ja irgendwie meine Familie ernähren. Ich habe alles gemacht: Dächer gedeckt, auf dem Bau gearbeitet, als Lagerhelfer gearbeitet, als Tellerwäscher. Mit 28 habe ich mich dann von meiner Frau getrennt. Etwa zur selben Zeit sind meine Eltern gestorben. Da bin ich wieder nach St. Bernard gezogen. Allein stehende Männer dürfen nicht in die Projects, aber die Wohnung der Familie darf man behalten.

Wie war Ihre Kindheit in St. Bernard?

Ich hatte eine wunderbare Kindheit. Wir durften überall spielen, wir haben gefischt, auch gejagt, auf einer Insel ganz in der Nähe von hier. Wir hatten unsere eigenen Baumhäuser und Piratenboote. Ich hatte Haustiere, Hühner, Hunde. Ich bin hier ganz in der Nähe zur Schule gegangen.

Wie sah es mit Gesundheitsversorgung und anderen Einrichtungen im Project aus?

Es gab hier eine kostenlose ‚Health Clinic' für Kinder. Außerdem gab es in der Nachbarschaft viele Ärzte. Die haben dich immer behandelt, auch ohne ‚Medicaid'-Card. Die kannten dich ja. Die haben dann zwar Rechnungen geschickt, aber die wurden selten bezahlt. Für die, die nicht gearbeitet haben, gab es außerdem das Charity Hospital ganz in der Nähe.

Stimmt es, dass HANO die Anlagen vergammeln ließ und es ewig gedauert hat, bis sie etwas repariert haben?

Ich finde, das war nicht so.

Trifft es zu, dass es im St. Bernard Project viel Kriminalität gab?

Als ich klein war, gab es Alkohol und Heroin. Keine Schießereien, aber Messerstechereien. Wenn die Polizei ‚Stop' gerufen hat und du bist weiter gegangen oder weggerannt, haben sie auf dich geschossen. Dass habe ich öfter live erlebt. Als ich ein Teenager war, kamen Barbiturate in Mode und Gras. Ende der 70 Jahre ging es dann los mit Crack. Selbst ich wurde anfällig. Ich bin solange clean geblieben. Ich habe mit Crack angefangen als ich 35 war. Ich habe damals 110 Pfund gewogen. 20 Jahre habe ich Crack geraucht. Vor vier Jahren habe ich dann aufgehört. 90 Prozent der Morde hier sind wegen Dope.

Wollten Sie nie weg aus St. Bernard?

Schon vor dem Sturm haben sie mir angeboten, nach River Garden zu gehen. Aber da wollte ich nicht hin. Das ist ein ganz anderes Viertel, da wohnen Polizisten, Feuerwehrleute, Angestellte der Stadt. Mittelklasse eben. Als sie nach dem Sturm Iberville wieder eröffnet haben, sollte ich dahingehen, aber da gehe ich nicht hin, dass ist der 6th Ward, das gibt nur Ärger. Eine meiner Schwestern wohnt in Gonzales, die andere in Baton Rouge, auch in einem Development. Aber das ist ganz anders da. Du darfst keine laute Musik hören. Wenn du auf der Strasse eine Zigarette rauchst, hält die Polizei und guckt, ob es ein Joint ist. Die anderen Bewohner beschweren sich bei jeder Kleinigkeit über dich. Um zehn gibt es in der Stadt keinen Alkohol mehr zu kaufen. Mit offenen Flaschen darfst du eh' nicht rumlaufen. New Orleans ist einzigartig.

Wer hat vor dem Sturm im St. Bernard Housing Project gewohnt und wovon haben die Leute so gelebt?

Vor allem ältere Leute. Ihre Kinder waren häufig in Drogengeschäfte verwickelt. Es gab viele Morde. Viele haben aber auch gearbeitet, viele haben nicht gearbeitet.«

Die Schulhelferin Stefanie Mingo ist etwa 50 Jahre alt. Auch sie ist eine ehemalige Bewohnerin von St. Bernard.

»Wie lange leben Sie im Public Housing?

Mein ganzes Leben in Public Housing und über 40 Jahre in St. Bernard. Als mein erstes Kind geboren wurde, bin ich für einige Monate mit dem Vater meines Kindes zusammengezogen, in den Ninth Ward.

Warum sind Sie nicht dort geblieben?

Er hat immer auf mich geschossen, wenn er getrunken hatte. Er hat immer in die Wand neben mir geschossen, um mir Angst zu machen. Irgendwann war das ganz Haus voller Löcher. Ich hatte keine Angst. Aber irgendwann habe ich mein Baby genommen, und bin zurück nach St. Bernard, um mich zu verstecken. Irgendwann kam er um mich zurückzuholen. Da wurde er getötet. Nicht von meiner Familie. Aber er kam und hat wieder Ärger gemacht, wieder rumgeballert. Ich habe ihm erklärt, ich bin von hier und nicht aus dem Ninth Ward und er kann nicht hierher kommen und mir Ärger machen. Jeder kennt mich hier, ich werde in St. Bernard hoch respektiert. Und wenn du mir Ärger machst, dann geht es dir schlecht. Als er noch einmal kam, und meine Tür eintrat, habe ich mich im Schlafzimmer eingeschlossen und nur noch die Stimmen der Nachbarn gehört: ‚Wir holen uns den jetzt.' Ich habe das gehört, aber ich dachte, das ist nicht meine Sache, das ist ihre Sache. Zwei Minuten später kam ein Mädchen angelaufen und sagte: ‚Stefanie, der Vater von deinem Kind wurde gerade erschossen.' Später hat die Polizei dann seine Leiche vor dem Haus eingesammelt. Das war das Ende der Geschichte.

Was geschah nach dem Tod ihres Mannes?

Ich bin wieder hierher zurückgekommen. Seitdem lebe ich alleine in St. Bernard. Da ist meine Community und ich habe dort eine so lange Geschichte. Es bricht mir das Herz, dass ich nicht dorthin zurück kann. Ich habe keine Angst davor, ins Gefängnis zu müssen, wegen meinem Kampf um das Project, ich stehle nicht, ich töte nicht, ich verkaufe keine Drogen. Ich habe gute Kinder, sie gehen aufs College und ich habe sie in St. Bernard erzogen. Ich will dahin zurück. Mein dritter Junge ist ein bisschen wild, aber ich kriege ihn in den Griff (*der etwa 12-jährige Junge läuft während des Interviews mit einer elektronischen Fußfessel durch die Wohnung)*. Ich brauche in St. Bernard keine Angst zu haben, erschossen zu werden oder irgendwas. Hier, Iberville, das ist auch Public Housing, aber wenn ich nachts hier raus gehe, dann muss ich auf dem Weg zum Geschäft durch den dunklen Park, durch die Straßen. Und hier ist das anders, ich weiß nicht, wer wer ist, die kennen mich nicht. Man kann die Nachbarn nicht von den Fremden unterscheiden.

Sie haben vorhin gesagt, Niedrigverdiener seien der am härtesten arbeitende Bevölkerungsteil. Was arbeiten Sie?

Ich arbeite im Büro in einer Schule. Und ich mache da auch Hausmeistertätigkeiten.

Handelt es sich dabei um eine volle Stelle, acht Stunden am Tag, fünf Tage die Woche?

Ja.

Und Sie gelten als bedürftig genug, um im Public Housing zu wohnen? Was verdienen Sie denn da?

Ich werde 14-tägig bezahlt und bekomme dann jeweils etwa 1.300 Dollar.

Also 2.600 Dollar im Monat. Und das gilt als „Low Income"?

Ja.[159]

Im Public Housing muss man ein Drittel seines Einkommens als Miete zahlen. Sie zahlten 870 Dollar?

Nein, ich zahle alle zwei Wochen 375 Dollar.«

Schwarze Mütter allein zu Haus – Zur Soziodemografie

Stefanie Mingo ist in gewisser Weise typisch für eine Public Housing Bewohnerin in New Orleans: Sie ist afroamerikanisch, allein erziehend, hat viele Kinder und lebt seit Ewigkeiten im Public Housing Project. Das entspricht weitgehend dem, was im Jahr 2000 die HUD feststellte, als sie ihre Mieterschaft in der Stadt am Mississippi untersuchte.

Dabei stellte sich heraus, dass fast 100 Prozent aller offiziellen Bewohner Afroamerikaner waren (0,17 Prozent Hispanics, 99,83 Prozent Afroamerikaner). Dieser Grad an ethnischer Segregation ist für Public Housing Projects in den USA außergewöhnlich. Im Landesdurchschnitt sind lediglich sieben von zehn Sozialwohnungen an Angehörige ethnischer Minderheiten vergeben.

Die HANO-Mieter waren äußerst bodenständig: 198 Monate, also 16,5 Jahre, haben sie durchschnittlich in ihren Wohnungen verbracht. Das ist erheblich länger als landesweit üblich. In den gesamten USA ziehen Sozialmieter in der Regel

▷ 44: das teilweise wieder eröffnete iberville public housing project in der nähe des french quarter.

nach neun Jahren wieder aus.

Die lange Mietdauer dürfte vor allem einen Grund haben: Nirgendwo konnte man billiger leben. 132 Dollar überwiesen die Mieter der HANO jeden Monat – Nebenkosten inklusive. Das waren 20 Prozent ihrer monatlichen Einkünfte. Gesetzlich festgelegt ist eigentlich, dass Public Housing Bewohner 30 Prozent ihres Einkommens als Miete zahlen müssen (⇨ Kapitel VIII). Dass hiervon in New Orleans in so starkem Maße abgewichen wurde, liegt daran, dass hier der Anteil von Mietparteien ohne eigenes Einkommen besonders hoch war. Diese sind von der Mietpflicht häufig befreit. Im landesweiten Vergleich kam daher bei der HANO nicht viel in die Kasse. Die übrigen Housing Authorities kassierten im Mittel 202 Dollar im Monat für ihre Sozialwohnungen.

Viel war bei den Sozialmietern in New Orleans ohnehin nicht zu holen. Im Jahr 2000 hatte der durchschnittliche Public Housing Haushalt 7.933 Dollar zur Verfügung – pro Kopf waren das 231 Dollar im Monat. Nach Abzug der Miete blieben davon durchschnittlich noch 184 Dollar übrig. Damit waren die HANO-Mieter um ein ganzes Viertel ärmer als Sozialmieter im Landesdurchschnitt: Diese konnten pro Person und Monat 309 Dollar ausgeben.

Offensichtlich ist, dass die Projects auf die sie umgebenden Stadtteile ausgestrahlt haben – und zwar viel mehr, als Sozialquartiere dies sonst in den USA tun. So waren in New Orleans die Bewohner der Umgebung der Projects zu über 96 Prozent Angehörige einer ethnischen Minderheit.[160] Im Landesdurchschnitt waren es hingegen nur 58 Prozent.

Ähnlich sah es bei der Armut aus. Fast 62 Prozent der Menschen, die in der Nähe eines Projects in New Orleans lebten, galten als arm. Normalerweise trifft dies in den USA nur auf 29 Prozent der Nachbarn von Sozialbauten zu.

Gleiches gilt für die Hauseigentümer-Quote. Nur einer von sieben (14 Prozent) der Menschen, die in New Orleans in der Nähe eines Projects lebten, waren Eigentümer ihrer Behausung. Landesweit sind es mit 31 Prozent mehr als doppelt so viele. In über zwei Dritteln (67 Prozent) aller Public Housing Haushalte in New Orleans wurden minderjährige Kinder von einer allein stehenden Person erzogen. Fast allen Haushalten (93 Prozent) stand eine Frau vor. Viele der allein erziehenden Mütter waren noch halbe Teenager. In 10 Prozent aller Wohnungen lebte niemand, der oder die älter als 24 Jahre war.

Insgesamt existierten 2005 in New Orleans 7.739[161] (2000: 11.693) Sozialwohnungen, verteilt auf zehn Quartiere. 5.146 (2000: 7.206) der Appartements waren belegt. Dies entspricht einer Leerstandsquote von 33,6 Prozent. Die HANO war sehr ineffizient: Im nationalen Mittel stehen nur 11 von 100 Public Housing Wohnungen leer. Die Belegungsdichte liegt mit 2,3 Mietern pro Appartement in den gesamten USA deutlich niedriger als in New Orleans. Hier teilten sich im Mittel 2,93 Personen eine der HANO-Wohnungen. Dies entspricht einer offiziellen Gesamtmieterschaft von rund 15.000 Personen. Zusammen mit den fast 10.000 ausgestellten Section 8 Vouchers[162] hat die HANO vor Katrina insgesamt 49.000 Menschen beherbergt.[163] Die Stadt New Orleans hatte 2005 rund 454.000 Einwohner[164] – 3,32 Prozent der Stadtbevölkerung waren also offiziell im Public Housing untergebracht und insgesamt 10,79 Prozent wohnten von oder mit staatlichen Beihilfen.

Es ist allerdings davon auszugehen, dass zwischen der offiziellen Anzahl der Bewohner und der faktischen Einwohnerzahl der Quartiere eine erhebliche Diskrepanz bestand. Dies hat im Wesentlichen drei Gründe: Zum einen sind die Chancen eine der begehrten Wohnungen zu erhalten für allein erziehende Frauen erheblich größer als für in einer Bedarfsgemeinschaft lebende Paare mit Kindern. Da dieser Umstand allgemein bekannt ist, geben viele Frauen bei der Antragstellung an, allein erziehend zu sein, leben aber faktisch dauerhaft oder zeitweise mit dem Vater der Kinder oder einem neuen Partner, der mit in die Sozialwohnung einzieht.

Zweitens werden häufig auch andere Personen in den Wohnungen untergebracht, die gegenüber der HANO nicht angegeben werden. Dabei handelt es sich in der Regel um Verwandte, häufig Enkelkinder, aber es teilen sich bisweilen auch zwei ganze Familien eine Wohnung, wenn eine der beiden sonst obdachlos wäre.

Der dritte Grund ist, dass sowohl die leer stehenden Wohnungen als auch Treppenhäuser, Flure, Windfänge, Dachböden und Abstellräume häufig informell bewohnt werden. Die Mietrechtsberatung der rechtwissenschaftlichen Fakultät der Loyola University in New Orleans[165] geht davon aus, das angesichts der besonders hohen Leerstandsquote von über 33 Prozent de facto um die Hälfte mehr Menschen im Public Housing von New Orleans gelebt haben, als von der HANO offiziell angegeben. Legt man dies zu Grunde, dann ergibt sich eine Größenordnung von 22.000 Sozialmietern. Dies hätte einer faktischen Public Housing Bewohnerschaft von 4,8 Prozent der Stadtbevölkerung entsprochen.

V. Refugium kolonialer Verhältnisse

»Neither slavery nor involuntary servitude, except as a punishment for crime whereof the party shall have been duly convicted, shall exist within the United States. – Weder Sklaverei noch unfreiwillige Knechtschaft sollen in den Vereinigten Staaten existieren, außer in der Form der Strafe, zu der der Beteiligte ordnungsgemäß verurteilt wurde.«

13. Zusatz der Verfassung der USA

Dieses Kapitel ist kein historischer Abriss im Sinne einer Ereignis-, Herrschafts- oder Kulturgeschichte. Die Geschichte, die hier erzählt wird, handelt von der Beziehung zwischen europäischen Siedlern und afrikanischen Sklaven. Dieses Verhältnis ist weit weniger eindeutig als es der Antagonismus „Sklavenhalter versus Sklaven" vermuten lässt. New Orleans war für lange Zeit auch ein Ort relativer Toleranz, ein Ort, an dem Schwarze, Weiße und alle erdenklichen Mischungen Tür an Tür – und manchmal sogar hinter derselben Tür – zusammenlebten. Doch darf dies nicht darüber hinwegtäuschen, dass das Zusammenleben immer auch von institutionalisiertem und informellem, bisweilen mörderischem Rassismus geprägt war. Die Wahnvorstellung von der Überlegenheit der „weißen Rasse" erschwert bis heute ein gleichberechtigtes und friedliches Zusammenleben in New Orleans.

Das teure Dorf im Sumpf

Auf der Suche nach einem Standort für eine Stadt nahe der Mündung des Mississippi wählten die französischen Kolonialherren einen kleinen Flecken Land an einer Flussbiegung – der „Crescent Curve" (Halbmondbiegung) – der durch drei natürliche Deiche geschützt war. Hier ließen sie 1718 die Stadt „Nouvelle-Orléans" errichten. Zeit der französischen Besatzung – von 1718 bis 1762 – blieb das spätere New Orleans eine kleine, aus Holz erbaute Ortschaft, umgeben von Sümpfen, die nie systematisch trockengelegt wurden, heimgesucht von Stürmen, Überschwemmungen und Epidemien. Um die Gründung New Orleans zu finanzieren, ließ die französische Krone den schottischen Finanz- und Grundstücksmakler John Law eine gigantische Marketing-Kampagne entwerfen. Mit Erfolg für die Krone. Die gutgläubigen Anleger, die in die von Law gegründete „Mississippi Company" zur Finanzierung der französische Kolonie investierten, wurden hingegen um ihr Vermögen gebracht. Doch trotz ihrer Investitionen und der für den Handel günstigen Lage blieb New Orleans' wirtschaftliche Bedeutung im 18. Jahrhundert marginal. Zu unterentwickelt war damals noch der mittlere Westen Nordamerikas, zu zaghaft die Bereitschaft des französischen Königs, eigene Mittel in die Infrastruktur der neuen Kolonie zu investieren. Die Schiffe, die im Hafen der Stadt hochsubventionierte Waren aus dem Mutterland und den karibischen Kolonien Frankreichs löschten, kehrten leer oder mit ein wenig Holz und Fellen aus den Wäldern der Umgebung beladen zurück. Zusätzlich erschwert wurde die wirtschaftliche Entwicklung durch die restriktive französische Einwanderungspolitik. Statt den verfolgten Hugenotten, von deren Fleiß und Handelsgeschick später Preußen profitieren würde, sollten allein Katholiken die neue Kolonie besiedeln. Doch die zeigten wenig Interesse daran, sich in den lebensfeindlichen Sümpfen niederzulassen.[166] Das Problem mangelnder Siedlungswilliger ließ sich auch durch die Verschiffung von Sträflingen – die zudem den schlechten Ruf Louisianas nicht unbedingt verbesserten – nicht beheben. 13 Jahre nach der Gründung von New Orleans, im Jahr 1731, lebten in der Stadt gerade einmal rund 900 weiße Siedler, etwa 200 französische Soldaten, knapp 3.700 afrikanische Sklaven, ein paar Dutzend indianische Sklaven sowie einige wenige freie Schwarze.[167]

Die Hoffnung des „Sonnenkönigs" Louis XIV, in Louisiana Gold und andere Schätze zur Finanzierung seines teuren Hofstaates und immer neuer Bauprojekte zu gewinnen, zerschlug sich schnell. Er verlor daher bald jegliches Interesse an der unrentablen Kolonie und überließ sie ihrem Schicksal. Sein Nachfolger Louis XV übergab Louisiana 1762 dem spanischen König Carlos III, seinem Cousin. Offiziell deklarierte er das Geschenk als „Entschädigung" für die gemeinsam erlittene Niederlage gegen Großbritannien. In Folge des verlorenen Kolonialkriegs auf amerikanischem Boden war nicht nur das bis dahin französische Kanada an die Briten gefallen, sondern auch das bis dato spanische Florida. Die Spanier waren über das Danaergeschenk wenig begeistert und weigerten sich sechs Jahre lang, die Vorherrschaft für das Gebiet offiziell zu übernehmen.[168]

Louisiana und New Orleans sollten sich auch unter spanischer Herrschaft kaum weiterentwickeln. Die Bevölkerung von Louisiana allerdings vervierfachte sich unter spanischer Ägide: einerseits durch den ausgeweiteten Sklavenhandel, andererseits durch die Zuwanderung mehrerer Tausend französisch-sprechender Katholiken, der „Akadier", auch „Cajuns" genannt, die nach dem Fall Kanadas an

Großbritannien nach Louisiana übersiedelten. Doch das reichte bei weitem nicht aus, um eine nennenswerte wirtschaftliche Entwicklung in Gang zu setzen. Zudem war Spanien, ebenso wenig wie zuvor Frankreich, in der Lage, größere Summen in die Infrastruktur Louisianas zu investieren.[169]

Als die Spanier 1768 die Stadt von den Franzosen übernahmen, lebten dort 6.200 Menschen. Bis zum Ende des Jahrhunderts wuchs die Einwohnerzahl nur auf etwa 8.000. Doch immerhin erhielt die Altstadt von New Orleans unter spanischer Herrschaft ihre jetzige Gestalt: Nach mehreren Bränden entschied man sich in den 1790er Jahren, die Stadt aus Stein neu zu errichten.[170]

Von Sklaven und Freien

Das Hauptproblem der Kolonie Louisiana war – unter französischer wie spanischer Ägide – neben dem Mangel an Kapital vor allem das Fehlen von Arbeitskräften. Aus den kolonialen Mutterländern Frankreich und Spanien wollten nur wenige das Abenteuer in den Sümpfen wagen. Auch die Akadier beziehungsweise Cajuns aus Kanada konnten das Problem nicht lösen: sie waren kleine Farmer und keine kapitalstarken Plantagenbesitzer oder Händler. So blieb nur der Import von westafrikanischen Sklaven um das Bevölkerungsproblem zu lösen und die großen Plantagen zu bewirtschaften. Doch die geringe Zahl an weißen Siedlern und die große Zahl an afrikanischen Sklaven brachten für die Kolonialherren Probleme mit sich. Die Siedler lebten angesichts ihrer krassen numerischen Unterlegenheit in ständiger Angst vor Sklavenaufständen. In der Anfangsphase der Kolonialisierung unter französischer Besatzung verschärfte sich die Situation noch zusätzlich durch den Widerstand, den die indianischen Ureinwohner der europäischen Expansion entgegensetzten. Der Alptraum der Kolonialisten erfüllte sich 1729, als sich afrikanische Sklaven dem Aufstand der Natchez-Indianer gegen die Besetzung ihres Landes anschlossen und mehrere weiße Siedlungen verwüsteten. Den Kämpfen fielen 250 Siedler zum Opfer, viele weitere wurden gefangen genommen und als Geiseln verschleppt: eine ungeheuer hohe Zahl, angesichts der geringen Zahl weißer Siedler. Der Historiker Thomas Ingersoll nennt die Revolte gar den „berüchtigtsten Aufstand gegen die Kolonialherrschaft in Nordamerika während des gesamten 18. Jahrhunderts."

Folge dieses Ereignisses war eine Politik des „teile und herrsche": Eine flexible Strategie, die den Schutz der zahlenmäßig unterlegenen Siedler und die Fortsetzung der Ausbeutung von Sklavenarbeit gleichermaßen sicherstellen sollte. Unmittelbar in Folge des Aufstandes der Natchez-Indianer rekrutierte der damalige Gouverneur von Louisiana, Étienne Périer, einige Dutzend Sklaven, um eine friedliche kleine Indianersiedlung in der Nähe von New Orleans dem Erdboden gleichzumachen. Als Dank wurde den Sklaven die Freiheit versprochen. Der geschickte Schachzug des Gouverneurs beendete ein für alle mal jeden gemeinsamen Widerstand von Afrikanern und Indianern. Die freigelassenen Sklaven blieben Teil der Armee und beteiligten sich in den folgenden Jahren an der Niederschlagung zahlreicher Indianer-Aufstände.[171]

Doch trotz dieser Loyalitätsbeweise blieben die Möglichkeiten für Sklaven, die Freiheit zu erlangen, in den folgenden Jahren gering. Den wenigen freien Afrikanern wurde das Leben zudem durch zahlreiche Verordnungen schwer gemacht. Sie durften keine Waffen tragen, sich nicht in der Öffentlichkeit versammeln und sie mussten auf Befehl eines Weißen jederzeit stehen bleiben und sich als „Freie" ausweisen. Bei Nichtbefolgung dieser Regeln durften die Siedler von der Schusswaffe Gebrauch machen. 1769 lebten in Louisiana etwa 200 freie Afrikaner und 400 freie „Mischlinge" – neben 5.500 Sklaven.[172]

Unter spanischer Herrschaft stieg die Anzahl der „Freien" durch die Praxis der so genannten „Cortación". Sklaven bekamen die rechtlich garantierte Möglichkeit, sich freizukaufen. Der Kaufpreis war ihr Marktwert, der im Streitfall vor Gericht festgestellt wurde, zuzüglich einer nicht unerheblichen „Verwaltungsgebühr". Um die notwendigen Mittel für ihren Kaufpreis zusammenzubekommen, wurde den Sklaven erlaubt, zu festgelegten Zeiten auf eigene Rechnung zu arbeiten. Dieses Recht war ebenso verbrieft und einklagbar wie das Recht des Freikaufs selbst.

Auch die „Freien" erhielten von den Spaniern mehr Rechte als unter französischer Herrschaft. Zwar mussten sie sich immer noch jederzeit als „Freie" ausweisen können, doch sie durften Waffen besitzen. Zudem integrierten die Spanier ein Heer von Freien in ihre Armee. Obwohl sich die spanische Politik gegenüber den Sklaven im Vergleich zu der der Franzosen relativ liberal ausnimmt, so war sie doch weniger humanistischen Idealen als taktischen Erwägungen geschuldet.

Die Besiedlung Louisianas mit Weißen verlief weiterhin schleppend. Die kleinbäuerlichen Cajuns waren an der protokapitalistischen Plantagenwirtschaft nicht interessiert und standen der spanischen Herrschaft ohnehin skeptisch gegenüber. Um den Ertrag aus der Plantagenökonomie zu erhöhen und endlich eine Rendite aus der ungeliebten Kolonie zu erzielen, blieb den spanischen Kolonialherren nichts anderes übrig, als die Zahl der Sklaven weiter zu erhöhen. Doch ein derart krasses

Missverhältnis von Sklavenbesitzern und Sklaven erhöhte die Möglichkeit von Aufständen. Sklaven jedoch, die durch harte Arbeit sich selbst oder zumindest ihre Kinder befreien könnten, würden sich ebenso wenig wie Freie, die diesen Status nicht wieder verlieren wollten, an Sklavenaufständen beteiligen. Daher würden sie, so das Kalkül der Spanier, langfristig die sklavenbasierte Plantagenwirtschaft am Leben erhalten.

Doch es gab noch weitere Motive für die spanischen Kolonialherren, Afroamerikanern den Weg in die Freiheit zu ermöglichen. Die Bevölkerung von New Orleans wuchs wesentlich langsamer als die von Louisiana. Die wenigen weißen Siedler lebten fast alle auf dem Land. Der wachsende Handel mit Zuckerrohr und Baumwolle erforderte aber den Ausbau des Hafens von New Orleans – und dafür standen nicht genügend Arbeitskräfte zur Verfügung. Da sich das Gros der Freien in New Orleans niederließ, erhoffte man sich auf diese Weise eine Ausweitung des Arbeitskräfteangebots für die anfallenden Arbeiten im Hafen der Stadt, ebenso wie für eine Belebung des Kunsthandwerks und des Kleinhandels.[173] Die Rechnung sollte aufgehen.

Während der spanischen Kolonialherrschaft erlangten 1.490 Afrikaner die Freiheit – etwa zwei Drittel von ihnen Frauen und Mädchen. Das mehr Sklavinnen als Sklaven frei gelassen wurden hatte zwei Gründe: Zum einen lag ihr Marktwert niedriger, sie konnten sich also leichter frei kaufen. Zum anderen gab es viele eheähnliche Verhältnisse zwischen Sklavenhaltern und Sklavinnen, in deren Folge der Sklavenhalter den Frauen und den gemeinsamen Kindern die Freiheit „schenkte".

Die hohe Zahl der Freien bereitete den Sklavenbesitzern große Sorgen. Auch wenn ihre Ängste weitgehend irrational waren, weil es kaum noch nennenswerte Sklavenaufstände gab, verunsicherte die Weißen vor allem der teilweise erstaunliche ökonomische und gesellschaftliche Erfolg der Freien. Einige Freie stiegen sogar selbst zu Plantagenbesitzern auf. In der Regel handelte es sich dabei um Kinder aus Verhältnissen zwischen Weißen und Sklavinnen, die durch den illegitimen Vater protegiert wurden. Doch auch im Handel und Kunsthandwerk hatten einige Freie großen Erfolg.[174] Obwohl die überwiegende Mehrheit der Freien in Armut lebte, stellte der Aufstieg einiger weniger "People of Color" die proklamierte Überlegenheit der „weißen Rasse" in Frage. Wenn auch Schwarze und People of Color erfolgreiche Geschäftsleute und sogar Plantagenbesitzer werden konnten, wie sollte dann noch die „natürliche Superiorität" der Weißen begründet werden?

In den 1790er Jahren wurden die Weißen durch den Aufstand der Sklaven in Saint Domingue, dem heutigen Haiti, und einige regional begrenzte Aufstände in Louisiana zusätzlich nervös. Obwohl in New Orleans alles ruhig blieb, fürchteten sich die Weißen vor den etwa doppelt so vielen schwarzen Mitbürgern – gleich ob es sich bei ihnen um Freie oder Sklaven handelte. Als Anfang des 19. Jahrhunderts auch noch weitere Freie aus dem umkämpften Haiti nach New Orleans flohen, verschärfte sich das rassistische Klima noch mehr.

Sklavenhalter unterm Sternenbanner

Mit der Eingliederung Louisianas in die amerikanische Föderation im Jahr 1803 begann der sagenhafte Aufstieg New Orleans zu einer der reichsten und größten Städte des Kontinents. Der Boom der jungen Metropole beruhte auf zwei Standbeinen: dem Hafen und der Plantagenwirtschaft. Die verstärkte Besiedlung des mittleren Westen führte zu einer stetigen Ausweitung des Handelsvolumens. Technische Erfindungen wie das Dampfschiff ließen den inneramerikanischen Handel explodieren. Alle Waren, die aus dem mittleren Westen an die amerikanische Ostküste oder nach Europa transportiert werden sollten, passierten den Hafen von New Orleans.[175] Die große Zeit der Dampfschiffe endete erst in den 1870er Jahren als das Eisenbahnnetz den mittleren Westen zunächst mit der Ostküste, später mit der Westküste verband.[176]

Mit dem Eintritt Louisianas in die Vereinigten Staaten florierte indes nicht nur die Wirtschaft, sondern es verschärften sich auch die Lebensbedingungen für "People of Color", Sklaven wie Freie. 1804 wurde der Zuzug Freier aus anderen Bundesstaaten eingeschränkt. Im selben Jahr wurden auch Ehen zwischen Freien und Sklaven untersagt und Kinder aus solchen Verhältnissen automatisch zu Sklaven erklärt. Zudem wurde die Gleichbehandlung von Freien, unabhängig von ihrer Hautfarbe, aufgehoben. Für die Kreolen[177, 178] wurde die „Unschuldsvermutung" eingeführt, im Gegensatz zu schwarzen Freien standen sie nicht mehr in der Beweispflicht für ihren Status als Freie. Diese Gesetzgebung führte dazu, das zahlreiche schwarze Freie gekidnappt, ihrer „Freedom Paper" beraubt und in Nachbarstaaten auf den Sklavenmärkten verkauft wurden.

1806 wurde die „Cortación" wieder abgeschafft. Sklaven hatten keinen Rechtsanspruch mehr darauf, sich freizukaufen oder freikaufen zu lassen. So wurde es für sie praktisch unmöglich, aus eigener Initiative die Freiheit zu erlangen. Freie wiederum wurden aus allen Vereinen ausgeschlossen. Der Aufbau eigener Gesellschaften, Schulen und ähnlichem wurde aktiv behindert. Die 1805 gegründete protestantische Kirche von Louisiana weigerte sich als erste Kirche prinzipiell „People of Color“ in ihren Reihen zu akzeptieren. Auch das Wahlrecht wurde den neuen amerikanischen Staatsbürgern mit nichtweißer Hautfarbe vorenthalten.

Doch das koloniale Erbe der Franzosen und Spanier, die, wenn auch weniger aus humanistischen als aus strategischen Motiven, eine weniger strikte Politik der “Racial Segregation” praktizierten, wurde nicht von heute auf morgen ad acta gelegt. Eine konsequente Apartheidpolitik konnte sich in New Orleans allein aufgrund der massenhaften Zuwanderung von „Free People of Color“ aus der Karibik zunächst nicht durchsetzen.

Die Bevölkerung der Mississippi-Metropole verdoppelte sich zwischen 1805 und 1810 auf über 17.000.[179] Fast der gesamte Bevölkerungszuwachs beruht auf Flüchtlingen aus Haiti. Allein zwischen Mai und Juli 1809 legten 34 Schiffe an. An Bord befanden sich fast 4.000 „Free People of Color“.

In den Folgejahren legten weitere Schiffe aus den französischen Kolonien Guadeloupe und Martinique und dem von Sklavenaufständen erschütterten Kuba in New Orleans an.[180] Die Zahl der „Free People of Color“ in New Orleans stieg schnell auf über 10.000. Die vielen „Free People of Color“ und ihr Beitrag für die Kultur und die Ökonomie der Stadt waren so bedeutsam, dass man sich im Alltag in New Orleans für einige Jahrzehnte relativ wenig um die Vorschriften der „Racial Segregation“ scherte.

New Orleans war, im Gegensatz zu allen anderen Metropolen der jungen USA, eine Stadt, die keine abgetrennten Wohnviertel für Farbige kannte. Arm und Reich, Schwarz und Weiß lebten Tür an Tür. Zwar gab es auch Straßenblöcke, in denen fast nur Afroamerikaner und Kreolen wohnten, doch lagen diese nicht isoliert, sondern inmitten weißer oder gemischter Nachbarschaften.[181] Die Vermischung unterschiedlicher Kulturen wirkte sich besonders auf die Musikszene aus, die New Orleans bis heute einzigartig macht.[181b] Viele Bars und Restaurants der Stadt wurden, trotz der anders lautenden Rechtslage, von Schwarzen und Weißen gemeinsam frequentiert. Obwohl „gemischte“ Ehen offiziell verboten waren, gab es zahlreiche eheähnliche Arrangements. Auf so genannten „Quadroon Balls“ konnten wohlhabende weiße Junggesellen schwarze und kreolische Konkubinen kennen lernen. Mit der Mutter des Mädchens handelten sie aus, zu welchen Konditionen die Verbindung eingegangen werden sollte. Einige dieser jungen Frauen legten so den Grundstein für ihre spätere Existenz.

Bereits 1840 war New Orleans mit mehr als 100.000 Einwohnern zur drittgrößten Stadt und zum zweitgrößten Hafen der Vereinigten Staaten von Amerika aufgestiegen. Trotz der großen Zuwanderungswelle aus Europa und dem amerikanischen Osten zählte die Stadt noch über 40 Prozent „People of Color", etwa zu gleichen Teilen Sklaven und Freie.[182] In New Orleans lebten die Sklaven ungleich freier als jene auf den Baumwoll- und Zuckerplantagen. Viele von ihnen arbeiteten und wohnten auf eigene Rechnung. Ihr Sklavenstatus bestand allein darin, dass sie ihrem Herrn eine vorab vereinbarte Summe abtreten mussten. Zum Teil wurde auch noch das alte System der „Cortación" weitergeführt, dass es den Sklaven – das Einverständnis ihrer Herren vorausgesetzt – ermöglichte, sich auf diese Weise aus dem Sklavenverhältnis langfristig freizukaufen. Und selbst die Sklavinnen und Sklaven, die in den Haushalten ihrer Besitzer lebten, hatten meist freie Tage oder Abende, an denen sie am sozialen Leben der Stadt teilhaben konnten.

Diese relativ freien und gleichberechtigten Verbindungen zwischen Weißen und Schwarzen sorgten für große Empörung bei der zugezogenen angelsächsischen Elite und dem Teil der alten Elite, den weißen französischsprachigen Kreolen, der sich von seinen dunkelhäutigeren Mitbürgern abgrenzen wollte. Bis zum Ausbruch des Bürgerkriegs 1861 erließ das Stadtparlament von New Orleans diverse Vorschriften, um die Interaktion von Weißen und „People of Color" zu unterbinden. Die späteren Apartheidsgesetze wurden so vorweg genommen.[183]

Das Klima in der Stadt hatte sich über die Jahre so sehr verschärft, dass viele „Free People of Color" New Orleans den Rücken zukehrten, Die Bevölkerungsstruktur der Stadt veränderte sich radikal. Nur 10.700 „Free People of Color" lebten im Jahr 1860 noch in der Stadt. Ihr Anteil war seit 1840 von 19 auf 6 Prozent gesunken. Im selben Jahr lebten auch nur noch 13.400 Sklavinnen und Sklaven in der Stadt. Auch ihr Anteil war seit 1840 von 23 Prozent auf nur mehr 8 Prozent gefallen. New Orleans war im Jahr 1860 zu 86 Prozent weiß. Während die „Free People of Color" durch die zahllosen rassistischen Verordnungen vergrault wurden, hatte der Rückgang der Sklaven andere Gründe: Durch den Baumwollboom war der Preis für Sklaven in die Höhe geschnellt. Die Arbeiten in den Haushalten der Wohlhabenden konnte billiger von irischen und deutschen Kindern erledigt werden und auch in den Docks wurden Sklaven durch Zuwanderer aus Europa und der Ostküste ersetzt.

Der kurze Traum vom Ende der Apartheid

Zwischen 1860 und 1880 sollte sich die Situation für die nichtweiße Bevölkerung von New Orleans kurzzeitig verbessern. 1862, schon ein Jahr nach Beginn des amerikanischen Bürgerkriegs, fiel New Orleans an die Unionisten. Die Sklaverei war damit illegal geworden. Schwarze Führer nutzten die Gunst der Stunde und lancierten eine groß angelegte und zumindest kurzzeitig erfolgreiche Kampagne gegen alle Verordnungen zur rassischen Diskriminierung. 1867 wurde nach einer großen Demonstration die "Racial Segration" in den „Streetcars", den Straßenbahnen, abgeschafft. In den Jahren 1867 bis 1868 wurde "Racial Segration" in öffentlichen Gebäuden und Schulen in ganz Louisiana untersagt. Zwischen 1871 und 1878 drückten zahlreiche schwarze Schülerinnen und Schüler die Schulbank zusammen mit ihren weißen Nachbarskindern. Auch in den Restaurants, Theatern und Bars war die Rassentrennung aufgehoben.

1874 wehrte sich die weiße Reaktion mit Waffengewalt gegen die Aufhebung der Apartheid in der Öffentlichkeit. In der größten Straßenschlacht der amerikanischen Geschichte bekämpften in New Orleans 3.500 bewaffnete Anhänger der Apartheid die gewählte republikanische Regierung. Der Aufstand konnte erst nach erbitterten Kämpfen durch die Unions-Truppen niedergerungen werden.[184]

Doch auch dieser kurzzeitige Sieg der Republikaner, die damals die Partei der Abolition – also der Aufhebung der Sklaverei und der formalen "Racial Segration" – waren, konnte nicht verhindern, dass die Apartheid nur wenig Jahre später wieder eingeführt und fortan für fast 100 Jahre das Leben in den Südstaaten bis in die letzten Verästelungen des Alltags hinein prägen sollte.

Nach dem sich im Zuge der Politik der „nationalen Aussöhnung" („Reconcilation") nach Beendigung des Bürgerkriegs die Truppen der Union zurückzogen, brach die republikanische Regierung in New Orleans und Louisiana zusammen. Die Demokraten, die im Süden der USA die Partei der Sklavenhalter stellten, setzten ab 1877 Apartheidsgesetze landesweit in Kraft. Zweimal in Folge unterlagen die Gegner der Apartheid vor dem höchsten Gericht der USA. 1890 wurde der so genannte „Equal but Separate"-Status, der die Apartheid besiegelte, in die Verfassung Louisianas aufgenommen. Er galt bis Mitte der 1960er Jahre und wurde – im Gegensatz zu den eher laxen Vorbürgerkriegsverordnungen – unerbittlich umgesetzt.

Auch auf die räumliche Segregation von Schwarz und Weiß hatte der „equal but seperate"-Status großen Einfluss. Die Innenstadt, traditionell der Wohnort der Farbigen, wurden ebenso wie die Stadtviertel zwischen dem Lake Pontchartrain und dem Zentrum mehrheitlich weiß. Die unter dem Meeresspiegel liegenden Stadtteile wie der Fifth, der Seventh und der Ninth Ward[185] wurden dagegen überwiegend schwarz. Geteilt waren jedoch nicht nur die Stadtviertel, sondern auch die Public Housing Projects, die Sozialbauquartiere, die zwischen 1930 und 1960 in der Stadt gebaut wurden. Projects wie das unmittelbar an das French Quarter anschließende Iberville und das in Innenstadtnähe am Mississippiufer gelegene St. Thomas wurden exklusiv für Weiße errichtet. Andere Projects, wie St. Bernard und Desire, die weiter von der Innenstadt entfernt lagen, waren für Schwarze reserviert.[186]

Mit der Aufhebung der formalen "Racial Segregation" Mitte der 1960er Jahre konnte der Zuzug Schwarzer in die Projects, die ursprünglich für Weiße reserviert waren, nicht länger juristisch verhindert werden. Das hatte zur Folge, dass innerhalb eines Jahrzehnts praktisch alle weißen Bewohner diese Projects verließen und in die Vororte zogen. Aus weißer Sicht muss der Verlust des Iberville und des St. Thomas-Projects dabei besonders schmerzlich gewesen sein. Denn so entstanden zwei schwarze Nachbarschaften inmitten wohlhabender, weißer Gemeinden. Im Fall von Iberville kam noch erschwerend hinzu, dass das Project äußerst zentral zwischen dem French Quarter und dem historischen Friedhof New Orleans liegt. Vielleicht sucht man deshalb die Wohnblöcke von Iberville bis heute vergeblich auf Stadtplänen.

Die trojanischen Priester

Im Gegensatz zu Iberville war das abseits, im Upper Ninth Ward gelegene Desire Public Housing Project von Anfang an für Schwarze reserviert. Desire wurde 1970 zum Schauplatz bewaffneter Auseinandersetzungen zwischen den „Black Panthern" und bewaffneten Polizeitruppen. Die „Black Panther", eine Art schwarze Bürgerwehr, die Ende der 1960er Jahre in vielen amerikanischen Städten zum Schutz gegen die ständigen Polizeiübergriffe auf Schwarze gegründet wurde, hatten in Desire eine weitgehende Selbstverwaltung aufgebaut.

Das Recht Waffen zu tragen galt seit wenigen Jahren auch für Schwarze und so konnten die Panther das Desire Project als einen polizeifreien Raum durchsetzen. Die Black Panther traten dort als „National Committee to Combat Fashism" auf.

Sie beendeten die in Desire schwelenden Bandenkriege und reglementierten den Drogenverkauf, sie bauten ein kulturelles Zentrum auf, in dem sie Schulungen, Lesungen, Musikveranstaltungen und Feste organisierten. Zudem versorgten sie Bedürftige mit Nahrungsmitteln. Malik Rahim der spätere Gründer von „Common Ground“ war damals Anfang 20 und wie so viele seiner Generation desillusioniert aus dem Vietnamkrieg heimgekehrt. Zurück in New Orleans baute er in Desire die Black Panthers mit auf. Im November 1970 kam es zum Showdown zwischen den Panthern und der Polizei. Einige Monate wurde das Project nun schon von den Black Panthern selbst verwaltet. Alle Versuche des für Südstaatenverhältnisse überaus liberalen Bürgermeisters Maurice Edwin Landrieu, die Panthers zur Aufgabe zu überreden, waren fehlgeschlagen.

Am 27. November 1970 sah die Polizei, die am liebsten schon längst kurzen Prozess mit den Aufständischen gemacht hätte, ihre Stunde gekommen. Als Vorwand diente die Enttarnung von zwei Zivilpolizisten wenige Tage zuvor durch die Black Panther. Die Polizisten gaben an von den Panthern verprügelt worden zu sein. 250 schwerbewaffnete Polizisten belagerten daraufhin das Project. Doch angesichts der Masse an Bewohnern – unter ihnen viele Mütter mit ihren Kindern – die sich schützend um das Black Panther Hauptquartier versammelt hatten, blieb der Befehl zur Räumung aus. Die Polizisten bedienten sich eines Tricks, um ihr Ziel dennoch zu erreichen. Verkleidet als Priester und unter dem Vorwand Verhandlungen führen zu wollen, wurden sie in das Hauptquartier gelassen. Dort starteten sie ihren Überraschungsangriff. Ein Panther-Mitglied wurde sofort erschossen, alle anderen festgenommen – unter ihnen Malik Rahim.[187]

Nach elf Monaten Untersuchungshaft im Orleans Parish Prison wurden die des Polizistenmordes verdächtigten Panther mangels Beweisen freigelassen. Malik ging nach Kalifornien, damals eine Hochburg der Panthers. Jahre später, die Panthers waren mittlerweile mit militärischen Mitteln zerschlagen, beteiligte er sich an einem bewaffneten Raubüberfall. Fünf Jahre gab ihm der Richter. Im Knast politisierte er sich neu und engagierte sich nach seiner Freilassung wieder in den Projects – diesmal in San Francisco. Ende der 1990er Jahre kehrte er in sein Geburtshaus nach New Orleans zurück, um seine im sterbende liegende Mutter zu pflegen. 2002 kandidierte auf der Liste der amerikanischen Grünen für das Bürgermeisteramt von New Orleans.[188]

▷ 45: malik rahim
Common
Ground
Relief.org

Der weiße Exodus

Das Ende der Apartheid 1965 konnten die Mehrheit der weißen Bewohner von New Orleans nur als Niederlage begreifen. Nach Jahrhunderten der Apartheid und der Sklaverei ist für sie ein gleichberechtigtes Zusammenleben mit Menschen nichtweißer Hautfarbe bis zum heutigen Tag eine undenkbare Zumutung. Diese Einstellung hatte nicht nur Auswirkungen auf Public Housing, sondern auch auf die öffentlichen Schulen. Die Nachkommen irischer Kartoffelbauern und hessischer Schweinehirten reagierten nicht anders als ihre Urgroßväter in den 1870er Jahren auf die Nachricht, dass ihre Kinder mit den Nachfahren westafrikanischer Sklaven gemeinsam unterrichtet werden sollten. Sie schickten die Kinder auf Privatschulen und die zahlreichen katholischen Schulen der Stadt und legten so den Grundstein für eines der am stärksten segregierten und unterfinanzierten Public School Systeme der USA.[189]

Doch damit nicht genug. Am ersten Schultag nach Aufhebung der "Racial Segegation" wurden schwarze Schüler von weißen Müttern bespuckt, beschimpft und bedroht. Zuvor hatte der Bürgermeister der Umlandgemeinde St. Bernard, Leander Perez, die weißen Eltern, die sich keine privaten Schulen für ihre Kinder leisten konnten, mit den folgenden Worten aufgehetzt: „Wartet nicht, bis eure Töchter von diesen Kongolesen vergewaltigt werden. Wartet nicht, bis die Krausköpfe die Schulen übernehmen. Tut etwas."[190]

Offensiv warben die Umlandgemeinden um die weiße Arbeiterklasse mit dem Argument, hier könnten sie ihre Kinder beruhigt auf rein weiße Schulen schicken. Um das Versprechen auch einlösen zu können, wurden die wenigen nichtweißen Schüler in den überwiegen weißen Umlandgemeinden St. Bernard und Plaquemines mit Bussen zu Schulen in New Orleans gebracht. Das Prinzip des „Bussing", dass eigentlich dafür bestimmt war, afroamerikanischen Kindern aus Armenvierteln den Zugang zu gut ausgestatten Schulen in wohlhabenden, überwiegend weißen Stadtvierteln zu ermöglichen, wurde missbraucht, um die Apartheid fortzusetzen.[191]

Die „Angst vorm schwarzen Mann" hörte aber an der Schulpforte nicht auf. Die Tatsache, dass sich Schwarze erstmals in der Geschichte von New Orleans in jedes beliebige Café, Restaurant, Kino oder Theater setzten durften, dass sie in den Bussen überall Platz nehmen konnten, auf den Behörden in der selben Schlange standen, ja selbst im Waffenladen bedient werden mussten, blieb vielen Weißen unerträglich. Und so wuchs sich ihr um 1950 einsetzender Zug in die Vororte in den 1970er Jahren zu einer regelrechten Fluchtbewegung aus.

Im Jahr 1960, fünf Jahre vor dem Ende der "Racial Segregation" erreichte die Einwohnerzahl New Orleans mit etwa 630.000 einen historischen Höchststand. Bis zum Ende des Jahrtausends sank sie um fast ein Viertel. Der Rückgang der Bevölkerung resultierte ausschließlich aus dem Wegzug der Weißen. Allein zwischen 1950 und 2000 verlor New Orleans zwei Drittel seiner weißen Bevölkerung.[192] Im Jahr 2000, 35 Jahre nach Aufhebung der Apartheid, war der Anteil der Afroamerikaner an der Bevölkerung der Stadt mehr als dreimal so hoch wie der der Weißen.[193]

Die afroamerikanische Mittelschicht, die in anderen Teilen der USA der weißen Mittelschicht mit einem gewissen zeitlichen Abstand in die Vororte folgte, hatte diese Möglichkeit in New Orleans wegen der extremen Segregation in den Umlandgemeinden nicht. Die Vororte von New Orleans sind – bis heute – zu fast 100 Prozent weiß.[194] Trotz formaler Aufhebung der Apartheid ist der Zuzug von Schwarzen in diese Umlandgemeinden praktisch unmöglich. Die bevorzugten Wohngebiete der afroamerikanischen Mittelschicht blieben deshalb innerhalb der Stadtgrenzen. Dies änderte allerdings nichts an der Tatsache, dass New Orleans vor der Überflutung in der Folge von Hurricane Katrina im Jahre 2005 eine der ärmsten und gewalttätigsten Städte der USA war (⇨ Abschnitt 7).

Die Fortsetzung der Sklaverei mit den Mitteln der Justiz

Als die Unionisten im amerikanischen Bürgerkrieg gesiegt hatten und die Sklaverei in den Südstaaten beendeten, änderte sich für die befreiten Sklaven auf dem Land zunächst nicht viel. Durch die Apartheidsgesetze wurden sie vom öffentlichen Leben ausgeschlossen. Sie blieben in völliger Abhängigkeit von ihren alten Herren. Als Alternative blieb ihnen nur die Migration in den Norden der USA. Um eine massenhafte Abwanderung der einstigen Sklaven zu verhindern, nutzten die ehemaligen Sklavenhalter die neuen Apartheidsgesetz und ließen ihre ehemaligen Sklaven in großer Zahl für tatsächliche oder vermeintliche Übertretungen der Apartheidgesetze verurteilen. Während ihrer Haft wurden die Verurteilten dann ihren ehemaligen Besitzern vom Sheriff gegen eine Gebühr vermietet. Diese Praxis wurde als „convict-lease“ System bekannt. In Louisiana hat sich dieses System wie in keinem anderen Bundesstaat erhalten. Und durch die Verschärfungen des

Strafrechts in der jüngeren Vergangenheit hat es sogar wieder an Bedeutung gewonnen. Tausende Gefangene, überwiegend AfroamerikanerInnen, übernehmen Arbeiten in der Landwirtschaft oder reinigen in so genannten „Chain Gangs", an den Füßen aneinander gekettet, die Straßen von Unrat. Der Einsatz von „Chain Gangs" ist auch in anderen ehemaligen Bundesstaaten im Süden der USA, wie etwa Arizona, üblich (⇨ Abb. 46). Doch in einem solchem Umfang wie in Louisiana wird die moderne Praxis des „Convict Lease" nirgends angewendet.

Die einstigen Sklavenhalterstaaten Louisiana, Texas, Mississippi, Oklahoma und Alabama sind in dieser Reihenfolge die Staaten mit den US-weit höchsten Inhaftierungsquoten. In Louisiana musste 2006 über 0,8 Prozent der Bevölkerung eine Gefängnisstrafe von über einem Jahr in einem staatlichen oder privaten Gefängnis absitzen – mehr als in jedem anderen Staat des Landes.[195] Gleichzeitig waren in diesem Staat die Inhaftierungskosten die niedrigsten in den USA – 2005 gab man gerade einmal 13.009 Dollar pro Jahr und Gefangenen aus.[196] Trotzdem wird in keinem anderen Bundesstaat der USA eine ähnlich hohe Zahl von Gefangenen in den so genannten „County Jails" untergebracht.[197]

▷ 46: "chain gang" in maricopa county, arizona | f: associated press

„County Jails“ sind kleine, kommunal verwaltete Gefängnisse, oft integriert in Polizei- oder Sheriffwachen. In den „County Jails“ sitzen Kleinkriminelle, die zu Freiheitsstrafen von weniger als einem Jahr verurteilt wurden, sowie Untersuchungshäftlinge und illegale Einwanderer, die auf ihre Abschiebung warten. 1975 wurde die Unterbringung von Gefangenen aus bundesstaatlichen oder föderalen Haftanstalten, aus „richtigen Gefängnissen“ also, in „County Jails“ als temporäre Maßnahme erlaubt. Auf diese Weise sollten die Kapazitätsengpässe in den überbelegten Gefängnissen gelindert werden.[198] In den meisten Bundesstaaten wird von dieser Möglichkeit nur in sehr geringem Maße Gebrauch gemacht.[199]

Anders ist die Situation in Louisiana. Dort beherbergen die „County Jails“ zunehmend mehr Gefangene, die zu Freiheitsstrafen von mehr als 12 Monaten verurteilt wurden. Im Jahr 2000 lag der Anteil solcher Gefangener in den kommunalen Kleingefängnissen bei 43 Prozent.[200] Die Strafvollzugsbehörde von Louisiana begründet dieses US-weit einmalige Vorgehen damit, dass die Verwahrung der Gefangenen in den „County Jails“ erheblich billiger sei als in den bundesstaatlichen Gefängnissen. Und in der Tat liegt der Tagessatz nur bei rund der Hälfte der Kosten, die in einer herkömmlichen Strafvollzugsanstalt fällig werden.[201]

Doch neben den niedrigeren Inhaftierungskosten ist vor allem das „Convict Lease“ System der Hauptgrund für die Attraktivität der „county-jails“ in Louisiana. Vom „convict-lease“ profitiert neben dem Sheriff besonders die lokale Ökonomie. Ihr steht auf diese Weise ein ultramobiles und völlig rechtloses Arbeitskräftereservoir zur Verfügung. Die Gefangenen werden vom Sheriff an Privatpersonen und Unternehmer der jeweiligen Gemeinden vermittelt. Dort müssen sie dann unter anderem als Erntehelfer, Hilfsarbeiter im verarbeitenden Gewerbe oder auf dem Bau arbeiten. Offiziell erhalten sie dafür den Mindestlohn, tatsächlich aber behält der Sheriff – legal – einen Gutteil des Lohns für seine Aufsichtsfunktion und die Transportkosten zum Arbeitsplatz.[202]

„Convict Lease“ vor und nach Katrina

New Orleans hat nicht nur eine Inhaftierungsrate, die höher liegt als in jeder anderen US-Metropole, auch das „Convict Lease“ ist in keiner anderen amerikanischen Großstadt ähnlich weit verbreitet. Obwohl die Stadt vor Katrina nur die 35.-größte Gemeinde der USA war, war das Orleans Parish Prison (OPP), die neuntgrößte kommunale Gefängniseinrichtung im Land.[203, 204] Vor Katrina saßen hier insgesamt etwa 6.500 Häftlinge ein. Fast 90 Prozent von ihnen waren AfroamerikanerInnen.[205] Das OPP ist eigentlich ein „Jail“, also ein durch den örtlichen Sheriff verwalteter Polizeigewahrsam, Untersuchungsgefängnis und Strafanstalt für Kleinkriminelle in einem. Es besteht aus zwölf Einrichtungen, darunter ein Frauengefängnis und zwei Trakte für Minderjährige. Neben Untersuchungshäftlingen wurden im OPP vor allem Kleinstkriminelle festgehalten. 60 Prozent der Häftlinge, die vor Katrina dort einsaßen, wurden Ordnungswidrigkeiten wie Verkehrsdelikte, Ruhestörung, Trunkenheit in der Öffentlichkeit, Betteln, campieren im öffentlichen Raum oder der Besitz kleiner Mengen illegaler Drogen vorgeworfen. Sie hatten entweder ihr Bußgeld nicht bezahlt oder waren nicht zu anberaumten Verhandlungsterminen erschienen.[206] Nach der Festnahme durch die Polizei können die Beschuldigten bei Ordnungswidrigkeiten bis zu 45 Tagen, bei Straftaten sogar bis zu 60 Tagen festgehalten werden. In dieser Zeit werden sie zu Arbeitseinsätzen eingesetzt. Von ihrem Gehalt werden nicht nur die täglichen Kosten, die für ihre Bewachung, Unterbringung und Verpflegung anfallen, abgezogen, sondern auch die Summe, die sie der Justiz als Geldbußen schuldig geblieben sind.[207]

Neben diesen harmlosen Ordnungsübertretern waren vor Katrina fast 2.000 der Insassen des OPP Strafgefangene, die Marlin N. Gusmann, „Criminal Sheriff“ für das Orleans Parish, von staatlichen Gefängnissen übernommen hatte. Statt der knapp 40 Dollar, die ein Gefangenenplatz in den staatlichen Gefängnissen von Louisiana täglich kostet, bezahlten die Strafverfolgungsbehörden Gusmann nur 24 Dollar pro Gefangenen und Tag. Das sind immerhin 2 Dollar mehr als Gusmann von der Gemeinde New Orleans zur Unterbringung von Untersuchungshäftlingen und Bagatellstraftätern erhält.[208]

Am Sonntag, dem 28. August 2005, am Tag vor Katrina, gab der Bürgermeister von New Orleans, Ray Nagin, eine Pressekonferenz. Dort teilte er mit, dass er eine sofortige Zwangsevakuierung des Bezirks angeordnet habe: „A mandatory evacuation order is hereby called for all of the Parish of Orleans”.[209] Nagin folgte damit den Nachbar-Parishes – die umgebenden Bezirke hatten sich bereits einen Tag zuvor zu diesem Schritt entschlossen. „Uns steht der Sturm bevor, vor dem wir alle uns immer gefürchtet haben“, sagte der Bürgermeister zur Begründung. Die Gouverneurin Kathleen Blanco, die ebenfalls an der Pressekonferenz teilnahm, berichtete, dass sie „just before” mit dem Präsidenten Bush gesprochen habe. Dieser hätte ihr seine Besorgnis über den Sturm mitgeteilt und sie gebeten, „sicherzustellen, dass die Stadt zwangsweise evakuiert werde".[210]

Man mag eine gewisse Ironie darin sehen, dass es ausgerechnet die Institution war, deren Aufgabe die Durchsetzung von Recht und Gesetz ist, die sich der offiziellen Anordnung widersetzte. Sheriff Gusmann nämlich ließ den Betrieb in dem Orleans Parish Prison weiterlaufen, als sei nichts geschehen. Es wurde nicht evakuiert. Dass er dabei nicht nur die Häftlinge, sondern auch das Personal gefährdete, nahm Gusman bewusst in Kauf. Als schließlich drei Tage später 80 Prozent der Stadtfläche von New Orleans und auch das OPP unter Wasser standen, blieben die Gefangenen mehrere Tage weitgehend sich selbst überlassen. Sie wurden ohne Lebensmittel in Zellen zurückgelassen, in denen das Wasser teils hüfthoch stand.[211]

Der Spiegel-Autor Marc Pitzke läßt einen 15-jährigen Jungen namens Josh von den Ereignissen berichten, der als einer von 150 jugendlichen Gefangenen die Flut im OPP verbringen musste:

> »Sie haben uns alleine gelassen, als der Sturm kam", sagt Josh. „Ich war sicher, ich würde sterben." Das schlackige, mit Bakterien verseuchte Wasser stieg. Josh habe aufs oberste der Etagenbetten klettern müssen. „Ich war damals ja noch nicht so groß", sagt er, eine Höhe von etwa 1,50 Metern andeutend. Die Zeit verging. Niemand kam, sie zu retten. „Ich dachte, sie haben uns vergessen, wir werden ertrinken", sagt Josh. „Ich hatte nichts zu essen und nur einen Becher Trinkwasser. Drei, vier Tage lang. Ich konnte nicht schlafen. Mir wurde schwindelig. Mein Kopf tat weh." (...) Ermittlungen des JJP[212] bestätigen diesen Vorwurf. „Alle diese Kinder blieben bis zu fünf Tage lang ohne Nahrung, je nachdem, wann sie evakuiert wurden", sagt JJP-Direktor David Utter zu SPIEGEL ONLINE. Die letzte Mahlzeit hätten sie am Abend vor Katrina bekommen: Eintopf mit Wasser und Milch. Auch habe es kein Trinkwasser gegeben, weshalb viele Kinder das mit Urin und Kot verdreckte Flutwasser getrunken hätten.«[213]

Erst nach mehreren Tagen wurden die Gefangenen nach und nach evakuiert, wobei es zu zahlreichen Übergriffen durch das Wachpersonal kam. Auch in den Strafanstalten, in die die Gefangenen gebracht wurden, kam es laut Augenzeugenberichten zu Misshandlungen durch das Wachpersonal und zu Gewalttätigkeiten unter den Gefangenen selbst. Da die staatlichen Gefängnisse ohnehin chronisch überfüllt sind, wurden die zusätzlichen Häftlinge aus New Orleans teilweise im Gefängnishof untergebracht. Betroffene berichten, sie seien nur mit abgepackten Sandwiches verpflegt worden, die ihnen wie Tieren über den Zaun geworfen wurden.[214]

Die Einrichtungen des OPP liegen überwiegend in Mid-City und damit in unmittelbarer Nähe zu vielen Public Housing Projects. Seine Insassen dürften sich zu einem erheblichen Teil aus den Bewohnern der Projects rekrutiert haben. Doch im Gegensatz zu den Sozialbauten blieb das OPP nicht lange geschlossen. Schon am 17. Oktober 2005 eröffnete Gusmann eines der OPP-Gebäude, obwohl es sich wenige Wochen nach dem Sturm noch in einem fragwürdigen Zustand befand. Gleichzeitig wurde, unmittelbar nach dem das Wasser aus der Stadt abgepumpt war, eine provisorische Zeltstadt für 800 Gefangene errichtet.

Vorrang bei der Repopulation des OPP hatten die lukrativeren Leihgefangenen aus den Staatsgefängnissen. Viele der säumigen Bußgeldzahler aus New Orleans hingegen saßen monatelang in Gefängnissen über ganz Louisiana verstreut, bis engagierte Jurastudenten der Universitäten der Stadt und Anwälte von Bürgerrechtsorganisationen auf sie aufmerksam wurden und ihre Freilassung erwirken konnten.[215]

Die Gefangenen des OPP, die am meisten unter dem menschenverachtenden Umgang mit der Armutsbevölkerung im Zuge der Hurrikankatastrophe von Katrina zu leiden hatten, waren nicht nur die letzten, die evakuiert wurden und die ersten, die in das Post-Katrina New Orleans zurückkehren „durften"; sondern auch die ersten zivilen Kräfte, die nach dem bewährten Prinzip des „convict-lease" Systems für Aufräumarbeiten eingesetzt wurden.

* * *

»New Orleans ist eine der Städte mit der aristokratischsten, zentralistischsten und traditionalistischsten lokalen Elite in den USA. Ihre Kultur der Arroganz, der Geschlossenheit ist im ganzen Land ohne Beispiel. Ihre Spitze ist in einer Gesellschaft organisiert, die sich Comus nennt. Comus ist die Spitze der Mardi Gras-Gesellschaften, die Geschäftselite, die Baumwollhändler, Banker, die Chefs der privaten Universitäten. Es gibt wenige Städte, in denen so eindeutig festgelegt ist, wer zur Elite dazu gehört, und wer nicht. Für New Orleans sortiert das der Mardi Gras. Eine schwarze Bürgerrechtlerin, die es in das City Council geschafft hatte, setzte irgendwann durch, dass der Mardi Gras auch für Schwarze geöffnet wurde. Dies war nur möglich, weil damit gedroht wurde, ihn ansonsten ganz abzuschaffen. Comus ist seitdem nicht mehr mitgelaufen. Sie wollten nicht mit Schwarzen marschieren. Diese Leute haben während und nach Katrina dieselbe Söld-

nerfirma – Blackwater – die auch im Irak kämpft, nach New Orleans geholt, damit sie mit israelischen Uzis ihre großen Häuser bewacht. Diese Leute wissen ohne Zweifel ganz genau, wie sie mit der kreolischen Elite in der Demokratischen Partei reden müssen, damit diese tut, was sie wollen. Diese Stadt ist unbeweglich, nicht reformierbar. Sie wird erdrückt von der Macht ihrer alten Geldoligarchie. Schwarze politische Macht hat diese Oligarchie, zumindest auf kommunaler Ebene, niemals herausgefordert oder jemals versucht, sie zu konfrontieren. Das gilt auch für Leute wie Mary Landrieu und ihren Vater.[216] *Es ist wahr, er öffnete den öffentlichen Dienst in gewissen Grenzen für Schwarze, er verschaffte ihnen teilweisen Zugang zu öffentlichen Dienstleistungen. Und ja, es gibt immer auch den einen oder anderen Schwarzen im City Council. Trotzdem hat sich die demokratische, kreolische, weiße Polit-Elite mit den Mächtigen der Stadt arrangiert und wird ihnen niemals wirklich wehtun. Die Stadt bleibt letztlich unreformiert. So läuft es in den meisten Städten des Südens. Als die Bürgerrechtsbewegung aufkam, war man gezwungen, auch Schwarze in die funktionale Elite aufzunehmen. Doch die Herrschaft der alten Eliten über das Land und die öffentlichen Güter blieb unangetastet. Es ist kein Wunder, dass in den 1970er Jahren Schwarze mit Gewehren in Hotels der Stadt gegangen waren und wahllos Weiße erschossen haben. Es ist nicht schwierig zu verstehen, was sie soweit getrieben hat.«*

Mike Davis, Historiker und Soziologe, University of Californa, San Diego

VI. „Armutskultur" als Kampfbegriff

»Wir sind nicht gerade dass, was man einen großzügigen Staat nennen würde. Zuerst musst du für dich selbst sorgen. Und erst nach vielen Anstrengungen und Niederlagen wird dir hier geholfen. Und diese Hilfe wird kein Recht sein, oder verdient, sondern Wohltätigkeit. Und das wirst du auch zu spüren bekommen.«

Martha Burt, Center on Labor & Population, Urban Institute, Washington

Die Forderungen nach der Gleichberechtigung der Afroamerikaner und nach sozialer Gerechtigkeit waren in der Geschichte der USA immer eng miteinander verbunden. Das zeigen besonders die 1960er Jahre.

Der politische Druck, den die Bürgerrechtsbewegung ausübte, führte nicht nur zur Rücknahme der Apartheidpolitik in den Südstaaten, sondern auch zum Ausbau des Sozialstaates. Denn die Forderung nach formeller Gleichheit wäre ohne eine gezielte Förderung von Minderheiten, ohne die Bereitstellung von Wohnraum für die Armutsbevölkerung und ohne den – wenn auch zaghaften – Ausbau des öffentlichen Gesundheitswesens ins Leere gelaufen.

Die Aufstände in den schwarzen Ghettos der US-amerikanischen Großstädte in den 1960er Jahren brachen nach der formalen Aufhebung der Apartheid aus. Sie verliefen nach dem immer gleichen Muster. Nach Polizeiübergriffen entlud sich die angestaute Wut über den allgegenwärtigen Rassismus in tagelangen Straßenschlachten und Plünderungen. Die Riots, die sich zum Teil über mehrere Tage erstreckten, forderten zahlreiche Todesopfer und verursachten gigantische Sachschäden. Die Militanz und Spontaneität dieser Aufstände führten zu einer Verurteilung durch die großen Bürgerrechtsorganisationen. Linksradikale Gruppen wie die Situationistische Internationale hingegen sahen in ihnen einen avantgardistischen „Aufstand gegen die Ware".[217]

Auch wenn man sich dieser optimistischen Einschätzung nicht anschließt – eines machten die afroamerikanischen Aufstände der Jahre 1964 bis 1969 unmissverständlich klar: Mit der formellen Gleichheit war die jahrhundertelange Geschichte von Sklaverei, Apartheid und Unterdrückung für die Afroamerikaner nicht abgegolten. Die Bewohner der afroamerikanischen Innenstädte wollten mehr. Ein Leben in Würde, ohne polizeiliche Drangsalierung und die Teilhabe am gesellschaftlichen Reichtum, für den sie jahrhundertelang geschuftet hatten und der ihnen trotz formeller Gleichheit und sozialer Reformbemühungen weiterhin unzugänglich blieb.

Zwei Jahrzehnte später, gegen Ende der 1970er-Jahre, ging die Rechte in die Offensive. Der einsetzende konservative Rollback traf die afroamerikanische Bevölkerung viel härter, als die weiße Arbeiterklasse. Von der Verschärfung der Strafgesetzgebung über den Abbau des ohnehin spärlichen sozialen Netzes bis zum Niedergang der öffentlichen Infrastruktur in den segregierten Innenstädten: Die afroamerikanische Bevölkerung hatte unter all dem viel stärker zu leiden als die Nachfahren europäischer Einwanderer. Das Auseinanderdriften von Arm und Reich war auch ein Auseinanderdriften von Schwarz und Weiß – auch wenn einem kleinen Teil der Afroamerikaner der soziale Aufstieg gelang.

Grand Society

In den 1960er Jahre wurde der US-amerikanische Sozialstaat unter der Ägide von Präsident Lyndon B. Johnson spürbar ausgebaut. Johnson, der sein sozialpolitisches Reformprojekt als „Grand Society" betitelte, erhöhte unter anderem den Mindestlohn deutlich, führte eine Gesundheitsversorgung für Ältere und Bedürftige („Medicare" und „Medicaid") ein und erleichterte den Bezug von Sozialhilfe.[218]

Den Erfolgen der Bürgerrechtsbewegung folgte die Politik der so genannten „affirmative action" (etwa: „aktive Förderung von Minderheiten"). Um die schlechteren Startchancen und die anhaltende Ungleichbehandlung der afroamerikanischen Bevölkerung auszugleichen, stellte man Afroamerikaner bevorzugt in den Staatsdienst ein. Und um ihre ungleichen Bildungschancen zu kompensieren, wurde das so genannte „Bussing" eingeführt: Schüler aus ärmeren, überwiegend afroamerikanischen Gemeinden wurden mit Bussen zu Schulen in reicheren, überwiegend weißen Gemeinden gebracht und dort unterrichtet. Hintergrund dieser Maßnahme war, dass Schulen in den USA kommunal finanziert werden. Ärmere Gemeinden haben entsprechend schlechter ausgestattete Schulen.[219]

Sozialwohnungen wurden unter Johnson in großer Zahl errichtet. Erstmals bekamen tatsächlich die ärmsten der Armen, statt wie bisher in erster Linie Kriegsveteranen und die weiße Arbeiterklasse, Zugang zu den Häusern. Doch statt auf eine niedrige Geschoßhöhe und eine bedürfnisgerechte Infrastruktur zu achten – wie zu Zeiten des New Deal – schossen, vergleichbar der Entwicklung in Europa, anonyme Wohnblöcke in den Himmel. Ohne jede Infrastruktur, billig gebaut und schlecht gepflegt, setzte innerhalb weniger Jahre ihr Verfall ein (⇨ Abschnitt 6).[220, 221]

Zur Reformpolitik der „Grand Society“ gehörte auch die Vorstellung einer liberalisierten Strafrechtspolitik. Die psychiatrischen Anstalten entließen einen Teil ihrer Patienten und auch die Zahl der Häftlinge sank. Statt auf Gefängnisstrafen setzte man verstärkt auf Bewährungsauflagen und Sozialarbeit.[222]

Auf den ersten Blick waren die Reformprogramme der 1960er und frühen 1970er Jahre mit den klangvollen Namen „New Frontier“ (Präsident Kennedy) und „Grand Society“ (Präsident Johnson) ein großer Erfolg. Der Anteil der afroamerikanischen Männer mit qualifizierten Dienstleistungs-Arbeitsplätzen („white collar jobs“) stieg von 1960 bis 1970 von elf auf 28 Prozent. Der Einkommensmedian[223] afroamerikanischer Männer stieg zwischen 1959 und 1977 von 59 auf 69 Prozent des Niveaus ihrer weißen Arbeitskollegen.[224] Durch den erleichterten Zugang zur Gesundheitsversorgung sank die Zahl der US-Amerikaner unterhalb der Armutsgrenze, die noch nie in ihrem Leben von einem Arzt untersucht wurden, von 20 Prozent im Jahr 1963 auf acht Prozent im Jahr 1970. Allein zwischen 1965 und 1972 ging die Kindersterblichkeit um ein Drittel zurück. Die Lebenserwartung der US-Amerikaner stieg schnell und die Lebenserwartung der Afroamerikaner näherte sich, besonders nach 1965, der der Weißen an. Auch was die Versorgung mit Wohnraum für die Ärmsten anging, wurde in den 1960er und 1970er Jahren vieles erreicht. Während 1950 16 Prozent aller US-Amerikaner in Haushalten lebten, in denen ihnen weniger als ein Zimmer pro Person zur Verfügung stand, waren es 1976 nur noch fünf Prozent. Die absolute Zahl der Armen schließlich konnte zwischen 1959 und 1968 von 39,5 Millionen auf 25,4 Millionen gesenkt werden.[225] Prozentual nimmt sich der Erfolg des „War on Poverty“ noch spektakulärer aus: zwischen 1960 und 1980 sank der Anteil der Armen an der Gesamtbevölkerung um 60 Prozent.[226]

Angesichts der überwältigenden Erfolge verwundert es, dass der „Krieg gegen die Armut“ in Misskredit geraten konnte. Doch schon Ende der 1970er Jahre galt das Experiment „Grand Society“ für viele als gescheitert.

Was war geschehen? Trotz weiter steigender Ausgaben für Soziales blieb eine Fortsetzung der Erfolge der 1960er im folgenden Jahrzehnt weitgehend aus. Gleichzeitig nahm der Druck auf die öffentlichen Haushalte durch den Vietnamkrieg und den Ölpreisschock zu. Da auch der Lebensstandard der Mittelschicht nicht länger in dem Maße anstieg wie in den vorangegangenen Jahrzehnten, wurden die hohen Sozialausgaben mit Argwohn betrachtet.[227]

Gegner des expandierenden Sozialstaats meldeten sich zu Wort. Sie wiesen darauf hin, dass sich trotz eines fast kontinuierlichen Wirtschaftswachstums der Anteil der Sozialhilfeempfänger zwischen 1960 und 1975 beinahe vervierfachte.[228] Unbeeinflusst von den zahlreichen Sozial- und Integrationsprogramme verdreifachte sich die Zahl der Gewaltverbrechen und Eigentumsdelikte pro 100.000 Einwohner zwischen 1960 und 1975.[229] Und trotz des gesellschaftlichen Aufstiegs eines großen Teils der afroamerikanischen Bevölkerung kam es Ende der 1960er Jahre zu gewaltsamen Aufständen in den Schwarzenvierteln der Großstädte.

Mit den Wirtschaftskrisen der 1970er Jahre setzte der Niedergang des produzierenden Gewerbes ein, der vor allem die ungelernten und angelernten Industriearbeiter betraf. Verschärft wurde diese Entwicklung durch das Phänomen der räumlichen Segregation. Die Innenstädte verödeten, da die Suburbanisierung in den USA viel früher und viel heftiger einsetzte als in Europa.[230, 231] Zwar ermöglichte die Politik der „affirmative action" einem Teil des afroamerikanischen Proletariats den Aufstieg in die Mittelklasse.[232] Doch auch diese neue afroamerikanische Mittelklasse trat, wie die weiße Mittel- und Arbeiterklasse in den Jahren zuvor, den Rückzug in die Vorstädte an. In den Zentren der großen amerikanischen Industriestädte blieben die ärmsten Bevölkerungsschichten zurück: Afroamerikaner und Hispanics ohne höhere Bildung.

Die Entstehung einer strukturellen Unterschicht („underclass") hatte der spätere Gewinner des Nobelpreises für Wirtschaftswissenschaften, Gunnar Myrdal, schon Anfang der 1960er Jahre vorhergesehen. Es bestehe die Gefahr, dass durch weitergehende Rationalisierungen in der Industrie viele Arbeitsplätze für Gering- und Unqualifizierte verloren gingen, schrieb er in seinem Hauptwerk „Challenge to Affluence".[233] Hierdurch, so fürchtete er, drohe eine desillusionierte und dauerhaft ausgegrenzte Unterschicht zu entstehen. Um dies zu verhindern seien große gesellschaftliche Anstrengungen notwendig. Myrdal forderte einen weiteren Ausbau des Sozialstaats und wollte vor allem den Zugang zu höherer Bildung erleichtern.[234]

Als sich Myrdals Thesen rund zehn Jahre nach ihrer Veröffentlichung bewahrheiteten, definierten die konservativen Gegner der Sozialreformen der 1960er Jahre die neue „underclass" als gefährliche Klasse. Dieser sei nicht mit einer Fortsetzung der sozialstaatlichen Politik der „fürsorglichen Vernachlässigung", sondern nur mit einer Politik väterlicher Strenge beizukommen.

Der neue Paternalismus

Obwohl die Arbeitslosigkeit Ende der 1970er Jahre so hoch lag wie seit der großen Depression nicht mehr,[235] betraf die „neue Armut" im Gegensatz zur Krise der 1930er Jahre nicht so sehr die breite Masse als vielmehr nur bestimmte Segmente der Bevölkerung. Durch die räumliche Segregation waren die Betroffenen der Krise von der Mittelklasse getrennt. Diese begegnete der urbanen Unterschicht bestenfalls auf dem Weg zur Arbeit beim Blick durch die Windschutzscheibe. Durch die räumliche Isolation der Armut gelang es konservativen Kräften in Politik und Publizistik ein Bild von der Unterschicht zu zeichnen, dass die Mittel- und Oberschicht in den Vororten das Fürchten lehren sollte.

Die „neuen Armen", die da porträtiert wurden, hatten meist afrikanische oder lateinamerikanische Wurzeln: Ihre weiblichen Angehörigen bekamen früh – und fast immer außerehelich – Kinder und lebten dann auf Staatskosten in Sozialbauten. Die männlichen Angehörigen der Unterschicht lebten von der Unterstützung ihrer wechselnden Partnerinnen sowie von Drogenhandel, Kleinkriminalität und Zuhälterei. Berühmt wurde die „Welfare Queen" als weibliches Stereotyp der Unterklasse und der „Junkie", „Zuhälter" und „Dealer" als ihr männliches Pendant.[236 - 238]

Die De-Industrialisierung, die Flucht der Mittelklasse in die Vorstädte, die Steuersenkungen und die damit einhergehende Austrocknung der innerstädtischen Infrastruktur – all das hatte die „neue Unterschicht" hervorgebracht. Nun wurde ihren Angehörigen die Anpassung an diese Entwicklung zum Vorwurf gemacht. Dem überflüssig gewordenen Proletariat legte man seine Überlebensstrategie, eine Kombination aus informeller Erwerbstätigkeit und staatlicher Wohlfahrt als kollektive Pflichtverweigerung und moralische Verkommenheit aus.[239-243]

Angeregt wurde das Bild einer selbstverschuldeten, charakterbedingten Kultur der Armut durch die Arbeiten des amerikanischen Sozialanthropologen Oscar Lewis, der seit den 1940er Jahren unter anderem in Mexiko und Puerto Rico langjährige Untersuchungen über die Lebensumstände, Verhaltensweisen und Moralvorstellungen der „urban poor" angestellt hatte.[244, 245] Aus den Ergebnissen seiner qualitativen Studien konstruierte er das Vorhandensein einer „Culture of Poverty", einer „Kultur der Armut" also. Dabei handelt es sich Lewis zufolge um eine Parallelkultur mit nur schwach ausgeprägten Verbindungen zum gesellschaftlichen Mainstream. Ihre moralischen Vorstellungen weichen in zentralen Punkten von denen der Mehrheitsgesellschaft ab. Vertrauen in die staatlichen und zivilgesellschaftlichen Institutionen ist kaum vorhanden. Kennzeichnend für die „Kultur der Armut", so wie sie Lewis skizziert, sind unregelmäßige Beschäftigungsverhältnisse, die ein vorausschauendes Planen und Sparen unmöglich machen. Damit einher geht bei den Betroffenen eine Neigung zur kurzfristigen und spontanen Bedürfnisbefriedigung. Typisch sind lose Familienstrukturen, allein erziehende Mütter mit wechselnden Partnern, die jedoch nur selten in die Haushalte einbezogen werden, da sie die Familie ohnehin nur sporadisch versorgen. Ein entscheidendes Merkmal der „Kultur der Armut" sei, dass sie von Generation zu Generation weitergegeben werde. Weil die in der Subkultur der Armut lebende Bevölkerung neue sich abzeichnende Erwerbschancen und Lebensmöglichkeiten nicht wahrnehmen kann, besteht sie selbst bei einer Veränderung der sozioökonomischen Rahmenbedingungen weiter fort.[246] Aus der Feststellung, dass sich die „Kultur der Armut" auf die kommende Generation überträgt, folgerte Lewis, dass allein finanzielle Maßnahmen nicht ausreichten, um sie zu beseitigen.

Lewis Thesen wurden kontrovers diskutiert. Kritisiert wurde das methodische Vorgehen aber auch die Übertragung des Modells auf gesellschaftliche Randgruppen in den USA. Dieser Interpretation seiner Ergebnisse stand Lewis allerdings selbst immer ablehnend gegenüber.

Von konservativen Kritikern des Sozialstaats wurde das Konzept einer Armutskultur dagegen begeistert aufgenommen und auf die neu entdeckte „Underclass" angewandt. Die große Anzahl allein erziehender, von Sozialhilfe abhängiger Mütter, zunehmende Delinquenz und wachsender Drogenkonsum in den verödenden Innenstädten sah man als Beweis für das Zutreffen der These von der „Kultur der Armut". Gleichzeitig erklärt man die sozialen Veränderungen zur Folge einer falschen Politik: Wen wundert's, dass es so viele junge, allein erziehende Mütter gibt, wenn entsprechendes Verhalten vom Staat mit der großzügigen Zahlung von Sozialhilfe und der Zuteilung von Wohnraum belohnt wird? Wen überrascht das Anwachsen der Kriminalität, wenn die Strafen immer milder werden? – fragten konservative Publizisten und Wissenschaftler.[247, 248] Zwei Positionen zum Umgang mit dem Phänomen „neue Armut", vertreten von zwei äußerst einflussreichen Sozialwissenschaftlern, prägten den Übergang vom „fürsorgenden" zum „strafenden" Staat, der spätestens mit dem Amtsantritt Reagans 1979 begann und unter Präsident Clinton in den 1990er Jahren einen vorläufigen Höhepunkt erreichen sollte.

Der Politikwissenschaftler Charles Murray trat dabei – klassisch liberal – für einen völligen Rückzug des Staates aus der Sozialpolitik ein. In seinem Rational-Choice Modell lässt eine Politik des Sozialabbaus Promiskuität und außereheliche Schwangerschaften zwar an Attraktivität verlieren, doch die Verlockungen der Schattenökonomie steigen durch den Wegfall sozialstaatlicher Leistungen gleichzeitig stark an. Um die armen „Rational-Choice Subjekte" nicht in Versuchung zu führen, war deshalb für Murray eine Intensivierung polizeilicher Maßnahmen und eine Verschärfung der Strafpolitik unumgänglicher Bestandteil seiner Reformvorstellungen.

Murrays Kollege Lawrence Mead hingegen vertrat – klassisch konservativ – die Ansicht, dass weniger die sozialstaatlichen Transferleistungen an sich das Problem seien, als der bedingungslose Rechtsanspruch auf diese Leistungen. Mead forderte strenge Auflagen und harte Sanktionsmöglichkeiten sowie die generelle Bindung von Transferleistungen an Arbeitsleistungen, notfalls auch außerhalb des regulären Arbeitsmarktes. Eine harte Bestrafung für diejenigen, die sich diesem Arbeitszwang durch Flucht in die Schattenökonomie zu entziehen suchen, ist auch für Mead Voraussetzung für den Erfolg seiner Reformbemühungen.[249]

Murrays und Mead Vorstellungen wurde gleichermaßen umgesetzt. Leistungen wurden gekürzt, ersatzlos gestrichen oder ihr Bezug erschwert und an strenge Auflagen gebunden. Die Kontrolle der nicht (mehr) leistungsberechtigten Überflüssigen wurde zur alleinigen Aufgabe von Polizei und Justiz.

„Ending welfare as we knew it"

1975 bezogen in den USA – bei einer Gesamtbevölkerung von 216 Millionen Menschen – 11,2 Millionen Bürger Sozialhilfe – Kinder eingeschlossen. Das waren 5,2 Prozent der damaligen US-amerikanischen Bevölkerung.[250] 2006 gab es bei einer Bevölkerung von 300 Millionen Menschen noch 4,1 Millionen Leistungsempfänger – knapp 1,4 Prozent der US-amerikanischen Bevölkerung[251] – ein Rückgang um fast drei Viertel. Der Umfang der Transferleistungen belief sich 1975 auf 8,2 Milliarden Dollar.[252] 30 Jahre später waren es 4,3 Milliarden Dollar.[253] Setzt man diese Zahlen in Bezug zur gesamtwirtschaftlichen Entwicklung, ergibt sich eine Verringerung um mehr als 90 Prozent: 1975 flossen etwa 0,5 Prozent jedes in den USA erwirtschafteten Dollars in Geldtransfers an Sozialhilfeempfänger, 2005 waren es nur noch 0,038 Prozent.[254]

1996 wurde der seit sechzig Jahren bestehende Rechtsanspruch auf Hilfe für Familien mit abhängigen Kindern abgeschafft. „Ending welfare as we knew it", nannte dies Präsident Clinton. Das Gesetz mit dem Namen „Personal Responsibility and Work Opportunities Act" (PRWOA) beschränkte die maximale Bezugsdauer von Sozialhilfe für Familien mit Kindern in Not auf maximal fünf Jahre. Die neue Regelung namens „Temporary Assistance for Needy Families" sieht vor, den Bundesstaaten einen fixen Betrag für diese Sozialausgaben zu überwiesen.[255] Dieser Betrag wird seit der Einführung des PRWOA 1996 regelmäßig gesenkt.[256]

Seit dieser Reform können die Bundesstaaten über die ihnen zugewiesenen Gelder weitgehend eigenständig verfügen. Sie sind jedoch verpflichtet, innerhalb eines festgelegten Zeitraums die Zahl der Empfänger schrittweise abzusenken. Schon vier Jahre nach der Reform war die Zahl der Empfänger, die abhängigen Kinder eingerechnet, landesweit von 12,6 Millionen (4,8 Prozent der Bevölkerung) auf 5,8 Millionen (2,1 Prozent der Bevölkerung) gesunken – ein Rückgang um fast 60 Prozent.[257] Gleichzeitig sank der Anteil der Mittel, den die Transferleistungen am Gesamtvolumen der Ausgaben für Sozialhilfe ausmachen von 71 auf 32 Prozent.[258] Ein Teil des so eingesparten Geldes floss und fließt in Kinderbetreuung und Weiterbildungsmaßnahmen. Das Gros jedoch geht an private Arbeitsvermittler, die ihre Klientel in den Niedriglohnsektor vermitteln und dafür Gebühren kassieren.[259]

Die Reform beinhaltet eine Reihe von Ausschlusskriterien für den Sozialhilfebezug: so können Mütter unter 18 Jahren nur dann Sozialhilfe beantragen, wenn sie die Schule besuchen und bei ihren Eltern oder im Heim wohnen. Frauen, die während des Sozialhilfebezugs Kinder gebären, kann die Sozialhilfe gestrichen werden. Drogenkonsumenten sind generell vom Sozialhilfebezug ausgeschlossen. Wer Sozialhilfe beziehen möchte, muss sich für die Dauer seines Bezugs regelmäßigen Drogen-Screenings unterziehen.

Darüber hinaus liefern sich die Bundesstaaten einen Wettkampf um die strengsten Bezugskriterien und die kürzeste Maximalbezugsdauer sozialstaatlicher Leistungen. In Texas wird maximal drei Jahre lang Sozialhilfe ausbezahlt,[260] in Louisiana mit wenigen Ausnahmen sogar nur zwei Jahre.[261] Zudem darf hier der

Antragsteller an seinem letzten Arbeitstag nicht gestreikt haben, sonst verliert sie/er den Anspruch auf Sozialhilfe. In manchen Bundesstaaten, so beispielsweise in Wyoming, ist die Sozialhilfe fast völlig verschwunden. Hier wurden 2006 nur noch rund 500 Menschen finanziell unterstützt, in Louisiana waren es zum selben Zeitpunkt noch circa 25.000.[262]

Die Clintonsche Sozialhilfereform hat aus einem Rechtsanspruch eine repressive Verwaltung der Armut werden lassen. Sozialhilfeempfänger sind nicht nur diskriminierenden Kontrollen ausgesetzt, sondern können jederzeit zur Zwangsarbeit verpflichtet werden. Gleichzeitig werden die Sozialbauten in den Armenbezirken Gefängnissen immer ähnlicher. In den Public Housing Projects patrouillieren von den lokalen Wohnungsbehörden, den „Housing Authorities“, angeheuerte private Sicherheitsdienste. In den Projects von Chicago wurde bis zu deren Abriss Bewohner nur gegen Vorlage eines Ausweises der Zutritt gestattet. Regelmäßige Razzien gaben den Bewohner das Gefühl ständiger Überwachung.[263, 264]

Ebenso wie unter Clinton der Sozialhilfebezug an immer weitergehende Verhaltensvorschriften gekoppelt wurde, wurden auch Bewohner von Sozialbauwohnungen zunehmend wie Straftäter auf Bewährung behandelt. Unter dem Schlagwort „One strike and you're out" (nicht zu verwechseln mit der strafrechtlichen „Three Strikes“-Regelung) wurde 1998 ein Gesetz erlassen, dass schon bei einem einzigen Vergehen von Public Housing Bewohnern zur sofortigen Kündigung und dem dauerhaften Verlust des Anspruches auf eine Sozialwohnung führt. Dabei müssen die „Vergehen“ nicht einmal durch die Mieter selbst begangen werden. Es genügt bereits, wenn einer ihrer Gäste oder eines ihrer Kinder auffällig geworden ist. Zu den Vergehen, die zum lebenslangen Ausschluss führen können, zählen nicht nur Gewaltverbrechen, sondern auch der Handel mit und der Besitz von Drogen.[265] In einigen Städten gilt nach Aussagen des Soziologen Mike Davis sogar als faktisches Ausschlusskriterium, wenn jemand, aus welchem Grund auch immer, von der Polizei aufgegriffen und eine Nacht lang im Polizeigewahrsam eingesperrt wird.[266]

Ehemalige Häftlinge sind seit 1998 lebenslänglich vom Zugang zu Public Housing und Sozialhilfe ausgeschlossen; viele Bundesstaaten entziehen ihnen zudem das Wahlrecht. Ein Neustart wird ihnen noch zusätzlich dadurch erschwert, dass die Daten aller Häftlinge, auch derer, die ihre Strafen längst verbüßt haben, im Internet unbegrenzt einsehbar sind. Die Sozialhilfereformen und der verschärfte Umgang mit Public Housing Bewohner betreffen vor allem den weiblichen Teil der „neuen Unterschicht". Die Männer dagegen, die größtenteils noch nie einen Anspruch auf Sozialhilfe hatten, werden durch die stetige Verschärfung des Strafrechts in einen fast lückenlosen Zyklus von Inhaftierung, Entlassung unter Auflagen und Bewährungsstrafen hineingezogen.

Der strafende Staat

1982 erschien der folgenschwere „Broken Windows"-Aufsatz der Harvard-Wissenschaftler George Kelling und James Wilson. Ihre Theorie besagt, dass das Dulden von Ordnungswidrigkeiten, insbesondere wenn diese durch Ortsfremde begangen werden, die Zunahme von schwerer Kriminalität und die Auflösung der sozialen Ordnung mit sich bringt. So soll bereits die Tolerierung von zerbrochenen Fenstern in leerstehenden Häusern oder das Parken abgemeldeter Autos auf öffentlichen Plätzen eine Atmosphäre schaffen, die abweichendes Verhalten begünstigt. Hieraus soll in der Folge selbst schwere Kriminalität erwachsen können. Die Verbreitung dieser Theorie bildete den Auftakt zu einer Politik der konsequenten Verfolgung von Bagatelldelikten und Ordnungswidrigkeiten im öffentlichen Raum. Diese erreichte ihren Höhepunkt unter der Ägide des New Yorker Bürgermeisters Rudolph Guilliani in den 1990er Jahren und trat in der Folge unter dem Stichwort „zero tolerance" ihren Siegeszug in den USA und weiten Teilen der westlichen Welt an.[267]

Abweichendes Verhalten wird im Zuge von „Zero Tolerance" der gemeinsamen Zuständigkeit von Sozialarbeit und Polizeiarbeit enthoben und zum ausschließlichen Problem der öffentlichen Sicherheit erklärt. Ein Vielfaches der Mittel, die vorher für den „War on Poverty" aufgewandt wurden, fließen nun in den „War on Crime". Die Gefängnisse füllen sich als Folge dieser Politik mit Kleinststraftätern, deren einziges Vergehen nicht selten darin besteht, Strafgelder für Ordnungswidrigkeiten nicht bezahlt zu haben.

Noch bevor die Politik von „Zero Tolerance" die Strafanstalten füllte, hatte Präsident Reagans mit seinem „War on Drugs" für eine rasante Zunahme der Inhaftiertenzahlen gesorgt. Schon bei seinem Amtsantritt wurden die Strafen für Drogenbesitz und -handel drastisch verschärft. 1989 wurde durch den Reagan-Nachfolger Bush senior für den Besitz von mehr als 5 Gramm Crack eine Mindesthaftdauer von fünf Jahren festgelegt. Diese Maßnahme traf vor allem die überwiegend afroamerikanischen Bewohner der Armenbezirke, die sich den Konsum des teureren Pulverkokains nicht leisten konnten. Für Pulverkokain galt und gilt erst ab einem Besitz von 500 Gramm die Mindeststrafdauer von fünf Jahren.[268]

In den 1990er folgten zwei Strafrechtsreformen, die die Gefängnisse trotz der seit 1993 stark sinkenden Kriminalität weiterhin rasant füllen sollten. „Truth in sentencing“ sowie die „Three Strikes“ Gesetzgebung. „Truth in sentencing“ bedeutet, dass ein Großteil einer Haftstrafe tatsächlich verbüßt werden muss. Seit den 1970er Jahren wurden in verschiedenen Bundesstaaten entsprechende Gesetze erlassen. Seit 1994 existiert ein Bundesgesetz, das eine Entlassung vor Verbüßung von mindestens 85 Prozent einer verhängten Haftstrafe unmöglich gemacht. Fast alle Bundesstaaten haben seitdem entsprechende Gesetze erlassen, einige von ihnen gehen sogar noch über die Vorschriften aus Washington hinaus.[269] „Three strikes and you're out“, „drei Strikes[270] und du bist draußen“, steht für eine Strafpraxis, bei der drei Vergehen zu lebenslangen Gefängnisstrafen führen. Die Ausformung der Regelung variiert von Bundesstaat zu Bundesstaat. In Kalifornien reichen bereits Autodiebstähle oder Einbrüche ohne Gewaltanwendung aus, in anderen Bundesstaaten müssen mindestens zwei der drei Straftaten Gewaltdelikte sein. Eine vorzeitige Entlassung ist frühestens nach 25 Jahren möglich.[271, 272]

Bis Mitte der 1970er Jahre blieb der Anteil der Gefangenen an der Gesamtbevölkerung weitgehend konstant. 1975 waren in den USA etwa 380.000 Menschen inhaftiert.[273]

1980 waren es dann schon rund 500.000.[274] In der ersten Phase des großen Einsperrens, in den 1970er und 1980er Jahren, lässt sich eine gewisse Proportionalität erkennen: Damals nahm nicht nur die Zahl der Inhaftierten, sondern auch die Zahl der Gewaltverbrechen und der Eigentumsdelikte zu – wenn auch die Inhaftiertenzahl ungleich schneller wuchs. Doch seit 1993 Jahre sank die Zahl der jährlich begangenen Gewaltverbrechen und Eigentumsdelikte innerhalb eines Jahrzehntes um ein gutes Drittel. Die Inhaftiertenzahlen stiegen dagegen von 1,3 Millionen im Jahr 1993 auf heute 2,25 Millionen. Rechnet man diejenigen hinzu, die zu Bewährungsstrafen verurteilt sind oder unter Auflagen vorzeitig entlassen wurden, standen 2006 7,211 Millionen US-Bürger unter der Kontrolle der Justiz. Im Jahr 1980 waren es erst 1,842 Millionen Menschen.

Der strafende Staat kostet viel Geld: Die Ausgaben für den Polizeiapparat stiegen zwischen 1982 und 2005 von 19 auf 94 Milliarden Dollar. Für das Justizwesen gab man 1982 7,8 Milliarden Dollar aus – 2005 waren es bereits 44,6 Milliarden Dollar. Das Budget für Strafanstalten explodierte im selben Zeitraum von 9 auf 65 Milliarden Dollar.[275] Bis 2011 werden allein die Ausgaben für den Strafvollzug, die lokalen „county-jails“ nicht mit eingeschlossen um weitere 27,5 Milliarden Dollar ansteigen.[276]

Doch so teuer das große Einsperren die amerikanischen Steuerzahler auch kommen mag – das Gefängnis ist gleichzeitig zu einem großen Markt geworden. Strukturschwache Gebiete bewerben sich um Gefängnisneubauten, in der Hoffnung auf Steuereinahmen und krisensichere Arbeitsplätze. Durch die teilweise Privatisierung der Strafanstalten entstand eine neue Wachstumsbranche. Große Firmen entdecken das Gefängnis als billige Fertigungsstätte für arbeitsintensive Produkte.[277] Zwar dient das Gros der Gefangenenarbeit bislang ausschließlich dem Erhalt der Strafstätten selbst: Gefangene kochen, reinigen und erledigen Reparaturen. Doch gerade in den privatisierten Gefängnissen steigt der Anteil der profitorientierten Produktion.[278] Gewinner sind die Firmen, die in Gefängnissen fertigen lassen, die Firmen, die Gefängnisse betreiben und letztlich auch die Steuerzahler. Privatgefängnisse können die Kosten pro Gefangenen, die sie den Bundesstaaten beziehungsweise der Bundesregierung in Rechnung stellen, durch ihre „Nebeneinkünfte“ senken.

Rassistische Kontinuitäten

Heute sind von über 2 Millionen Gefängnisinsassen in den USA etwa die Hälfte Afroamerikaner – obwohl diese Gruppe nur etwa 13 Prozent der Bevölkerung ausmacht. Fast 12 Prozent der afroamerikanischen Männer unter 30 Jahren sitzen im Gefängnis. Die Wahrscheinlichkeit, für einen Afroamerikaner im Laufe seines Lebens im Gefängnis zu landen, liegt derzeit etwa bei 1:3. Über ein Drittel der afroamerikanischen Männer unter 30 Jahren ist entweder unter Auflagen entlassen („probation“), zu Bewährungsstrafen verurteilt („parole“) oder inhaftiert. In den Armenvierteln der großen Städte stehen bis zu 80 Prozent der jungen schwarzen Männer unter der Kuratel der Justizbehörden.[279]

Afroamerikaner werden offensichtlich häufiger und härter verurteilt als weiße Tatverdächtige. Obwohl ihr Anteil an den Verhafteten seit den 1970er Jahren für Gewaltverbrechen wie Eigentumsdelikte konstant bei etwa einem Drittel liegt, hat sich ihr Anteil an der Gefängnispopulation im selben Zeitraum von 33 auf 50 Prozent erhöht.[280] Das Verhältnis von afroamerikanischen zu weißen Häftlingen, gemessen an ihrem Anteil an der Gesamtbevölkerung, ist von 5:1 im Jahr 1985 auf 8:1 im Jahr 2002 angestiegen. Aufgrund dieser Entwicklung leben schon seit Jahren mehr afroamerikanische Männer hinter Gittern als in Colleges und Universitäten eingeschrieben sind.[281, 282]

Wacquant bezeichnet das Gefängnissystem in den USA daher als „New Peculiar Institution“ (etwa: „die neue Einrichtung zur Sonderbehandlung“). „Peculiar Institution“ ist ein früher im Süden der USA verbreiteter Euphemismus für die Sklaverei. Für Wacquant reiht sich die Politik der massenhaften Einkerkerung von Afroamerikaner in eine fortwährende Tradition der Apartheid und „besonderen“ Behandlung der afroamerikanischen Bevölkerung in den USA ein. Diese „Sonderbehandlung“ beginnt für ihn mit der Sklaverei, die in den Südstaaten erst 1865 aufgehoben wurde, und setzt sich in der fast 100 Jahre währenden Politik der institutionalisierten “Racial Segregation” in den Südstaaten fort. Auch mit dem Ende der Apartheid in den Südstaaten Mitte der 1960er Jahre und den Erfolgen der Bürgerrechtsbewegung sieht Wacquant kein Ende der „Sonderbehandlung“ von Afroamerikaner. Selbst wenn ein Teil der afroamerikanischen Bevölkerung durch die „affirmative action“ den Aufstieg aus dem Ghetto in die Vororte geschafft habe – die Mehrheit der Afroamerikaner findet weiter keinen Anschluss an den gesellschaftlichen Mainstream.

„No Gangbangers, no Drug-Dealers" – Das Ende von Public Housing

„We don’t want no Gangbangers[283] and no Drug-Dealers in here.“[284] Zwar wohnt Alfonso Jackson, afroamerikanischer Republikaner und seit 2004 Direktor der amerikanischen Wohnungsbehörde HUD gar nicht in New Orleans, sondern überwiegend in Washington. Dennoch betrachtet er die Befreiung der Stadt von den genannten unerwünschten Elementen auch als persönliches Anliegen. Wem der Weg in seine langsam trocknende Heimatstadt offen stehen sollte, erklärte Jackson auf einer Versammlung einiger der aus den Public Housing Projects ausgesperrten Sozialmieter im Februar 2007: „We only want the best people here“ – nur „die Besten“ sollen zurückkehren, wer immer das genau sein mag. Jacksons Behörde verwaltet die kommunale Wohnungsbehörde von New Orleans, die HANO, seit einigen Jahren zwangsweise. Sie entschied schon kurz nach dem Sturm, dass die meisten Projects nicht wieder eröffnet werden.

„Wir brauchen hier keine Leute, die den ganzen Tag nichts anderes tun, als sich Seifenopern im Fernsehen anzuschauen,“[285] sagte auch der afroamerikanische Stadtrat von New Orleans, Oliver Thomas im Februar 2006 bei einer Debatte des City Council über die Schließung der Public Housing Projects. „Wir brauchen hier Leute, die anpacken und arbeiten wollen.“ Thomas selber hält nicht so viel von ehrlicher Arbeit: Der demokratische Politiker wurde am 21. November 2007, nach dreizehnjähriger Mitgliedschaft im City Council, zu einer dreijährigen Haftstrafe verurteilt. Das FBI konnte ihm nachweisen, ein Bestechungsgeld in Höhe von 15.000 Dollar für die illegale Vergabe von Parkraumlizenzen im French Quarter erhalten zu haben.[286]

Cynthia Wiggins, die Leiterin eines großen Housing Projects in New Orleans sieht die Sache ähnlich wie Thomas und Jackson: „Einige der Leute, die im Public Housing leben, sollten endlich mal morgens aufstehen und zur Arbeit gehen.“ Ihre Lebensweise sei „gegenüber vielen Leuten wie mir, die das ja auch tun, nicht fair“.[287]

Wiggins dürfte eine kaum zulässige Verkürzung vorgenommen haben: Ein großer Teil der arbeitsfähigen Mieterschaft der Projects war in der Zeit vor Katrina in New Orleans keineswegs dem Müßiggang verfallen, sondern entweder im Ruhestand, arbeitsunfähig, allein erziehend oder als so genannte „Working Poor“ beschäftigt. „Die ‚Low Income‘ Leute sind diejenigen, die am härtesten arbeiten. Sie machen in Hotels sauber, sie sind sich nicht zu schade, Toiletten zu putzen und die Pisse anderer Leute aufzuwischen. Die Reichen tun das nicht,“[288] meint dazu die ehemalige Bewohnerin von St. Bernard, Stefanie Mingo.

Doch unbeschadet der zweifelhaften moralischen Integrität von Leuten wie Thomas, haben er, Wiggins und Jackson keineswegs eine Minderheitenposition formuliert. Die Identifikation der Sozialbauten mit Arbeitsscheu, Kriminalität und Promiskuität ist in den USA „Common Sense“. Und zwar nicht erst seit Katrina.

„Hustling“ als Identifikationsstifter für die schwarze „Lower Class“

Dieses Urteil der amerikanischen Öffentlichkeit über die Sozialghettos lässt sich nur durch einen Blick auf deren Geschichte verstehen.

In den 1970er Jahre trug die amerikanische Bürgerrechtsbewegung Früchte. Der staatliche und der privatwirtschaftliche Sektor öffneten sich langsam für Afroamerikaner. So schreibt der Sozialforscher Sudhir Alladi Venkatesh:[289]

»Auf der Suche nach der Erfüllung des amerikanischen Traumes, den ihre weißen Zeitgenossen in den Vorstädten zwei Jahrzehnte zuvor hatten erfahren dürfen, strebten sie mit Macht in die Mittelklasse, in die Rathäuser und die für sie kurz zuvor noch unerreichbaren Wohngebiete außerhalb der Ghettos.«[290]

Die einst radikalen afroamerikanischen Führer mäßigten sich, und das Establishment revanchierte sich für den neuen Reformkurs dadurch, dass es einer kleinen Gruppe von Afroamerikanern den Zugang zu leitenden Funktionen in Politik, Verwaltung und Wirtschaft zugestand. Eine Etage weiter unten in der sozioökonomischen Hierarchie gelang es einer nicht unerheblichen Anzahl an Afroamerikanern, sich im einfachen öffentlichen Dienst oder als Abteilungsleiter den Weg zu bescheidenem Wohlstand zu ebnen, den ihnen der allgegenwärtige Rassismus bis dahin versperrt hatte. Doch auch in jener Zeit rückte soziale Aufwärtsmobilität nur für eine Minderheit näher. Die meisten der unterdurchschnittlich ausgebildeten Schwarzen arbeiteten weiter als „Blue Collar-Worker" in Stahlwerken, Schlachthöfen oder großen Fabriken. Und damit waren sie nicht am schlechtesten gestellt. Die Arbeitslosigkeit bei Afroamerikaner lag auch Ende der 1970er Jahre zwei- bis dreimal so hoch wie bei weißen Amerikanern. Afroamerikaner waren im Niedrigstlohnsektor weit überrepräsentiert.[291, 292] In den Ghettos, insbesondere den Public Housing Projects, blieben Arbeitslosigkeit und Schattenwirtschaft weit verbreitet. Informelle Erwerbsarbeit war neben Sozialleistungen die wichtigste Existenzgrundlage. Der Austausch legaler Güter, wie Reparaturen oder selbst hergestellter Produkte, war in den Ghettos „informell", weil die Bewohner die Einkünfte vor den Sozialbehörden verbergen mussten. Aber auch illegales Glückspiel, Prostitution, Hehlerei, Waffen- und Drogenhandel wurde von vielen der marginalisierten Afroamerikaner betrieben. Diese Geschäfte, „Hustling" genannt, prägten das soziale Leben in den Ghettos. „Hustling ist nicht einfach der Akt des Austausches zweier Güter (...) Es ist fundamental für die soziale Sicherheit und die Identität der Quartiersgemeinschaft," sagt die amerikanische Sozialwissenschaftlerin Valentine Bettylou.[293] Das sieht auch Venkatesh so:

»Es ist mehr als eine einfache Strategie gegen die Armut. Es ist eine kulturelle Praxis, die dem einzelnen einen Sinn dafür gibt, in welchem Verhältnis sie zu den anderen Mitgliedern ihrer lokalen Gemeinschaft und der übrigen Welt stehen.«[294]

„Die übrige Welt,“ das war auch das von der Bürgerrechtsbewegung erkämpfte gesellschaftliche Klima, die von den politischen Afroamerikanern verbreitete Aufbruchstimmung. In den Projects manifestierte sich diese vor allem durch die Aktivitäten der Mieterverbände und der Bewohnerinitiativen. „Die Bewohner suchten trotz Armut und nach wie vor bestehender politischer Ungleichheit nach demokratischer Repräsentation,“ schreibt Venkatesh, der lange Zeit die „Robert Taylor Homes“, ein großes Public Housing Project in Chicago beobachtet hat. Es sei „erklärtes Ziel“ der Mieterverbände gewesen, die wachsenden politischen und wirtschaftlichen Erfolge der schwarzen Mittel- und Oberschicht auch in den Projects zu entfalten. Die Armut und der faktische ökonomische Ausschluss sei durch die Lebendigkeit der sozialen Netzwerke und die politische Dynamik der Ghettos kompensiert worden, meint Venkatesh: „Die Strategien, mit denen die Bewohner der Quartiere ihre Bedürfnisse befriedigt haben, bedeutet nicht, dass ein soziales Scheitern vorlag“.[295] Mit „Strategien“ ist hier illegalisiertes Handeln gemeint.

Doch dieser Zustand war nicht von langer Dauer. Die sich langfristig nicht bessernde materielle Lage in den Sozialghettos minderte den Einfluss der politisch aktiven Selbstverwaltungskommittees. „Hustling war eine bescheidene Möglichkeit, den amerikanischen Traum zu verwirklichen. Doch außer Kontrolle geraten, trug es das Potential in sich, zu einem lebendigen Alptraum zu werden,“ schreibt Venkatesh.[296] Ein knappes Jahrzehnt später sagte die Sprecherin der Mieterselbstverwaltung der Robert Taylor Homes in Chicago: „We were doing fine – until they took over.“ „They“ – das waren die Gangs.

Durch das Aufkommen von Crack nahmen in den 1980er Jahren Kriminalität, Gewalt und Gangdominanz in einem solchen Ausmaß zu, dass die Polizei häufig kapitulierte und den bisweilen lebensgefährlichen Einsatz in den Projects mied. Die Sozialwohnblöcke vieler amerikanischer Großstädte waren in einem extrem schlechten Zustand. Entsprechend sank die Bereitschaft der Regierung, in die Instandhaltung der Quartiere zu investieren. Eine Abwärtsspirale kam in Gang. In ihrer Folge sank das Bildungsniveau der Bewohner weiter ab. Die Gangkriminalität strahlte wiederum auf die Innenstadtlagen aus und befeuerte die Suburbanisierung. Dazu Rebecca Blank:[297]

> »Obwohl viele kommunale Wohnungsbehörden ihre Sache gut machen, sind die Lebensbedingungen in den abbruchreifsten Public Housing Developments des Landes

> beklagenswert. Eine komplexe Schichtung von Problemlagen haben diese Quartiere tief in die zerstörerischsten Formen von Armut sinken lassen.«

Ähnlich Susan Popkin und Victoria Gwiasda:[298]

> »Zu diesen Problemen zählen extreme ethnische und ökonomische Segregation, unzureichende öffentliche Dienstleistungen, vor allem Polizei, Schulen und Gesundheitsversorgung. Die meisten der Bewohner waren arbeitslos und entweder von Sozialleistungen oder der informellen Ökonomie abhängig.«

Nachdem der Architekt und Stadtplaner Oscar Newman im Auftrag der Regierung vierzehn amerikanische Großstädte besuchte, schrieb er:[299]

> »Kleine Banden von Drogenhändlern haben die Kontrolle über die Wohnbezirke, Gewerbegebiete und Sozialwohnungsquartiere übernommen. (...). Die sich selbst überlassene Polizei räumt ein, dieser Entwicklung hilflos gegenüber zu stehen – und die Kriminellen wissen das.«

Kriminalität bedeutet nicht nur Gewalt unter Männern, sondern auch sexualisierte Gewalt gegen Frauen. Noch einmal Venkatesh,[300] der exemplarisch die Situation im Robert Taylor Project in Chicago, das in den 1990er Jahren durch die „Black Knights"-Gang beherrscht wurde, beschreibt. „In nur einem Monat wurde ein Dutzend Frauen in Rober Taylor Opfer gewaltsamer sexueller Übergriffe durch Angehörige der Black Knights." Schon „seit Jahrzehnten", so Venkatesh, waren häusliche und öffentliche Misshandlungen von Frauen eine der Hauptsorgen des Local Advisory Council (LAC), dem Gremium der Mietervertreter von Robert Taylor. Doch zu Beginn der 1990er Jahre nahmen diese Vorfälle zu. Frauen schliefen mit den Gangmitgliedern aus Angst, andernfalls geschlagen zu werden, Berichte von Vergewaltigungen erreichten das LAC. Da sich die Täter immer sicherer fühlten, fanden die Übergriffe immer öfter im öffentlichen Raum statt. „Frauen werden bei Aktivitäten des LAC wie Picknicks oder Basketballspielen, beim Herumhängen auf dem Gelände von Robert Taylor oder sogar im Gemeinschaftszentrum angegriffen oder belästigt." Eine schleichende Etablierung dieses Verhaltens setzte ein: „Sie sind auch noch stolz darauf. (...) Als ob sie nichts dabei fühlen, uns zu verletzen," klagte laut Venkatesh eine junge Frau dem LAC.

Zwei Entwicklungen dürften hierzu beigetragen haben: Im Zuge des Anstiegs der Kriminalität verloren viele Sozialmieter die Berechtigung, in den Projects zu wohnen oder mussten Haftstrafen antreten. Die Housing Authorities vergaben die frei werdenden Wohnungen nicht oder nur sehr langsam. Auf diese Weise sollte die Besiedlungsdichte der Quartiere sinken, was, so die Hoffnung, mit einer sinkenden Kriminalitätsrate einhergehen möge. Es gab also viele leere Wohnungen. Doch dies begünstigte die Dominanz der Gangs über die Sozialquartiere, da die freien Wohnungen häufig für Drogengeschäfte oder von Drogenabhängigen genutzt wurden. Aus politischen Gründen wurden Sozialwohnungen nur jungen, allein erziehenden Müttern zur Verfügung gestellt. In den 1980er Jahren nahm der Anteil dieser Gruppe in den Projects zu. Das Durchschnittsalter der Bewohner sank. Viele der jungen Mütter brachten ihre oft arbeitslosen Partner, die teils illegalisierten Tätigkeiten nachgingen, mit in die Projects. Der sozialstrukturelle Wandel hatte, wie Venkatesh nahe legt, einen „inneren Bruch" zwischen der älteren, von der Bürgerrechtsbewegung politisierten Mietergeneration, und ihren neuen, jüngeren Nachbarn zur Folge. Soziale Bindekräfte gingen verloren. So klagt eine Aktivisten des LAC:

> »Es war nicht mehr wie früher. (Die jungen, AdV) Mütter spalten sich von den älteren ab. Sie sind auch Mütter, aber sie lassen sich von den Älteren nichts mehr sagen. (...) Früher, da musstest du demonstrieren, die Straße rauf und runter, protestieren, kämpfen, all diese guten Sachen. Diese (jungen Mütter, AdV) warten einfach jeden Monat auf ihren Fürsorgescheck und sind glücklich. Sie arbeiten nicht mehr mit uns zusammen.«[301]

Wehrhafte Architektur

Dem „United States Department of Housing and Urban Development" (HUD) hat die amerikanische Regierung keine leichte Aufgabe übertragen. Ihre „Mission" formuliert die Behörde so:

> »Unsere Aufgabe ist es, gleiche Lebensbedingungen hinsichtlich der Bereitstellung von Wohnraum für alle in Amerika lebenden Menschen herzustellen. Hierzu setzen wir Gesetze um, die Diskriminierung aufgrund ihrer Rasse, Farbe, Religion, Geschlecht, nationaler Herkunft, Alter, Behinderung und Familienstatus verbieten. Wir betreiben eine Politik, die sicherstellt, dass alle Amerikaner gleichen Zugang zu Wohnraum ihrer Wahl haben.«[302]

Zu den Aufgaben der HUD gehörte seit ihrer Gründung im Jahr 1965 auch die

Überwachung der lokalen Wohnungsbehörden. Diese verwalten für die HUD die Public Housing Projects des Landes. Wenn man so will, ist die HUD eine Art ideeller Hausmeister der urbanen afroamerikanischen Unterschicht. Und so kam ihr eine zentrale Rolle zu, als der US-Kongress 1989, in den letzen Monaten der Regierungszeit von Ronald Reagan, beschloss den als nicht länger haltbar eingestuften Zuständen in den afroamerikanischen Ghettos die Spitze zu nehmen.

Der Kongress setzte die „National Commission on Severely Distressed Public Housing" ein. Diese sollte die schlimmsten Public Housing Projects in den USA untersuchen. 85.000 bis 95.000 besonders verfallene Wohneinheiten sollten identifiziert, abgerissen und wieder neu aufgebaut werden. Die Mieter sollten hinterher wieder dort untergebracht werden, vor allem aber sollten die neuen Anlagen mit sozialen Diensten ausgestattet werden.[303] In Anlehnung an die Vorschläge der Kommission entwarf die HUD das so genannte „HOPE VI"-Programm („Housing Opportunities für People Everywhere"). Es wurde im Oktober 1992 vom Kongress verabschiedet. Folgende zentrale Maßnahmen waren in dem Programm vorgesehen:[304]

- „Änderung der äußeren Form von Public Housing"
- „Die Bereitstellung von positiven Anreizen für die Bewohner, damit diese ihre Sozialleistungsabhängigkeit überwinden"
- „Integrierte Hilfsangebote zur Selbsthilfe"
- „Verringerung der Konzentration von Armut durch die Ansiedlung von Public Housing in nicht-armen Wohnsiedlungen und der Förderung von „Mixed Income"-Communities"
- „Neue Partnerschaften mit anderen Behörden, Kommunalverwaltungen, Non-Profit Organisationen und privaten Unternehmen zur Nutzung von Fremdkapital und -ressourcen"

HOPE VI orientiert sich dabei an der Theorie des „Defensible Space",[305] was etwa soviel heißt wie „wehrhafter" oder „zu verteidigender Raum". Diese Theorie hatte der Stadtplaner Oscar Newman bereits in den 1970er Jahren entwickelt. Newman geht davon aus, dass Kriminalität und abweichendes Verhalten durch die Gestaltung von Raum entschärft und kontrolliert werden können.

Weiterhin nahm HOPE VI Einflüsse der stadtplanerischen Schule des „New Urbanism" auf. Der „New Urbanism" war eine in den 1980er Jahren in den USA aufkommende Gegenbewegung zur der dort verbreiteten Ausfransung der Städte in endlose suburbane Siedlungen. Der „New Urbanism" lehnte diese Form von Städtebau wegen dem damit verbundenen hohen Aufkommen an Individualverkehr aus ökologischen Gründen ab. Zudem sah man die hohen Kosten für großflächige Infrastruktur, den Bau von Straßen, elektrischen Leitungen und Kanalisation als Problem. Auch die Zersiedelung der Landschaft und die Anonymität der Nachbarschaften wurden kritisiert.

Der „New Urbanism" legt daher viel Wert auf eine geringe Bebauungsdichte, auf viel Platz für Fußgängerwege und geringe funktionale Entfernungen. Das Konzept der Kleinstadt mit ihren kurzen Wegen und intensiven nachbarschaftlichen Sozialkontakten sollte neu etabliert werden.[306] Aus diesen Einflüssen entwickelte die HUD einen neuen Idealtyp von „Projects", der sich eigentümlicherweise von den suburbanen Siedlungen architektonisch nicht unterschied: Flache Reihenhäuser mit der Straße zugewandter Front, kleinen Vorgärten und einer Frontveranda.[307]

Diese Architektur sollte für eine „Interaktion" mit der Straße sorgen. Ein Mix von Haustypen in unterschiedlichen Größen und Preislagen sollte eine heterogene Bewohnerschaft anziehen, so dass Hauseigentümer, Mieter und Sozialmieter Nachbarn würden. Ihnen sollten zu Fuß erreichbare Geschäfte und kleine Parks zur Verfügung stehen. Die von den Bewohnern selbst verwalteten Modellquartiere sollten zur „Wiederbelebung" als Anker inmitten problematischer Gebiete angesiedelt werden.[308] Die Hochwertigkeit der neuen Gebäude, so die Hoffnung, sollte „Stolz" und Identifikation mit den Quartieren schaffen und so Vandalismus eindämmen.[309] Mit einer drastischen Reduktion der öffentlichen Flächen zugunsten von privaten und semiprivaten Räumen erkaufte man eine bessere Kontrolle der Bewohner über die unmittelbare Umgebung ihres Hauses.

Diese Raumgestaltung stand in deutlichem Gegensatz zu den Public Housing-Hochhausblöcken mit ihren Gemeinschaftseingängen und Freiflächen. Appartementbauten galten für die neuen Siedlungen als ungeeignet. Das subjektive Sicherheitsempfinden der Bewohner sei hier kaum zu befriedigen, während es sich in den flachen Reihenhaus-Siedlungen wesentlich leichter einstellen würde.[310] Bis 2005 wurden durch HOPE VI 5,8 Milliarden Dollar für die Sanierung von 130 Public Housing Projects an lokale Wohnungsbehörden vergeben. Ein großer Teil der HOPE VI-Mittel ist dabei aber nicht in Baumaßnahmen geflossen. Er wurde für „Section 8 Vouchers" (⇨ Kapitel 7) ausgegeben.[311] Sozialmieter mussten ihre Project-Wohnungen verlassen, damit diese abgerissen werden konnten. Sie bekamen

Mietgutscheine, mit denen sie sich in sozial heterogenen, „besseren“ Gegenden zu Marktpreisen einmieten konnten. Auch auf diese Weise sollte Segregation entgegen gewirkt werden.

Bis 1996 hatte man im Rahmen von HOPE VI zwar viele Public Housing Projects abgerissen, doch es war damals gesetzlich vorgeschrieben, dass jede Wohneinheit 1:1 durch Neubauten ersetzt werden musste. Die Clinton-Regierung hob diese Bestimmung auf.[312] In den Jahren bis 2007 wurden dann im Rahmen von HOPE VI fast 90.000 Wohneinheiten abgerissen.[313, 314] Darüber, wie viele neue Wohnungen für Haushalte mit sehr niedrigem Einkommen entstanden, kursieren unterschiedliche Angaben. Dem „Urban Institute“ zufolge hat man bis 2005 ersatzweise rund 50.000 neue Wohnungen für Arme gebaut.[315]

Dem widerspricht Davis: „Nur rund 20 Prozent aller ehemaligen Sozialmieter konnten in den neuen Siedlungen einziehen.“[316] Der Rest, vermutlich zwischen 150.000 und 200.000 Personen, musste sich mit den Gutscheinen selber eine Bleibe suchen. Das habe in aller Regel geheißen: in weit entfernte Stadtteile ausweichen, um dort in den schlechtesten Wohnungen zu leben, die der Wohnungsmarkt anbot – denn mehr war mit den Section 8-Sätzen nicht erschwinglich. Ob die Zahlen des Urban Institutes oder von Davis zutreffender sind – fest steht: nach HOPE VI gab es noch weit weniger sozialen Wohnraum als vorher.

Kriminalitätsprävention durch architektonische Maßnahmen, Selbstverwaltung, Sozialdienste und bauliche Aufwertung: Das ursprüngliche Konzept von HOPE VI wird oft als fortschrittlich eingestuft. Doch im Rückblick fällt die Bewertung anders aus. Davis: „HOPE VI wurde von einem Programm zur Steigerung der Lebensqualität von Sozialmietern zu einem Programm der massenhaften Vertreibung derselben.“[317] HOPE VI, so Davis weiter, sei in der Zeit bis 1996 von „anderen Interessengruppen“ besetzt und zum Stoßkeil für eine Politik geworden, die „die städtische Landschaft insgesamt verändern wollte“. Es habe einen „völlig anderen Fokus bekommen und wurde zum Vehikel, mit dem Stadtregierungen und die mit ihnen verbündeten Projektentwickler die wertvollen Grundstücke der Projects nutzen wollten.“ Die sozialen Konsequenzen für die Bewohner seien fatal gewesen. Bei der Vergabe der Sozialwohnungsplätze in den neuen Siedlungen kamen nur diejenigen der alten Mieter zum Zuge, die ein geregeltes Einkommen nachweisen konnten. Die Projektentwickler vermieteten mehr Einheiten als ursprünglich mit der Regierung vereinbart zu Marktpreisen an Mittelklasse-Familien. Die HUD setzte eine Vielzahl an Selektionsmechanismen zur Auswahl der neuen Sozialmieter ein.

Diese wurden offiziell damit begründet, sicherstellen zu können, dass Minderheiten bei der Vergabe der Wohnungen nicht benachteiligt werden. Doch Familien, die als „problematisch“ galten konnten so ganz einfach von den Immobiliengesellschaften entfernt werden. Die Praxis, ganze Familien auf die Straße zu setzen, wenn nur ein einziges Familienmitglied von der Polizei in Gewahrsam genommen oder eines der Kinder auf der Straße mit Drogen erwischt wurde, setzte sich durch. Weil man sozial durchmischte Quartiere herstellen wollte, mussten die Projektentwickler nur einen Bruchteil der ehemaligen Sozialmieter in ihre Anlagen zurücknehmen – und konnten sich diese Dank der festgelegten Selektionsmechanismen auch noch selbst aussuchen. Davis resümiert: „Wohnraum, der ursprünglich demokratisch von Mieterverbänden verwaltet wurde, wurde der Selektion der Immobiliengesellschaften überantwortet.“

Ähnlich urteilt das „National Housing Law Project“ (NHLP). HOPE VI habe dazu geführt, das lokale Wohnungsbehörden „wertvollen Wohnraum zerstören“ und „Familien vertreiben“ um an die zusätzlichen Bundesmittel zu kommen.[318] Das Programm sei dafür berüchtigt, bevorzugt Projekte gefördert zu haben, bei denen Gebäude abgerissen wurden. Dies habe einen „dramatischen“ Verlust an Wohnraum zur Folge gehabt.[319] Das NHLP fordert bis heute, die alte Regelung, nach der abgerissener Wohnraum 1:1 ersetzt werden musste, wieder einzuführen. HOPE VI sei letztlich dazu benutzt worden, um die Unterschichts-Dominanz in bestimmten Innerstadtgebieten zurück zu drängen. Die hierfür nötige Vertreibung sei mit dem Vorwand der Kriminalitätsbekämpfung gerechtfertigt worden.

* * *

»Kennen Sie Max Webers ‚Die protestantische Ethik und der Geist des Kapitalismus'? Dann erinnern sie sich sicher: Man erfährt schon zu Lebzeiten, ob die Seele erlöst wird, und zwar dadurch, ob man Geld macht oder nicht. Wer faul ist, oder nicht die richtigen Leute kennt, der strengt sich eben nicht genug an. Und es soll gegen Gottes Willen sein, jemandem der faul ist und sich nicht genug anstrengt, zu helfen, weil es Gottes Plan ruiniert. Das ist die Überzeugung, die dem gesamten amerikanischen Netz von sozialen Hilfsprogrammen zu Grunde liegt. Dazu muss noch der später aufkommende Sozialdarwinismus gedacht werden. Der geht bekanntlich davon aus, dass sich die leistungsfähigsten eben natürlicherweise durchsetzen. Und glauben Sie, dass man der Natur ins Handwerk pfuschen darf. Jemand der reich ist, ist dann eben deshalb reich, weil er leis-

tungsfähig ist und jemand der arm ist, ist deshalb arm, weil er weniger leistungsfähig ist. Und wenn man lange genug wartet, dann werden die Schwachen aussterben und die Starken überleben. Das soll gut sein, weil es gut für die weitere Entwicklung der menschlichen Rasse sein soll. Mit diesem Weltbild haben Sie es hier zu tun. Man soll sich auf sich selbst verlassen, unabhängig für sich selbst sorgen. Sie finden hier viele Leute, die sagen „Ich würde nicht einmal dann staatliche Leistungen in Anspruch nehmen, wenn ich sonst sterben würde,“ das ist hier gar nicht so selten. In diesem Weltbild gibt es dann auch die Figur des „verdienten Armen“, Arme, die selber die Verantwortung für ihre Lage tragen. Wie stellt man aber fest, wer es verdient hat, arm zu sein? Bei Kindern entscheidet man sich im Zweifel für die Angeklagten und unterstellt großzügig, dass sie möglicherweise nicht selber Schuld an ihrer Lage sind. Deswegen tendiert die Gesellschaft dazu, Kinder stärker zu unterstützen. Gleiches gilt für Behinderte, aber nur wenn man sich nicht selber die Behinderung zugefügt hat. Diesen Leuten wird ein bisschen geholfen. Alle anderen sollen selber zusehen, wie sie zurecht kommen.«

Martha Burt, Center on Labor & Human Services, Urban Institute, Washington

▷ 47: protestaktion gegen der abriss der public housing projects im villenviertel "garden district", juni 2006 | f: craig morse

VII. Abrissbirne für die Armut

*»**Our mission***
To create equal housing opportunities for all persons living in America by administering laws that prohibit discrimination in housing on the basis of race, color, religion, sex, national origin, age, disability and familial status. We administer federal laws and establish national policies that make sure all Americans have equal access to the housing of their choice.«[320]

U. S. Department of Housing and Urban Development

Im Juni 2006 war es allen klar: Die „Big Four" würden nicht wieder renoviert, sondern abgerissen. Der Anwalt der ausgesperrten Public Housing Mieter von New Orleans, der Jura-Professor Bill Quigley, verfasste einen Kommentar zu der nun offiziellen Strategie der HANO. Er überschrieb ihn mit: »HUD to New Orleans Poor: Go, f*** Yourself (Housing).«[321]

In ungefähr diesem Tonfall spielte sich die gesamte Debatte um die Sanierung der Sozialwohnungsquartiere von New Orleans ab. In den Jahren 2006 und 2007 stritten beide Seiten, Abrissgegner und -befürworter mit großer Härte um die geplante Neuordnung der innerstädtischen Sozialbauviertel. Medien, Wissenschaftler und Institutionen im ganzen Land beteiligten sich an der Debatte, eine riesige Menge an Publikationen wurde zu dem Thema veröffentlicht.

Die Stadtverwaltung, Immobilienfirmen und die Wohnungsbehörden ließen sich von den Protesten nicht beeindrucken. Sie hielten daran fest, die verfallenen, von Gewalt und Kriminalität gebeutelten Quartiere, die sie für die Apathie und Fürsorgeabhängigkeit arbeitsloser Afroamerikaner verantwortlich machten, ein für allemal abzureißen. Es besteht kein Zweifel: Public Housing in New Orleans ist gleichbedeutend mit ethnischer und sozialer Ghettoisierung (⇨ Kapitel IV). Dies trifft in niedrigerer Intensität auch für die übrigen US-amerikanischen Großstädte zu.[321b] Und eben diese scharfe räumliche Trennung von Afroamerikanern und Weißen, Armen und Reichen wird in der Debatte um eine erstrebenswerte Gestalt sozialen Wohnraums als Argument gegen die Public Housing Blocks ins Feld geführt. So zum Beispiel von HANO-Chef Babers: „Wir wollen keine Konzentration von Armen. (...) Deswegen wollen wir ja „Mixed Income" machen."[322]

Doch wer ihm länger zuhört, dem wird klar: Babers und die anderen Sanierungsstrategen begreifen Segregation nicht als das eigentliche Problem. Dem Ideal einer sozial und ethnisch räumlich integrierten Stadt messen sie keinen Wert an sich bei. Sie streben es aus instrumentellen Erwägungen heraus an, um übergeordneten politischen Zielen näher zu kommen: Mehr innere Sicherheit nämlich – und weniger Sozialleistungsempfänger. Ihre Überlegungen lauten zusammengefasst folgendermaßen:

- Armutscluster, also die räumliche Konzentration von Armen, haben überproportionale Kriminalität zur Folge.
- Die dauerhafte Verpflanzung einer Minderheit von Unterschichtsangehörigen in ein Mittelschichtsmilieu führt zu einer Angleichung der Verhaltensweisen der Armen an ihre neuen Nachbarn. Das soll ihnen langfristig den sozialen Aufstieg ermöglichen.
- Wenn dieser Angleichungseffekt mit Qualifizierungs- und Beschäftigungsprogrammen kombiniert wird, dann lassen sich Sozialfälle dauerhaft aus der Abhängigkeit von Transferleistungen befreien.

Kriminalität senken

Im 5. Kapitel ("Armutskultur als Kampfbegriff") ist ausführlich beschrieben, wie Stadtplaner einen Zusammenhang zwischen Ghettoisierung, illegalisiertem Handeln und der Architektur sozialen Wohnungsbaus herstellen. Diese Überlegungen spielen auch in der Auseinandersetzung um die Quartierssanierungen in New Orleans eine große Rolle. So will die Stadträtin Stacey Head ihre Politik des Sozialbau-Abrisses als Beitrag zur Kriminalitätsbekämpfung verstanden wissen:

> »Die rechtswissenschaftliche Fakultät der Southern University in Baton Rouge, eine traditionell Schwarze Hochschule, der ehemalige und der jetzige Polizeichef von New Orleans, allesamt Afroamerikaner, haben uns dasselbe gesagt: Sie hoffen, dass die Projects nicht wieder geöffnet werden, weil sich sonst eine sehr schwierige Situation bei der Kriminalitätsbekämpfung ergeben würde.«[323]

Darin ist sie sich einig mit dem HANO-Chef Donald Babers:

> »Die 1.500er Blöcke[324] waren so eng, dass es selbst für die Polizei schwierig war, da rein zu gehen. Das war ein Irrgarten, eng, dunkel und gefährlich. Das hat Kriminalität geradezu provoziert. Die Dinger wurden nicht gut geführt. In den „Mixed Income"

▷ 48, 49: HANO-eigene polizeieinheit

Quartieren kann man Kameras an strategischen Punkten aufstellen, alles ist gut einsehbar, die Security kann an einer zentralen Stelle sitzen und alles gut beobachten (⇨ Abbildungen 48, 49). Das ist viel besser als alle in die Blöcke zu stopfen. Das führt nur zu Kriminalität.«

Einen Zusammenhang sieht auch die auf städtebauliche Fragen spezialisierte Lokalredakteurin Gwen Filosa von der „Times Picayune“:

»Die HANO hat sich überhaupt nicht um die Anlagen gekümmert. Es gab Appartements, die Jahre lang leer standen. Und das ist ein Problem. Leerstehende Sozialwohnungen, das zieht Kriminelle und Gangs an. Die Polizei hat da kaum vorbei gesehen, weil es zu bedrohlich war. Das waren eben sehr vernachlässigte Quartiere.«

Laut Filosa hat es allein im November 2006 in dem teilweise wieder eröffneten Iberville-Project, mit etwa 350 belegten Wohneinheiten, zwei Morde an zwei aufeinander folgenden Tagen gegeben. Zwischen der Öffnung Ende 2005 und April 2007 seien es mindestens vier, wahrscheinlich mehr[325] gewesen. Die Morde haben in leer stehenden Wohnungen stattgefunden. New Orleans ist insgesamt eine ausgesprochen gefährliche Stadt – und das nicht erst seit dem Sturm. Vor Katrina lag die Mordrate um mehr als das zwölffache über dem Mittel US-amerikanischer

Großstädte. 264 der 471.000 Einwohner der Stadt wurden im Verlaufe des Jahres 2004 getötet, 189 Frauen vergewaltigt. In allen Deliktsfeldern der Gewalt- und Eigentumskriminalität verzeichnete die Stadt deutlich höhere Werte als im Landesdurchschnitt der Großstädte. Einwohnerzahlbereinigt wuchs dieser Vorsprung nach Katrina in erheblichem Maße. Gingen in den übrigen amerikanischen Großstädten die Gewaltverbrechen leicht zurück, explodierten sie in New Orleans. Die Mordrate stieg 2006 auf 95,3 je 100.000 Einwohner und lag damit fast 20 Mal höher als im Durchschnitt der US-Metropolen. In allen anderen Deliktsfeldern stiegen die Raten um 15 (Raub) bis 116 (Einbruch) Prozent.

Diese Zahlen legen nahe, dass es keinen direkten positiven Zusammenhang zwischen der Abwesenheit der Sozialmieter und einem Rückgang von Kriminalität gibt. Die Statistik wird von der Stadtregierung jedoch anders gedeutet. Wegen der Wirren der Evakuierung sei, so ihre These, die wohlaustarierte Geografie des Drogenhandels in der Stadt völlig durcheinander geraten. War vor Katrina mehr oder minder ausgemacht, wer in welchen Vierteln das Vorrecht genoss, seinen Geschäften nachzugehen, so spülte die Flut diese unsichtbaren Grenzlinien in der Schattenökonomie fort. Unter den zurückgekehrten Dealern brachen die Revierkämpfe mit voller Härte aus. Noch einmal die Stadträtin Head:[326]

»Im Moment gibt es soviel Gewaltkriminalität in der Stadt wie nie zuvor – aber auch so wenig Public Housing Bewohner wie nie zuvor.

Das Argument funktioniert anders herum. Würden die Projects jetzt alle wieder den Bewohnern zugänglich gemacht, wäre die Situation signifikant schlimmer. Es gibt Karten aus der Zeit vor dem Sturm, auf denen die Gewaltverbrechen eingezeichnet waren: die Straftaten haben sich alle um die Projects herum geballt. Ich sage nicht, dass die Bewohner böse Leute oder nette Leute waren, das ist keine Meinung von mir, dass ist eine Tatsache.

Wenn Sie die Häuser abreißen, wird die der Armut zu Grunde liegende Kriminalität kaum verschwinden.

Schauen sie sich die Untersuchungen aus anderen Städten an. Dort hat das Redevelopment das Leben vieler Menschen verändert und ihnen einen Ausweg aus der Armut gebracht. Das ist alles, was ich dazu sagen kann. Es ist keine Gefühl oder so was von mir, es ist eine Tatsache. Mein Gott gebietet mir, diese Tatsachen zu glauben, ich habe lange genug in dieser Stadt gelebt, um das zu wissen. Fakt ist: Die Kriminalität war vor

Tabelle 6: Kriminalitätsentwicklung von New Orleans 2004 bis 2006

	Gewaltdelikte gesamt	Mord & vorsätzliche Tötung	Vergewaltigung	Raub	Körperverletzung	Eigentumsdelikte gesamt	Einbruch	Diebstahl
				im Jahr 2006				
New Orleans (ca. 0,17 Mio Einw.)*	1.326,5	95,3	51,2	447,6	732,3	7.163,5	2.404,1	3.075,3
Ø US-Großstädte mit mehr als 100.000 Einw.	404,2	4,9	23,9	110,1	265,3	2.724,0	651,6	1.733,0
New Orleans zu Ø US-Großstädte	**328%**	**1.940%**	**214%**	**407%**	**276%**	**263%**	**369%**	**177%**
New York (8,165 Mio)	637,9	7,3	13,1	288,0	319,6	1879,2	271,1	1412,6
New Orleans zu New York	208%	1.300%	390%	155%	229%	381%	887%	218%
				im Jahr 2004				
New Orleans (ca. 0,471 Mio Einw.)	948,4	53,9	40,1	389,8	462,4	5.162,6	1.112,1	2.663,2
Ø US-Großstädte	390,4	4,3	25,9	94,1	265,1	2821,1	628,4	1843,4
New Orleans zu Ø US-Großstädte	**243%**	**1.353%**	**155%**	**414%**	**174%**	**183%**	**177%**	**144%**
				Anstieg der Kriminalität 2004 bis 2006				
New Orleans	**+ 58%**	**+ 77%**	**+ 28%**	**+ 15%**	**+ 58%**	**+ 39%**	**+ 116%**	**+ 15%**

*) Das FBI setzt in seiner Statistik die letzte offizielle Bevölkerungszahl vor Katrina (431.135) an. Da im März 2007 nach Schätzungen des Greater New Orleans Community Data Center erst etwa 230.000 Einwohner in die Stadt zurück gekehrt sind, wird hier für das kurz nach Katrina angebrochene Jahr 2006 von einer Jahresdurchschnittsbevölkerung von 170.000 ausgegangen.

Quelle: Federal Bureau of Investigation

▷ 50: endesha juakali

dem Sturm um die Projects herum konzentriert, genau wie in anderen Städten. Jeder Think-Tank, der dieses Phänomen wissenschaftlich untersucht hat, ist zu demselben Ergebnis gekommen: Die Konzentration von Armut führt zu einem überproportionalen Anstieg von Kriminalität.«

Der Urbanist Logan sieht die Sache differenzierter:

»Das Problem mit den Housing Projects bestand meiner Ansicht nach vor allem in schlechtem Management. Sie wurden nicht gepflegt, verfielen, die Kriminalität wuchs. Bisweilen drangen Banden von Drogenhändlern dort ein und wurden nicht vertrieben.«

Auch die Wohnungsmarktexpertin Martha Burt weist auf die Komplexität der Gründe für die Ausbildung der Kriminalitätscluster hin:

»Die amerikanische Gesellschaft ist hoch segregiert, seitdem sie besteht. Das hat sie erst in den 1970er Jahren als Problem wahrzunehmen begonnen, weil da die Kriminalitätsrate stieg. Es gab vorher 100 Jahre Segregation, aber weniger Kriminalität. Also liegt der Verbrechensanstieg nicht an der Konzentration der Armut, sondern an anderen Faktoren. In das „Mixed Income"-Konzept werden falsche Hoffnungen gelegt. Es kann zu einer Lösung sozialer Probleme beitragen, aber nicht alleine.«

Endesha Juakali, ehemaliges Mitglied im Verwaltungsrat der HANO will einen Zusammenhang zwischen der Siedlungsdichte von Armen und Kriminalität nicht gelten lassen – wohl aber einen zwischen Armut als solcher und Kriminalität:

»Kultur und Armut haben sehr wohl etwas mit Kriminalität zu tun, nicht aber die bloße Dichte. Wäre Dichte der auslösende Faktor, müssten ja auch Reiche, die in eng besiedelten Gebieten leben, solche Straftaten begehen. In Tokio und Singapur gibt es eine rekordverdächtige Besiedlungsdichte und rekordverdächtig niedrige Kriminalität. Wenn

Sie mich fragen, ob es aber einen Zusammenhang zwischen Armut und Kriminalität gibt: Absolut, ja. Und wenn es hier einen Zusammenhang gibt, und man etwas gegen Kriminalität unternehmen will, dann muss man logischerweise etwas gegen die Armut unternehmen. Die Armen einfach nur zu verteilen, bringt überhaupt nichts.

Warum nicht?

Wenn man einen Armen einfach wo anders hinschickt, dann ist er da immer noch arm. Und wenn er deswegen hier eine Straftat begangen hat, dann wird er das da eben auch machen. Wenn die Gruppe der armen Schwarzen also nicht die Ressourcen hat, um sich das zu verschaffen, was sie wollen oder brauchen, und wenn sie weiterhin das Gefühl haben, vom wirtschaftlichen System ausgeschlossen zu sein, dann beginnen sie, eine kollektive Kultur zu entwickeln, mit der sie diesen Nachteil eben ausgleichen können. Und genau die werden sie dorthin mitnehmen, wohin man sie schickt. Statt also die Armut zu bekämpfen, wird sie nur exportiert. Ich sehe nicht, warum das Sinn machen sollte. Ich sage, wir müssen die Armut überwinden. In den 1960er Jahren hat sich die amerikanische Politik entschlossen, einen „Krieg gegen die Armut" zu führen. Den haben sie verloren. Und irgendwann haben sie dann angefangen, ersatzweise die Armen zu bekämpfen. Das, was in den Public Housing Projects in New Orleans stattfindet, ist Teil dieses Krieges gegen die Armen. Wir können die Armut nicht loswerden – also werden wir eben die Armen los.«

Erziehung zur Arbeit

Viele der Bewohner der Projects gingen als „Working Poor" legalen Beschäftigungen nach. Reguläre Erwerbsbiografien mit Aussicht auf sozialen Aufstieg einzuschlagen gelang jedoch nur äußert wenigen. Die Alternative lautete in der Regel Schattenwirtschaft. Malik Rahim hat 1970 in einem anderen Sozialwohnungsquartier der Stadt, dem Desire-Project, die erste Zelle der „Black Panther Party" des Staates Louisiana mit aufgebaut. Damals haben die afroamerikanischen Aktivisten versucht, den Drogenhandel in den Projects zu regulieren – und so die gewalttätige Polizei möglichst fern zu halten. „Es ist schlimm, wenn jemand Drogen verkauft," sagt Rahim. „Noch schlimmer aber ist, wenn jemand Drogen verkaufen muss."[327] Über die Jahre habe sich daran nichts geändert:

»Außer ein paar Basketballern und Hip-Hoppern, die man an einer Hand abzählen kann: Die Schwarzen, denen es gelungen ist, aus den Projects herauszukommen, haben das alle mit Drogenhandel geschafft.«

Rahims Feststellung mag in vielen Fällen zutreffend sein, allgemein gültig ist sie sicher nicht. Fest steht aber: Jugendliche aus den Projects haben große Probleme bei ihrer Qualifizierung und später entsprechende Probleme auf dem Arbeitsmarkt. Sowohl bei den Schulabbrechern als auch unter den Jugendhäftlingen oder jungen Erwerbslosen sind sie überrepräsentiert, wie die Sozialforscher Turner und Popkin herausgefunden haben:

»Junge Menschen aus verfallenen Quartieren mit hoher Armut sind in der Schule weniger erfolgreich wie ihre eigenen Mitschüler aus besser gestellten Stadtteilen; sie bekommen schlechtere Zensuren, haben größere Aussichten herauszufallen und schlechtere Aussichten, auf ein College zu gehen. Sie haben auch schlechtere Aussichten darauf, während und unmittelbar nach der Highschool einen Job zu bekommen (...). Und schließlich haben junge Leute, die in Gebieten mit einer hohen Kriminalitätsrate wohnen ein viel höheres Risiko, selbst straffällig zu werden.«[328]

▷ 51: protest gegen den abriss der "big four", juni 2006 | f: craig morse

Die Quartierssanierung und das „Mixed Income"-Konzept sollen diesen Zustand auf zweierlei Weise überwinden helfen. Die HANO will hierzu die Immobiliengesellschaften Qualifikations- und Beschäftigungsprogramme auflegen lassen. HANO-Direktor Babers:

»Unser Ziel ist es, dass sie mit diesen Weiterbildungsmaßnahmen ihren eigenen Weg aus Public Housing und der Sozialleistungsabhängigkeit herausfinden – und zwar endgültig. (...) Das einzige was funktioniert, ist unser Konzept: Die Leute kommen, lernen, ziehen aus. Dann, und nur dann, kann jemand von der Warteliste nachrücken. Aber wenn ich es mir da gemütlich mache und sage, toll, ich wohne umsonst und brauche nicht mal die Nebenkosten zu bezahlen, ich will keinen Job und bleibe für zwanzig Jahre hier – dann bleibst du für zwanzig Jahre auf der Liste. Wenn man als Schreiner oder Elektriker arbeitet, verdient man 15 oder 20 Dollar in der Stunde. Wenn ich dabei im Public Housing wohne, dann kann ich Geld sparen, mir ein Haus kaufen und brauche dann nicht mehr unter so beengten Verhältnissen zu leben.

Glauben Sie wirklich, dass ein nennenswerter Teil dieser Menschen in einer Stadt mit einer so maroden Wirtschaft wie New Orleans durch körperliche Arbeit oder Jobs im Service-Bereich – für anderes sind sie ja nun einmal nicht qualifiziert – in die Mittelklasse aufsteigen und sich am Ende ein eigenes Haus leisten kann?

Die Qualifizierungsmaßnahmen können gar nicht überbewertet werden. Wenn wir diese Projects neu bauen, dann reden wir hier von einer Investition von einer Milliarde Dollar in die lokale Wirtschaft. Dieses Geld wird an die vier Entwicklungsgesellschaften ausgezahlt werden. Und dann wird es einen enormen Bedarf an Handwerkern geben. Elektriker, Schreiner, Maurer und so weiter. Wir werden mit den Entwicklungsgesellschaften vereinbaren, dass unsere Familien hiervon profitieren. Es wird sicherlich möglich sein, dass auf diese Weise viele unserer Familien eine handwerkliche Ausbildung erhalten. Aber wir wollen natürlich über die Bauzeit hinaus blicken. Die sozialen Dienste sind sehr wichtig, denn nur so können wir den Familien auch langfristig eine Qualifizierungsperspektive bieten. Ich weiß, dass viele Menschen denken, dass sei nicht möglich. Das ist es aber doch. Wir arbeiten sehr eng mit den Entwicklungsgesellschaften zusammen, die solche Dinge schon in Atlanta und anderen Städten vollbracht haben. Das ist hier kein leeres Gerede. Fahren Sie nach Atlanta und überzeugen Sie sich selbst. Dort gibt es Qualifizierungsprogramme. Oder fahren Sie zum Beispiel nach Dallas. Dort arbeiten die Bewohner für die Entwicklungsgesellschaften. Wenn ich also von Jobs rede, dann sage ich Ihnen: Die werden auch da sein.«

Einen ähnlichen Ansatz, wenn auch auf weit niedrigerem Niveau als die hochtrabenden Pläne von Babers – und von den Bewohnern selbst organisiert – hat in der Vergangenheit die „BW Cooper Resident Management Corporation" umgesetzt (⇨ Kapitel 2). Weitere Beschäftigungseffekte erhofft sich das City Council durch die Ansiedlung von Unternehmen nach der Quartierssanierung. Stacey Head:[329]

»Es geht uns um die Mischung. Working Poor sollen zusammen mit Menschen leben, die sich eine Wohnung zu Marktpreisen leisten können. Das bringt Geld in das Viertel, private Unternehmen investieren, Jobs entstehen, Möglichkeiten für die Bewohner, Infrastruktur des täglichen Bedarfs wächst. Die Claiborne Avenue,[330] an der CJ Peete liegt, ist ein idealer Ort dafür. Die ÖPNV-Anbindung ist exzellent, das Gebiet ist sehr geeignet für die Ansiedelung von Einzelhandel. Dort gibt es bereits einen Kindergarten, es fehlt nur noch eine Schule. Bringt man das mit einer „Mixed Income"-Bewohnerschaft zusammen, dann entsteht eine Community, die sich wirtschaftlich selber tragen kann und so ihren Mitglieder zusehends mehr Möglichkeiten bietet.«

Über diese konkreten Beschäftigungsmaßnahmen hinaus, soll auch die dauerhafte Verpflanzung der Sozialmieter in ein von der Mittelschicht geprägtes Milieu bei diesen „Anpassungen" ihrer Verhaltensweisen bewirken. Anders gesagt: Die Armen sollen den Lebensstil und die Werte ihrer Nachbarn kopieren. HANO-Direktor Babers:

»Einer der Vorteile von ‚Mixed Income' ist, dass man sieht, wie die Nachbarn morgens aufstehen und zur Arbeit gehen. Wenn man von einer solchen, anderen Lebensweise umgeben ist, dann ändert sich etwas in den Köpfen unserer Familien.

Als Minderheit unter den Mittelklasse-Mietern fühlen sich die Bewohner stigmatisiert. In den Projects war das nicht der Fall.

Was kann daran schlecht sein, wenn ein Individuum sieht, dass ein anderes Individuum es besser macht? Es sollte in ihm den Wunsch wecken, es selber auch besser zu machen. (...) Ich verstehe nicht, warum man sich in einem heterogenen Umfeld isoliert fühlen muss. Das ist eine Frage der inneren Einstellung. Es ist völlig klar, dass die Leute nicht so weiter machen können wie im Project. Wenn sie selber gar nichts zahlen und der Nachbar für die gleiche Wohnung 1.500 Dollar Miete im Monat. Was glauben Sie

> denn, was der denkt, wenn Sie den ganzen Tag schlafen und dann die ganze Nacht mit voll aufgedrehter Musik auf dem Balkon sitzen und er sich dass nach seinem Arbeitstag anhören muss? Natürlich wird dann das Management mit Ihnen reden und sagen: Hören Sie, Sie können hier nicht ihren Ölwechsel auf dem Parkplatz machen oder die ganze Nacht die Musik aufdrehen oder grillen oder so was.«

Diese Form von subtiler Umerziehung der Sozialmieter wird von den beteiligten Immobiliengesellschaften mitgetragen. Eine Innenansicht dieser Mitwirkung beschreibt ausführlich das Interview mit zwei Managern des „River Garden"-Quartiers (⇨ Kapitel 8). Die ehemalige Bewohnerin von St. Bernard, Stefanie Mingo, weist zurück, dass es einen Zusammenhang zwischen den Lebensentwürfen der Sozialmieter und ihrem dürftigen Einkommensniveau gibt:

> »Die sagen, die Leute arbeiten nicht, dass tun sie aber wohl. Ich bin eine allein erziehende Mutter, ich habe immer gearbeitet, jeden Morgen stehe ich auf, ziehe meine Schuhe an, gehe aus dem Haus und fahre zur Arbeit. Und so machen das die meisten meiner Nachbarn aus dem Public Housing. Ich behaupte, dass es nur zwei Prozent waren, in St. Bernard, die wirklich nicht gearbeitet haben.«[331]

Der Stadtplaner Gladstone warnt indes vor einer reinen Verschiebung der Armutscluster:

> »Die meisten Bewohner des geschlossenen St. Thomas Projects sind nach New Orleans East gezogen. Das war früher ein Mittelklasse-Stadtteil. Jetzt nicht mehr. Die Umstrukturierung hat also die Armuts-Cluster nur geografisch verschoben.«

Die „natürliche Überlegenheit" des privaten Sektors

Die aus New Orleans stammende Sozialforscherin Martha Burt hält nicht viel von der HANO: „Selbst im Fall eines solchen Wohnungsnotstandes wie derzeit in New Orleans: Wenn Sie glauben, mit der HANO kommen sie weiter als mit privaten Trägergesellschaften liegen Sie falsch. Sie sind mit den privaten tausend Mal besser dran." Die HANO, das steht für Burt fest, sei „ein einziges Chaos". Selbst die vergleichsweise einfache Aufgabe, die Stahlplatten und den Stacheldraht von den Gebäuden zu entfernen, würde die lahme und korrupte Behörde überfordern: „Sie konnten die Projects vor Katrina nicht managen, und sie können es jetzt auch nicht. Sie konnten keine Sicherheit garantieren, die elektrischen Leitungen waren dauernd kaputt, viele Wohnungen standen trotz großer Nachfrage dauernd leer, Wasser und Heizung gingen oft nicht. HANO ist absolut inkompetent."

Burts vernichtendes Urteil über die kommunale Wohnraumverwaltung fügt sich nahtlos ein in eine in den USA verbreitete Abneigung gegen den öffentlichen Sektor. Die Vorstellung, dass private Dienstleister diesem wegen ihrer überlegenen Effizienz prinzipiell vorzuziehen seien, erfreut sich breiter Zustimmung (⇨ Kapitel 1). So auch bei der Stadträtin Stacey Head:[332]

> »Die HANO hätte ihre Sache auf jeden Fall viel besser machen können. Ich sage es Ihnen noch mal: Schauen Sie sich die Erfolgsgeschichten aus dem ganzen Land an: Kalifornien, Atlanta, New York. Die Privatisierungen haben riesige Erfolge gebracht. Die Regierung ist einfach nicht gut darin, Dienstleistungen bereit zu stellen. Sie können es einfach nicht so gut wie der private Sektor.«

Wer wissen möchte, wie der so gelobte private Sektor darüber denkt, dem gibt die Immobilienfirma HRI Properties bereitwillig Auskunft. An der Zufahrtstraße zu „River Garden" unterhält HRI ein Büro in einem zweistöckigen pastellfarbenen Holzhaus. Der „River Garden" Manager ist ein weißer Mittvierziger mit Turnschuhen und beigem Poloshirt, das in einer gleichfarbigen Freizeithose steckt. „Mein Name ist Trey und ich bin Republikaner" stellt er sich vor. Es soll eine Provokation sein. Man ist von Journalisten nichts Gutes gewohnt. Seitdem vor Jahren die zweifelhaften Subventionen für das Siedlungsprojekt bekannt wurden (⇨ Kapitel 8), kommen sie und stellen immer die gleichen Fragen. Langus' Antworten sind wohlerprobt:[333]

> **»Warum glauben Sie, dass Sie River Garden besser verwalten können als einst der Staat St. Thomas?**
>
> Ich vermag nicht zu sagen, warum wir sind, was wir sind. Aber wir haben das Privileg, in kleineren Gemeinschaften zu leben, als im Public Housing und das bedeutet natürlich mehr Effizienz. Wir haben hier viel weniger Sozialmieter als im Public Housing, etwa ein Sechstel. Wir haben deshalb viel mehr Möglichkeiten, denjenigen Mietern mehr Aufmerksamkeit zu schenken, die diese brauchen.
>
> **Sie sind also deswegen besser, weil Sie sich um weniger Leute kümmern müssen?**
>
> Ja. Aber... Wissen Sie, mit diesen demokratischen Regierungen, es gibt so unglaublich viel Bürokratie und Hierarchie. Bis sie es schaffen, dass bei demjenigen etwas ankommt,

▽ 52: **"ich vermag nicht zu sagen, warum wir sind, was wir sind"–**
filiale vor HRI am eingang der "river garden" wohnanlage

um den sie sich kümmern wollen...Ich weiß nicht, wie Ihre Erfahrungen in Deutschland sind, aber hier... Ich meine: Was macht die Regierung hier schon gut? Sie sind beschissen, was die Postdienstleistungen angeht, weswegen Sie UPS, FedEx und all die anderen lokalen Zustellfirmen da draußen haben. Die öffentlichen Schulen (*lacht lange*) ... die sind ein Witz. Wenn Sie wissen wollen, worin der Staat gut ist: Er ist in vielen Sachen wirklich schlecht. Und Public Housing gehört auf jeden Fall auch zu diesen Sachen.

Der Staat ist immerhin vom Zwang befreit, Profite machen zu müssen. Sie hingegen haben ein unmittelbares Interesse daran, auf Kosten der Sozialmieter zu sparen.

Wir sind natürlich ein Profit-orientiertes Unternehmen und das müssen wir auch sein. Wir müssen Sorge dafür tragen, dass hier alles in Ordnung ist, dass hier alles gut läuft. Wenn wir hier nicht für eine gesunde Umgebung sorgen, dann können wir die Wohnungen nicht auf dem freien Markt vermieten. Wenn man an der Regierung ist, dann scheißt man da drauf. Man steckt die Leute in die Wohnungen und wenn es denen nicht gefällt – Pech gehabt. Es gibt da keine Beschwerdeverfahren, keine Evaluation, niemanden, der irgendwelche Klagen ernst nehmen würde. Das ist eine völlig andere Herangehensweise.

Welchen Vorteil hat das für die Bewohner?

Wenn bei uns dass Wasser nicht funktioniert oder der Strom, dann können wir die Schulden, die wir da draußen haben, nicht bedienen, weil alle ihre Mietverträge kündigen. So einfach ist das. Deswegen strengen wir uns jeden Tag an, um diesen Ort zu dem zu machen, was er ist. Die HANO hat so was nicht. Die kriegen ihr Geld von der Regierung, völlig egal ob sie ihren Job gut, schlecht oder sonst wie gemacht haben. Sie müssen nichts dafür leisten. Und so ist das natürlich bei allen lokalen Wohnungsbaubehörden und dem Staat.«

Gegner wie Befürworter des Abrisses würden Langus darin zustimmen, dass sich dieser Befund unmittelbar im Zustand der Public Housing Projects niederschlug. Die seit langem vernachlässigten Gebäude verfielen nach Katrina durch Schimmel, Vandalismus und den Diebstahl von Kupferrohren immer weiter. Stadträtin Head:[334]

»Diese Gebäude waren schon vor Katrina in einem absolut grauenerregenden Zustand. Wir haben deswegen wieder und wieder und wieder die HUD und die HANO vor

Gericht gebracht. Alles war bleiverseucht, die Wasserleitungen, das ist extrem schlecht für Kinder, der Boden war mit Blei kontaminiert, weil alles undicht war und es reingeregnet hat. Die Zustände waren fürchterlich.«[335]

Auch die HANO selbst räumt freimütig ein, in der Vergangenheit mit der Bewirtschaftung des ihr anvertrauten Wohnraums überfordert gewesen zu sein. HANO-Chef Babers:

»Warum haben Sie die Wohnungen nicht besser gepflegt?

Missmanagement. Wie Sie wissen, wurde diese Behörde 2002 deshalb von der Bundesbehörde HUD übernommen und wird seitdem durch mich zwangsverwaltet. Vor dem Sturm war bereits ein 700 Millionen Dollar-Programm angelaufen. Der Abriss vieler der Wohneinheiten war bereits vor dem Sturm beschlossene Sache. Jetzt sagen alle, wir nutzen Katrina um die Häuser abzureißen, das haben wir aber schon vor Katrina gemacht. Das Argument, wir hätten den Sturm ausgenutzt, ist überhaupt nicht wahr.«

Der Verfall soll nun auch einer der Gründe sein, weshalb eine Renovierung nicht in Frage kommt und die Gebäude abgerissen werden müssen. Babers:

»Die Gebäude sind nicht bewohnbar. Der Schimmel ist mittlerweile auch in die Teile gezogen, die nicht unter Wasser standen.

Wenn Sie rechtzeitig etwas unternommen hätten, wäre das nicht passiert.

Das war nicht möglich. Viele der Hausbewohner sagen jetzt, wir sollen die Türen öffnen und ihnen Schwämme geben, dann würden sie den Schimmel schon selber wieder abputzen. Das ist totaler Quatsch, das geht nicht. Hausbesitzer mussten ihre Häuser bis auf die Grundmauern entkernen um den Schimmel los zu werden. Mit dem Beton hier geht das nicht. Der Schimmel kommt immer wieder. Wir haben eine Verpflichtung für die Umwelt und die Gesundheit und wenn die Leute da einfach sagen, wir wollen aber zurück, dann geht das eben nicht. Im Übrigen waren diese Leute auch diejenigen, die sich vor Katrina immer über den schlechten Zustand der Immobilien beklagt haben. Und zwar zu Recht: Schon vor Katrina waren viele der Wohnungen unbewohnbar.

Das war der Grund, warum vor Katrina trotz der langen Warteliste nur etwa sechs von zehn Wohnungen belegt waren?

Jawohl.«

Zu den Schäden an den Bauten siehe auch ⇨ Kapitel 2. Endesha Juakali, der Aktivist und einstige Bewohner des St. Bernard-Projects, war jahrelang als Mietervertreter im Verwaltungsrat der HANO. Er vermutet hinter dem Verfall eine andere Motivation:

»Was glauben Sie, warum der Leerstand so hoch war?

Klarer Fall: Kalter Abriss durch Vernachlässigung. In dem man die Leute nicht rein gelassen und die Wohnungen verfallen lassen hat, wurde die Situation insgesamt schlechter. Alles sah zusehends heruntergekommen aus, es gab Kriminalität und so weiter. Und genau das hat man dann als Vorwand genommen, um die Gebäude abreißen zu lassen.«

Urbaner Verfall

Das letzte Argument, dass für die Sanierung der Quartiere angeführt wird, zielt auf die schlechte Versorgungslage in den Quartieren. Wegen der Kriminalität und des urbanen Verfalls sei dort keine wohnortnahe Versorgung anzusiedeln. Staatliche Maßnahmen, diesem Mangel zu begegnen, ohne die Quartiere abzureißen, werden von Stadträtin Head als „Sozialismus" abgelehnt:[336]

»Die wohnortnahe Versorgung mit einem hochwertigen Einzelhandel ist für die beiden Projects in meinem Mandatsgebiet, CJ Peete und BW Cooper, inexistent.(...) Theoretisch soll es ja so sein, dass Public Housing für Alte, Behinderte und Leute in akuten Schwierigkeiten im Leben ist, die vorübergehende Hilfe brauchen, um wieder auf die Füße zu kommen – und besonders für allein erziehende Frauen mit kleinen Kinder. Kleine Kinder brauchen Windeln, Brot, Milch, frische Früchte. Wie wollen sie das kriegen, wenn sie keinen Zugang zu einem hochwertigen Einzelhandelsgeschäft haben?

Abgesehen davon, dass man mit dem Bus zum nächsten Supermarkt fahren kann, könnte man ja auch dort ein solches Geschäft ansiedeln.

Wer?

Keine Ahnung, wer auch immer.

Wir sind kein sozialistisches Land, wir haben hier keine vom Staat betriebenen Lebensmittelgeschäfte. Wir verlassen uns auf den privatwirtschaftlichen Sektor, damit er in unseren Städten investiert und unseren Familien die nötigen Dinge wie frisches Obst und Gemüse hochwertig zur Verfügung stellt.

Wir sind seit drei Wochen in der Stadt und haben regelmäßig große Probleme, zu Fuß einen Supermarkt zu erreichen. Die sind fast alle an den großen Ausfahrtsstraßen. Auch in den wohlhabenden Vierteln gibt es keine Nahversorgung. Wollen Sie die auch alle abreißen?

Nein, nein. Ich kann ihnen eine Karte zeigen. Nach dem Sturm haben Sie vielleicht Recht, aber ich rede von der Zeit vor dem Sturm. In anderen Gegenden der Stadt müssen Sie vielleicht eine halbe Meile laufen, um zu einem Lebensmittelgeschäft zu gelangen und frisches Obst und Gemüse zu bekommen. Direkt nah ist das auch nicht, es geht aber. Von den Projects aus ist es deutlich weiter, zu einem solchen Geschäft , um für wenig Geld hochwertige Lebensmittel, frisches Obst und Gemüse für die Senioren und die Kinder zu kaufen.

Warum ist das so?

Es gab einfach nur sehr wenig Einzelhandel in der Umgebung dieser Projects, weil niemand aus dem privatwirtschaftlichen Sektor dort investieren wollte. Deswegen gab es da die einfachsten Dinge nicht, die man aber zum Leben braucht: Waschsalons, Lebensmittelgeschäfte, so etwas.«

▷ 53: **protest gegen den abriss der "big four", juni 2006** | f: craig morse

VIII. Urbaner Kehraus: Die Vertreibung der „Lower Class“

In den Ohren der ausgesperrten Bewohner klingen all die von Head und Babers angeführten Argumente wie Hohn. Für sie ist die Sozialbausanierung nichts weiter als die Vernichtung dringend benötigten günstigen Wohnraums. Sie vertreibt die Unterschicht aus der Stadt, zerstört intakte und lange gewachsene soziale Netzwerke und ist nicht zuletzt auch ein Angriff auf die afroamerikanische Unterschichtskultur.

Staatlich gesteuerte Wohnraumvernichtung

Durch die Sanierung gehen fast 3.300 Public Housing-Wohnungen verloren[337] (⇨ Tabelle 5, Kapitel III). Das entspricht knapp der Hälfte der vor dem Sturm in der Stadt zur Verfügung stehenden Sozialwohnungen. Das verschärft die Wohnungsnot in der Stadt, die wegen der Flut ohnehin schon jede Menge günstigen Wohnraum verloren hat. Der Soziologe David Gladstone vom „Center for Urban Planning“ der Universität von New Orleans:

> »Die Nachfrage nach „Affordable Housing“ ist viel größer, als das Angebot. Es gibt viele Obdachlose. Und die Immobilien sind teilweise in sehr schlechtem Zustand. Viele Häuser in New Orleans sahen schon vor der Flut aus, als ob sie überflutet worden wären. Etwa 30.000 Immobilien waren in unbewohnbarem Zustand. Das lag vor allem daran, dass viele Hausbesitzer sich keine Renovierung leisten konnten (...). Als Katrina kam, lag die durchschnittliche Miete bei 600 Dollar. Viele Wohnungen konnte man aber schon für 200 bis 300 Dollar mieten. Das waren sicher nicht die schönsten Appartements, aber man konnte darin wohnen. Ein großer Teil dieser „Affordable Housing“ Immobilien ist durch den Sturm zerstört worden.«

Dies wird auch von der HANO eingeräumt. Donald Babers:

> »Es gibt im Moment in New Orleans einen Wohnungsnotstand, ja. (...) Die Mieten sind erheblich gestiegen, so dass es schwierig ist, auf dem freien Markt anständige Wohnungen zu finden.«

Dass die Stadt rund ein Drittel ihrer Einwohner verloren hat, ändert an dem Wohnungsnotstand nur bedingt etwas. Die Besitzer günstiger Häuser sind oft nicht im Stande, die Instandsetzungskosten aufzubringen. An billigem Wohnraum herrscht deswegen besonderer Mangel. Laut Gladstone ist diesem Zustand nicht ohne weiteres beizukommen:

»Kein privater Bauinvestor ist im Stande, Land zu kaufen, Häuser zu bauen und kostendeckend Wohnungen für 300 Dollar anzubieten. Dies wäre nur möglich, wenn die öffentliche Hand die Bauten subventioniert. Nun ist es so: Die Kommune ist vollkommen pleite. Der Staat hat 4 Millionen Einwohner und die meisten sind weiß. Wenn also in Baton Rouge jemand sagt, er möchte Milliarden von Dollar ausgeben, um „Affordable Housing“ in New Orleans zu subventionieren, wird er entweder nicht gewählt – oder abgewählt. Und die Bundesregierung in Washington wird dieses Geld auch nicht in dem Maße zur Verfügung stellen – denn sie wollen aus ideologischen Gründen möglichst wenig für soziale Umverteilung ausgeben.«

Günstigen Wohnraum wird es in New Orleans wohl auch langfristig deutlich weniger als vor Katrina geben. Viele Menschen werden deswegen nicht ohne weiteres in die Stadt zurückkehren können. Der Wohnraumverlust durch die Sanierung der Public Housing Quartiere kommt hinzu. Um zu verstehen, warum sich dieser Verlust tief greifend in die soziale Zusammensetzung der Stadt einschreiben wird, ist ein Blick auf das amerikanische System der staatlichen Wohnhilfe nötig.

Tolerierung von Obdachlosigkeit – Das Wohnhilfesystem in den USA

Im April 2007 berichtete Martha Burt, Expertin für Obdachlosigkeit beim Washingtoner Urban Institute,[338] von einem Treffen mit dem deutschen Minister für Verkehr, Bau- und Wohnungswesen:

»Ich habe kürzlich mit dem für Wohnungsfragen zuständigen deutschen Minister gesprochen, weil der sich für neue Formeln interessiert, die ich entwickelt habe, um Obdachlosigkeit vorher zu sagen. Er wollte das aber nicht deshalb wissen, weil er wissen wollte, wie viele Obdachlose es in Deutschland geben wird, sondern für wie viele Menschen Wohnungen bereitgestellt werden müssen. Und genau das ist der Unterschied zu den USA.«[339]

Was Burt meint: In den USA besteht grundsätzlich kein Rechtsanspruch auf den Bezug von Wohnhilfe. Das Budget ist für jeden Distrikt festgelegt – egal wie viele Menschen entsprechenden Bedarf haben. Entsprechend gibt es im ganzen Land riesige Wartelisten für alle Formen staatlicher Wohnhilfe. Das System basiert auf einem pauschalen Budgetierungsprinzip: Die Ausgaben passen sich nicht un-

▷ 54: protest gegen den abriss der "big four", juni 2006 | f: craig morse

mittelbar dem Bedarf an, sondern werden alljährlich von der Bundesregierung neu festgelegt. Entsprechend qualifiziert nicht, wie in Deutschland, eine gewisse Einkommensuntergrenze automatisch zum Bezug einer Sozialwohnung oder von Wohngeld.[340]

Nach Angaben des „Center on Budget and Policy Priorities" (CBPP) erhielt 2007 in den USA lediglich einer von vier Haushalten, der die formalen Kriterien für den Bezug von Wohnhilfe erfüllte, tatsächlich irgendeine Form von Leistungen.[341, 342] In vielen Regionen, so das CBPP weiter, sind die Wartelisten für Wohnhilfsleistungen sehr lang und wachsen weiter.[343] Dies hat häufig dazu geführt, dass die lokalen Wohnungsbehörden die Listen für neue Anwärter geschlossen haben. Das war in New Orleans bereits vor Katrina der Fall. Auch nach dem Sturm hält die HANO an der Weigerung, neue Anträge auf Wohnhilfe entgegen zu nehmen, fest. Dabei ist der Bedarf an Wohnhilfe immens. Nach Angaben der HUD gibt es in den USA keinen Ort, an dem sich eine Familie, in der nur eine Person in Vollzeit zum Mindestlohn erwerbstätig ist, ein Zwei-Zimmer-Appartement zur lokalen „Fair Market Rent“ leisten kann.[344] Dem CBPP zufolge hatten 2005 6,5 Millionen Mieterhaushalte mit geringem Einkommen, die keine Wohnhilfeleistungen erhielten, „massive Probleme" mit der Bezahlung ihrer Unterkunft.[345] „Massive Probleme" bedeutet in diesem Fall, dass die Haushalte entweder mehr als die Hälfte ihrer monatlichen Einkünfte für Miete aufwenden mussten, oder in unzumutbaren Mietwohnungen lebten. Die Zahl dieser Haushalte ist in der Zeit von 2001 bis 2005 um 20 Prozent gestiegen. 2007 gab es nach Angaben der HUD in den USA bereits 12 Millionen Haushalte, die mehr als 50 Prozent ihres Einkommens für ihre Unterkunft ausgaben mussten.[346, 347] Eine derartige Belastung mit Mietkosten erhöht nach Angaben der CBPP das Risiko für Obdachlosigkeit und gefährdet sowohl das Kindeswohl als auch die psychische und körperliche Verfassung der erwachsenen Familienmitglieder.

Laut Burt waren 2006 in den USA 750.000 Menschen zu jedem gegebenen Zeitpunkt und etwa 3 Millionen im Verlauf eines Jahres obdachlos. Jeder zehnte der etwa 30 Millionen Armen in den USA wird also im Verlauf eines Jahres statistisch gesehen einmal obdachlos. Burt nennt dafür folgende Gründe:

> „Die Mieten sind in den letzten 30 Jahren erheblich stärker gestiegen als die durchschnittlichen Einkommen. Die Kinder der Mittelklasse können nicht mehr in den Gegenden wohnen, in denen sie aufgewachsen sind. Sie können sich die Häuser ihrer Eltern nicht mehr leisten, es sei denn, sie erben sie. Es werden insgesamt zuwenig Häuser gebaut und die, die gebaut werden, sind zu teuer. Das ist das fundamentale Problem. Das hat sehr viel mit den steuerlichen Regelungen für Immobiliengesellschaften zu tun. Die bauen nur noch hochwertige Objekte für den Verkauf, weil damit am meis-

> ten Geld zu machen ist. Die Bautätigkeit für den Mietsektor ist total eingebrochen, die Gewinnspannen sind dort zu niedrig. Mieten steigen, Einkommen nicht. Das erhöht das Obdachlosigkeitsrisiko für die Armen erheblich. Wenn andere Risikofaktoren hinzukommen, wie Behinderungen, Drogenabhängigkeit, Unterqualifizierung, behinderte Verwandte, Kinder, Schulden oder Krankheiten, steigt das Risiko für Obdachlosigkeit eben noch weiter. Es gibt Leute, die mit 40 oder 45 obdachlos werden, weil ihre Eltern sterben.«[348]

Um dem entgegen zu wirken, gibt es eine Reihe von staatlichen Programmen zur Bekämpfung der Obdachlosigkeit. Diese geben entweder einzelnen Haushalten Hilfestellungen oder sie fördern den Bau von Wohnimmobilien mit niedrigen Mieten. Neben weiteren Faktoren ist, ähnlich wie in Deutschland, das jährliche Haushaltseinkommen das entscheidende Kriterium für den Bezug von Wohnhilfeleistungen. Dieses wird in Relation zum so genannten „Area Median Income" (AMI), dem Median des Einkommens jeder Region, gesetzt. Familien, die weniger als 80 Prozent des AMI zur Verfügung haben, gelten als „Low Income" und dürfen Wohnhilfe beanspruchen. Haushalte mit weniger als 30 Prozent des AMI gelten als „Extremely Low Income" (ELI).[349]

Allen individuellen Wohnhilfeprogrammen ist gemein, dass die monatliche Mietbelastung auf weniger als ein Drittel des Haushaltseinkommens gesenkt wird. Es werden grundsätzlich nur noch etwa 30 Prozent des monatlichen Einkommens für die Miete fällig. Dies kann bedeuten, dass eine Familie gar keine Miete zahlt, wenn sie außer „Food Stamps", also Lebensmittelmarken, über keine Einkünfte verfügt. In der Regel setzen die lokalen Wohnungsbehörden aber eine Mindestmiete von 25 Dollar fest.[350] Obwohl dies vom Kongress immer wieder diskutiert wird, gibt es derzeit keine zeitliche Begrenzung für den Bezug von staatlichen Wohnhilfeleistungen.

„Public Housing"

Bei Public Housing handelt es sich, wie bereits erwähnt, um vom Staat gebaute und bewirtschaftete Großwohnanlagen. Public Housing ist in der Regel für Familien die in die „Extremely Low Income"-Kategorie fallen. Es dürfen also nur Haushalte, die weniger als 30 Prozent des lokalen Durchschnittseinkommens zur Verfügung haben dort einziehen. Im Gegensatz zu den anderen Wohnhilfeprogrammen sind im Public Housing deshalb die Nebenkosten (Strom, Gas, Wasser) mit der Miete bereits abgegolten. Auch wird keine Kaution verlangt. Im November 2007 lebten in den USA rund 3,5 Millionen Menschen in etwa 1,2 Millionen Haushalten in Public Housing Wohnungen.

„Section 8"

Die so genannten „Section 8 Housing Choice Voucher" sind das größte der amerikanischen Wohnhilfeprogramme. Es handelt es sich dabei um mit Bundesmitteln finanzierte Wohngutscheine. Mit diesen Gutscheinen können sich die Mieter auf dem freien Markt eine Wohnung suchen. Auch hier müssen sie in der Regel 30 Prozent ihres Einkommens an den Vermieter zahlen, den Rest übernimmt bis zu einer Kappungsgrenze die Wohnungsbehörde. Kaution und Nebenkosten müssen die Mieter bei Section 8 selber zahlen. Schaffen sie dies nicht, kann dies als Verstoß gegen die Bezugsauflagen gewertet werden – und die Gutscheine entzogen werden.

Für manche Bedürftige in New Orleans bedeutet „Section 8“ daher Obdachlosigkeit: Sie können die Kaution und die Nebenkosten nicht aufbringen (⇨ Kapitel 2). Entscheidend bei den Gutscheinen ist die örtliche Mobilität. Die Empfänger können sich theoretisch an jedem Ort der USA und Puerto Rico eine Wohnung mieten. In der Praxis weigern sich aber die Behörden am neuen Wohnort häufig, die alten Gutscheine zu überschreiben. Vermieter sind nicht verpflichtet, die Gutscheine anzunehmen. Oft wird Section 8-Mietern ein Mietvertrag verweigert. Dies hängt teilweise damit zusammen, dass die Hausbesitzer die Wohnungen lieber auf dem freien Markt für einen höheren Betrag als die „Fair Market Rent" anbieten wollen oder fürchten, die Anwesenheit der einkommensschwachen Mieter könnte die voll zahlenden Hausbewohner vertreiben.

Mitte Juli 2007 zahlten in den USA 1,95 Millionen Haushalte (schätzungsweise 5,8 Millionen Menschen) ihre Mieten mit Section 8-Vouchers.

Weitere Individualprogramme

Außer Public Housing und Section 8 gibt es noch weitere, allerdings geringer budgetierte Programme für individuelle Wohnhilfe. Diese richten sich speziell an Langzeit-Obdachlose, HIV-positive Menschen, Senioren und Menschen mit Behinderungen. Auch hier gilt die Budgetbegrenzung, ein Rechtsanspruch besteht nicht.

Affordable Housing

Unter „Affordable Housing“ wird in den USA jede Form von Wohnraum verstanden, der von Haushalten aller drei „Low Income“-Kategorien angemietet werden kann, ohne dass diese hierfür mehr als ein Drittel ihres Einkommens aufwenden müssten. Neben „Public Housing“ wird vor allem auch der Bau von Wohnimmobilien mit niedrigen Mieten subventioniert. Dies geschieht überwiegend durch die steuerliche Absetzbarkeit von Investitionen in solche Wohnungsbauprojekte.

Das hierbei am häufigsten angewandte Verfahren sind die so genannten „Low Income Housing Tax Credits" (LIHTC). Hierbei werden Immobiliengesellschaften übertragbare Steuernachlässe, meist für die Laufzeit der Mietpreisbindung ihrer Immobilien gewährt. Diese Steuernachlässe übersteigen dabei in der Regel die Steuerschuld der Entwicklungsgesellschaft. Die überzähligen Steuernachlässe kann sie daher an andere Unternehmen verkaufen.

Der größte Teil des „Affordable Housing“ in den USA wurde auf diese Weise erbaut. Im Rahmen von LIHTC werden derzeit jährlich über 100.000 Wohneinheiten gebaut, die Bundesregierung und die Staaten stellen derzeit etwa 5 Milliarden Dollar hierfür bereit. Seit 1987 wurden etwa 1,7 Millionen Wohneinheiten geschaffen.[352] Die Bauherren werden dabei verpflichtet, eine bestimmte Anzahl der gebauten Wohnungen 30 Jahre lang für Menschen mit „Low Income“ vorzuhalten. Auch hier zahlen die Bewohner dann ein Drittel ihres Haushaltseinkommens an Miete.

Soziale Säuberung

Unmittelbar können also die Familien, die bisher in einem Project gewohnt haben, nicht mehr alle dorthin zurück. Wegen des Budgetprinzips der Wohnhilfe sinkt auch langfristig die Versorgung mit Sozialwohnraum in der Stadt. New Orleans wird für Arme unattraktiv. Weil es dort weniger Sozialwohnungen, aber, wie beschrieben, keinen Rechtsanspruch auf eine Wohnung gibt, bleibt nur, sich auf die Warteliste setzen zu lassen oder wegzuziehen.

Was die Familien angeht, die zum Zeitpunkt von Katrina von der HANO Leistungen bezogen haben, so erkennt die Behörde eine Verpflichtung für deren – und zwar ausschließlich für deren – Unterbringung an. HANO-Direktor Babers: „Meine Verantwortung beschränkt sich auf unsere 5.146 Familien. Der Rest ist Sache des Kongresses.“ Dies schließt laut Babers ein, auch für ihre Rückkehr nach

New Orleans Sorge zu tragen: „Es ist eines unserer wichtigsten Ziel, sicherzustellen dass alle unsere Familien zurückkommen oder die Möglichkeit haben zurückzukommen. Das hat für uns allergrößte Priorität, das ist es, woran wir arbeiten.“

Den Haushalten, die nach der Sanierung nicht mehr in den Projects untergebracht werden können, will Babers „Mieterschutzgutscheine“ („Tenant Protection Vouchers“; TPV) geben. Mit diesen Gutscheinen sollen sich die Familien auf dem freien Markt Wohnungen anmieten. Sie müssen aber im Gegensatz zu den Public Housing-Wohnungen die Nebenkosten selber zahlen. Die aus New Orleans stammende Expertin für Wohnungsfragen des Washingtoner „Urban Institute“, Martha Burt, sieht das kritisch:

> »Es ist absolut richtig (dass die Sanierung zu einem immensen Verlust an Wohnraum führen wird, AdV). Das Problem ist: Denen, die nicht wieder dort einziehen können, geben sie Vouchers, damit sie sich in derselben Stadt eine neue Wohnung suchen. Diese Wohnungen gibt es aber einfach nicht. Und nach Katrina sind sie explodiert. Deswegen nutzen die Vouchers nichts mehr.«

Aus politischen Gründen haben die lokalen Versorgungsunternehmen die gesamte Stadt wieder an die Leitungsnetze angeschlossen – obwohl nur zwei Drittel der Bewohner zurück sind. Ursprünglich war geplant, die stark zerstörten Stadtteile überhaupt nicht wieder aufzubauen. Dagegen regte sich Protest. Um diesen die Spitze zu nehmen, entschloss sich die Stadtverwaltung, zunächst alle Stadtteile wieder an die Versorgungsnetze anzuschließen. Alles andere wäre als Vorentscheidung gegen den Wiederaufbau dieser Viertel interpretiert worden. Deshalb sind die Kosten für Wasser, Heizung und Elektrizität extrem gestiegen. Selbst von der HANO wird eingeräumt, dass dies problematisch werden könnte. Donald Babers: „Ja, die Nebenkosten sind teuer (...) das ist ein kleines Problem (‚a bit of a problem‘).“ Hinzu kommt, dass im Gegensatz zu Public Housing auch die Kaution von den Sozialmietern getragen werden muss, die in den USA schnell im vierstelligen Bereich liegt.

Die Empfänger der TPV konkurrieren auf dem Wohnungsmarkt mit den rund 10.000 Mietparteien, die vor Katrina ein „Section 8 Housing Choice Voucher“ (⇨ Tabelle 7) der HANO hatten.[353, 354] Derzeit wird die Miete dieser Familien an den Orten ihre Evakuierung von der Katastrophenschutzbehörde FEMA bezahlt. Doch diese Hilfe läuft im Frühjahr 2009 aus. Die Familien werden dann als reguläre Sozialfälle eingestuft. Wenn sie nach New Orleans zurückkehren, bekommen sie dort

Tabelle 7: Wohnsituation sozial schwacher Bevölkerungsgruppen in New Orleans

Status vor Katrina, Juli 2005	Anz. Mietparteien /Personen	Wohnsituation und –perspektive (Zahlen beziehen sich auf Mietparteien)	
Legal in Public Housing lebend	5.146 Parteien (ca. 18.000 Personen)	April 2007	1.350 in Public Housing in New Orleans, 3.796 mit Katastrophenvouchers in Mietwohnungen, meist in Evakuationsorten (läuft 2009 aus)
		Dezember 2007 (Planung)	ca. 2.000 in Public Housing in New Orleans, 3.146 mit Katastrophenvouchers in Mietwohnungen, meist in den Evakuationsorten
		Frühjahr 2009	Disaster Vouchers laufen aus. Ihre Bezieher werden nun nicht mehr als Katastrophenopfer, sondern als reguläre Sozialfälle behandelt, nur noch ein Teil der Miete wird übernommen.
		2010 (Planung)	ca. 3.300 in Public Housing in New Orleans, darunter den sanierten „Mixed-Income" Projects. 1.800: Voucher der HANO.
Section 8	ca. 9.000 Parteien (ca. 31.000 Personen)	Im April 2007 waren 3.000 zurück in New Orleans und konkurrieren mit den nicht im Public Housing untergekommenen Sozialmieter um den übrigen günstigen Wohnraum auf dem freien Markt. Die Übrigen leben mit „FEMA Rental Assistance" in Mietwohnungen in den Evakuationsorten (läuft 2009 aus).	
Nicht offiziell in Public Housing gemeldet, aber vor Katrina dort lebend	schätzungsweise 2.000 Parteien (ca. 2.500 Personen)	Keine Ansprüche. Neue Anträge werden nicht entgegen genommen, die Warteliste ist geschlossen. Der Umstand, vor Katrina auf der Warteliste gestanden zu haben, begründet keinen Anspruch auf Zuteilung eines Vouchers oder einer Public Housing-Wohnung. Auch sie konkurrieren mit den nicht im Public Housing untergekommenen Sozialmieter um den begrenzten, verbliebenen niedrigpreisigen Wohnraum auf dem freien Markt.	
Warteliste für Section 8 oder Public Housing	17.000 Parteien (ca. 50.000 Personen)		
„Low Income", aber nicht vor Juli 2005 Antrag auf Sozialwohnraum gestellt	unklar		

Quellen: HUD, HANO, Advocacy Council on Homelessnes, Urban Institute

wegen ihres früheren Leistungsbezugs einen Mietgutschein von der HANO. Doch mit diesem lässt sich angesichts der Wohnungsnot in der Stadt nur schwer eine Behausung finden. Hierzu John Logan vom Zentrum für Raumordnung der Brown University in Providence:

»Grundsätzlich ist dagegen (Section 8, AdV) nichts zu sagen, so lange die Mietbeihilfen hoch genug sind, um die Anmietung einer angemessenen Wohnung zu ermöglichen. Man muss allerdings ein sehr treuer Anhänger des Glaubens an die freien Marktkräfte sein, um sich darauf zu verlassen, dass auf diese Weise sozialer Wohnungsbau ersetzt werden kann. Was wird passieren? Die Vermieter werden die Sozialmieter in immer mieseren, zu kleinen Wohnungen unterbringen und die Miete vom Sozialamt kassieren.« [355,356]

Die Alternative für diese Familien: Sie beantragen am Ort ihrer Evakuierung Mietbeihilfen – werden dann aber als Neuanträge behandelt und werden für Jahre auf die Warteliste gesetzt. In New Orleans ist die alte Liste aus der Zeit vor Katrina schon 2005 von der HANO geschlossen worden. Es war nicht abzusehen war, in welchem Zeitraum die immense Zahl an Wohnungssuchenden abzubauen gewesen wäre. 17.000[357] bis 18.000 „Low Income“-Familien aus New Orleans standen damals auf der HANO-Warteliste für Wohnhilfe. Sie gehen nun völlig leer aus: Damals auf der Liste gestanden zu haben begründet nach dem Sturm überhaupt keine Ansprüche. Es werden keine neuen Anträge mehr entgegen genommen. Die Liste bleibt geschlossen. Die Menschen können nicht zurück in die Stadt. HANO-Chef Babers sieht hier allein die Politik in der Verantwortung:

»Auf ihrer Warteliste für Wohnungen im Public Housing und Section 8 Vouchers standen vor Katrina mehrere Tausend Familien. All diese Leute werden erst recht auf der Straße stehen, wenn sie mit ihren Plänen durch sind.

Mit irgendwelchen Statistiken um sich werfen, das kann jeder. Natürlich können sie irgendwelche Wartelisten dazurechnen, das können sie aber in jeder amerikanischen Stadt machen. Wenn Sie daran was ändern wollen, dann gehen sie zum Kongress. Aber egal, wie viel Geld der bewilligt: Es wird immer Leute auf der Warteliste geben. Wie stellen Sie sich das vor? Soll ich den Abgeordneten anrufen und sagen, hör zu, wir haben gerade mal wieder 10.000 Leute auf der Liste, bewilligt mal mehr Geld? Es ist traurig, aber so funktioniert das nicht. Und das hat nichts mit New Orleans zu tun.

Alle sagen: Oh, die wollen uns nicht zurück, weil wir arm sind. Aber diese Wartelisten gibt es überall.«

Auch die Stadträtin Stacey Head widerspricht dem Vorwurf, sie vertreibe die Unterschicht:[358]

»Frau Head, gibt es in New Orleans einen Wohnungsnotstand?

Ich denke, das Wort entspricht nicht ganz der Situation. Es gibt im Moment in New Orleans Häuser in wirklich jeder Preisklasse zu kaufen, von 40.000 bis eine Million Dollar, einfach alles. Nein, von einer Wohnungsnot würde ich nicht sprechen.

Von einst 470.000 Bewohner von New Orleans sind noch keine 300.000 zurück in der Stadt. Glauben Sie, dass dies etwas mit der Situation auf dem Wohnungsmarkt zu tun hat?

Für einige mag da ein Zusammenhang bestehen, bei den meisten ist es jedoch eher eine frei getroffene Entscheidung, nicht hierher zurückzukommen. Die meisten Leute, die ich kenne, die nicht zurück sind, haben sich eben entschieden, woanders zu leben. Entweder haben sie einen Job oder nehmen sie gerade an Weiterbildungsmaßnahmen teil, oder sie haben einen Ort gefunden, der besser für ihre Familie ist.

Gilt das auch für die Bewohner der Public Housing Projects?

Die große Mehrheit der Public Housing Bewohner, die noch nicht nach New Orleans zurückgekehrt sind, haben die Möglichkeit dazu. Es gibt derzeit aberhunderte freie Wohnungen in den wieder eröffneten Projects. Da werden auch andere Gründe im Spiel sein. Entweder haben eben auch sie sich entschlossen, woanders zu leben, weil sie dort bessere Job-Chancen haben oder ihre Kinder gehen zur Schule. Es liegt sicherlich nicht daran, dass sie nicht zurückkommen können.«

Heads Optimismus ist Augenwischerei. Es kann kein Zweifel daran bestehen, dass eine Rückkehr der ehemaligen Bewohner in die Stadt in Folge der Wohnungspolitik automatisch zu einer großen Zahl neuer Obdachloser führen würde.

Gentrifikation im Zeitraffer – „Cabrini Green“ in Chicago

Was mit den Sozialmietern aus New Orleans geschehen wird, ist also völlig offen. Vorhersehbar ist aber, was aus ihren Quartieren wird. Denn das, was New Orleans nun bevorsteht, haben andere Städte bereits hinter sich. Chicago etwa hatte mit

Cabrini Green in eines der bekanntesten Public Housing Projects der USA (⇨ Abb. 53). Erbaut in der Zeit von 1946 bis 1962 wurde es seit den 1960er Jahren zu einer Art Inbegriff der urbanen, afroamerikanischen Unterschichtskultur. Das Project diente bis spät in die 1980er Jahre als Kulisse für eine große Zahl an Filmen und Fernsehserien.[359] 1995 lebten 15.000 Sozialmieter in 3.500 Appartements. In jenem Jahr übernahm – ähnlich wie in New Orleans – die Bundesbehörde HUD die Zwangsverwaltung der lokalen Wohnungsbehörde CHA (Chicago Housing Authority) – und begann mit dem „Redevelopment”. Widerspenstige Mieter von Cabrini Green wurden dabei von der Polizei mit vorgehaltener Waffe aus ihren Wohnungen geholt.

Bis 2007 wurde ein Großteil der Gebäude abgerissen. Im Februar 2007 lebten noch 4.700 Menschen in „Cabrini Green”. Doch auch deren Wohnhäuser sollen in den nächsten Jahren abgerissen werden. Die Sanierung ist noch nicht abgeschlossen. Mit der Fertigstellung wird erst im nächsten Jahrzehnt gerechnet. Die rund 2.000 bisher abgerissenen Appartements wurden durch 487 neu gebaute Wohnungen ersetzt, davon sind ganze 81 Public Housing Units. In den nächsten Jahren sollen weitere 718 Wohnungen hinzukommen, verteilt auf insgesamt fünf „Mixed Income“-Siedlungen, jede errichtet von einer anderen Immobilienfirma. Alles in allem sollen es am Ende 296 Sozialwohnungen geben – weniger als 8,5 Prozent der Zahl von 1995.[360]

Im Einzelnen handelt es sich um folgende Anlagen, die aus Sanierungsmitteln für Cabrini Green subventioniert wurden:

Cabrini Extension North

Cabrini Extension ist die einzige Anlage, die tatsächlich auf dem Gelände des Projects entstehen soll. Sie befindet sich aber noch im Planungsstadium. Dort sollen 718 Wohneinheiten gebaut werden, davon 215 Public Housing-, 144 Affordable Housing- und 359 Market Rate-Einheiten.

North Town Village[361]

“North Town Village” wurde in den Jahren 1999 bis 2001 von der Chicagoer Immobilienfirma Holsten Real Estate Development Corporation gebaut. Sie umfasst 261 Wohnungen. Nach Angaben von Holsten sind davon 204 Market Rate-, 23 Affordable Housing- und nur 34 Public Housing-Einheiten.[362] In ihrer Selbstdarstellung spricht Holsten davon, nicht nur Gebäude, sondern eine „Gemeinschaft“

geschaffen zu haben. Die Baukosten sollen sich auf 70 Millionen Dollar belaufen haben. In einem CBS-Bericht zu der Siedlung wird darauf hingewiesen, dass sich die extrem teuren Market-Rate- und die Public Housing Wohnungen in North Town baulich nicht unterscheiden:

> »(...) Familien werden die Gelegenheit bekommen, aus Cabrini Green aus- und in North Town einzuziehen – Tür an Tür mit jemandem, der sich dort ein brandneues Eigenheim zum Marktpreis gekauft hat. Ein Top-Drei-Zimmer-Appartment wie dieses kostet etwa eine halbe Million Dollar. Aber ein identisches Appartement direkt nebenan könnte für eine ‚Cabrini-Green'-Familie reserviert sein, deren Miete der Staat zahlt.«

Old Town Square

Die von 1998 bis 2001 gebaute „Old Town Square"-Anlage umfasst 113 Wohnungen, davon 13 Sozialwohnungen. Bis auf diese hat die Immobiliengesellschaft MCL sämtliche Wohnungen in kurzer Zeit verkauft. In einem Interview vom 1. Juni 2003 gibt die Managerin des Projektes, Karen Tobin, folgende Auskunft zu der

▷ 55: **"cabrini green" vor der sanierung** | f: jimmy williams

Preisentwicklung der Immobilien:

> »Wir haben einen Verkaufspreis festgesetzt, der zunächst etwa halb so hoch lag wie vergleichbare Objekte in anderen Gegenden: 275.000 bis 300.000 Dollar für Ein-Familien-Häuser. Innerhalb von zwölf Monaten wurden sie für 550.000 bis 600.000 Dollar verkauft.«[363]

Hat die Dame nicht übertrieben, handelt es sich um eine Preissteigerung von exakt 100 Prozent in den ersten zwölf Monaten – Gentrifikation im Zeitraffer. Entsprechend gelobt wird MCL vom Immobilien-Fachblatt „Builder Online“:

> »Eine anrüchige Gegend wandelt sich von einem Ort der Verzweiflung zu einer gefragten Adresse – dank der Stadt und dreier Bauunternehmern, die für Cabrini ein Risiko eingegangen sind, als niemand anderes dies gewagt hat.«

Managerin Tobin revanchiert sich artig:

> »Ich habe mich in das Old Town Square-Projekt verliebt. Es war die Verbindung mit Gemeinde, das Bewusstsein, dass man nicht bloß Häuser verkauft hat, sondern dass es meine Aufgabe war, die ganze Gemeinschaft einzubeziehen.«[364]

Renaissance North

Die Renaissance North-Anlage umfasst 59 Einheiten, davon 18 Public Housing-Wohnungen. Die ersten Mieter der „Renaissance Companies“ zogen im Jahr 2003 in die mit „Traditional Elegance In Old Town" beworbenen Appartements ein. Und griffen tief in die Tasche: Für eine Zwei-Zimmer-Wohnung waren im Dezember 2007 zwischen 923 und 2.292 Dollar Monatsmiete fällig.[365]

Orchard Park Townhomes

Die 54 Wohnungen der Orchard Park Townhomes wurden in einem Zeitraum von fünf Jahren von der „Chicago Dwellings Association“ gebaut. Dabei handelt es sich um eine „Non-Profit-Organisation“, deren äußerst rührige Managerin Christine M. J. Oliver tragende Rollen an der Schnittstelle zwischen Immobilienwirtschaft und städtebaulichen Think-Tanks und Lobbyorganisationen einnimmt. So ist sie gleichzeitig Mitglied des „Board of Governors“ der „National Housing Coalition“[366] (NHC) sowie eines von drei Vorstandsmitgliedern des der NHC angegliederten „Center for Housing Policy“.[367] Zudem tritt sie als Expertin bei Kongressen des

„Urban Land Institutes"[368, 369] auf. In allen drei Fällen handelt es sich um Organisationen, die es sich offiziell zur Aufgabe gemacht haben, politisch und wissenschaftlich für das „Recht auf eine Wohnung"[370] einzutreten. In diesem Rahmen werden jedoch stets Rezepte für sozialen Wohnungsbau und Stadtentwicklung propagiert, die eine Auslagerung des sozialen Wohnungsbaus und –betriebs in die private Immobilienwirtschaft empfehlen. 13 Wohnungen wurden von der CHA für Public Housing-Mieter gekauft. Alle anderen Einheiten sind innerhalb kurzer Zeit auf dem freien Markt verkauft worden. Enorme Wertsteigerungen auch hier: Im November 2004 erschien ein Interview mit der Projektmanagerin Carey Overstreet:[371]

> »Am Anfang haben wir 175.000 Dollar für ein 2-Zimmer- und 225.000 Dollar für ein drei Zimmer-Appartement verlangt. Aber die Preise sind hinauf geschnellt. Für die ersten Käufer hat sich der Wert ihrer Immobilie innerhalb von drei bis vier Jahren gegenüber dem Kaufpreis verdoppelt. Die letzte Wohnung, die ich verkauft habe, hatte drei Zimmer und hat 420.000 Dollar gekostet.«

Wie gesagt: Chicago Dwellings ist als „Non-Profit" Unternehmen registriert.

Tabelle 8: Mieterstruktur neue Anlagen Cabrini Green, Chicago

Anlage	Gesamt	Market Rate	Affordable Housing	Public Housing
Cabrini Extension North, (On-Site, in Planung)	718	359	144	215
Bereits fertig				
North Town Village (Off-Site)	261	204*	23	34
Old Town Square (Off-Site)	113		97	16
Renaissance North (Off-Site)	59		41	18
Orchard Park Townhomes (Off-Site)	54		41	13
Total geplant (fertiggestellt)	1.205 (487)		909 (406)	296 (81)
Zum Vergleich: Stand 1995	3.500		0	3.500

Quellen: Chicago Housing Authority, Holsten Real Estate Development Corporation, MCL Companies, The Renaissance Companies, CCIM Institute

IX. Die pastellfarbene Zukunft des Sozialbaus

Keines der Konzepte, die die Entwicklungsgesellschaften in New Orleans vorgelegt haben, ist also neu. Katrina mag Katalysator für die Umwandlung der Sozialbauquartiere sein, dessen Auslöser war der Sturm mit Sicherheit nicht. Die HANO verweist – zu Recht – darauf, dass schon in den Jahren vor dem Sturm mit dem Abriss der Sozialbauquartiere begonnen wurde:

> »Seit 2002 haben HUD und HANO Sanierungsmaßnahmen an der Hälfte der Public Housing Projects der Stadt in Angriff genommen (...). Schon vor Katrina haben HUD und HANO Pläne für die Sanierung von BW Cooper, C. J. Peete, Tremé/Lafitte und den St. Bernard Komplex entwickelt.«[372]

Und schon in den 1990er Jahren wurde aus dem früheren „St. Thomas" Public Housing Project in New Orleans die „River Garden"-Wohnanlage. Ob die Sanierung der „Big Four" ähnlich verlaufen wird, ist offen. Bedenklich stimmt aber, dass die heute Verantwortlichen trotz aller Ungereimtheiten die Sanierung letztlich positiv sehen. Stacey Head:

> »Im Fall von St. Thomas ist nicht alles optimal gelaufen und wir haben Fehler gemacht. Aber am Ende ist das Projekt dennoch ein Erfolg. Der Lebensstandard den HRI hier den Bewohner bietet, ist überhaupt nicht mit den Wohnungen im Public Housing zu vergleichen.«[373]

Es verwundert kaum, dass HANO-Direktor Donald Babers dass ähnlich sieht:

> »Es gab im Fall von St. Thomas sicher einige Dinge, die nicht optimal gelaufen sind, aber wenn sie sich das Quartier heute ansehen und damit vergleichen, wie es vorher ausgesehen hat, dann müssen sie zugeben: Es sieht nun sehr gut aus.«[374]

Arm und Reich in „River Garden"

Den ersten Schritt in Richtung „Mixed Income" unternahm man in New Orleans Mitte der 1990er-Jahre. Damals stand am Ufer des Mississippi, keine drei Kilometer südlich des „French Quarter" das St. Thomas Public Housing Project. Es sah genauso aus wie die „Big Four": Backsteinbauten, Grünflächen, Campusarchitektur. Erbaut von 1941 bis 1955 bot es 1.510 Haushalten Wohnraum. Ermutigt durch einige Baptistenmönche hatten die Bewohner in den 1970er Jahren begonnen, politische Organisierung mit der Selbstverwaltung ihres Quartiers zu verbinden. Die 1.500 Mieteinheiten waren die soziale Basis von Schwarzenorganisationen wie den „Black Men United for Change" oder den „St. Thomas Peacekeepers".[375]

In den späten 1990er Jahren war St. Thomas ein Ort der Gegensätze. Das Quartier liegt in unmittelbarer Nähe zum Missisippi, nah der noblen St. Charles Avenue und zwischen dem Central Business District und dem reichen Garden District.

Auf das Sozialquartier hatte die reiche Nachbarschaft keine Auswirkungen. Eine Bewohnerstatistik[376] belegt: Fast alle der 806 Familien verfügten mit weniger als 30 Prozent des lokalen Einkommensmedians über „Extremely Low Income". Das durchschnittliche Haushaltseinkommen betrug weniger als 5.000 Dollar im Jahr. Inflationsbereinigt war es seit 1980 stetig gesunken. Ganze 61 der Bewohner verfügten über eine Vollzeitstelle. 93 Prozent aller Haushalte, deren Haushaltsvorstand im arbeitsfähigen Alter war, verfügten über überhaupt keine Einnahmen. 62 Prozent der Haushalte standen allein erziehenden Mütter vor. Die Hälfte der Bewohner von St. Thomas war unter 18 Jahren alt. Sie lebten dort beengt: Die Besiedlungsdichte lag um mehr als 400 Prozent höher als in den umgebenden Quartieren.

Gefährlich war es zu allem Überfluss auch. Und zwar richtig: Die Rate der Gewaltverbrechen lag sogar um 722 Prozent über der Durchschnittsrate von New Orleans – und die war bereits die höchste im ganzen Land. 80 Prozent der Wohneinheiten galten als verfallen, in 95 Prozent der Einheiten löste sich giftige bleihaltige Farbe von den Wänden. Die Hälfte der Wohnungen stand leer. 99,6 Prozent der Bewohner von St. Thomas waren Afroamerikaner.[377]

Die Versprechen

Vor diesem Hintergrund kamen der Mieterausschuss („Residents Board"), das City Council und die HANO überein, bei der HUD einen Antrag auf Mittel aus dem HOPE VI-Sanierungsprogramm zu stellen. Auf diese Weise sollte das verfallene Project als „Mixed Income Community" neu entstehen – unter Verlust vieler der Public Housing Wohneinheiten. Die Bewohner, so der Plan, sollten zu einem gewissen Teil dort wohnen bleiben können. Dem Mieterausschuss war zu jener Zeit klar, dass die Grundstücke in und um St. Thomas wegen ihrer exzellenten Lage von potentiell ausgesprochen hohem Wert waren. Das Risiko, Opfer von für sie unkontrollierbaren Immobilienspekulationen zu werden und letztlich das Quartier zu verlieren, lag auf der Hand. Doch weil das „Residents Board" zu jener Zeit politisch nicht ohne einen gewissen Einfluss und Rückhalt in der Stadt war, entschloss es sich dennoch, die Sanierung zu unterstützen.

1996 bewilligte die HUD 25 Millionen Dollar für die Subventionierung einer „Mixed Income"-Community auf dem St. Thomas Gelände. In Zusammenarbeit mit dem „Residents Board" wurden die Zielvorgaben formuliert. Mit dem Geld sollte eine „funktionierende, ausbalancierte Arbeitersiedlung"[378] entwickelt werden. Und die sollte folgendermaßen aussehen:

- 51-prozentige Eigentümerschaft „des St. Thomas Residents Council", die Anlage sollte also den Mietern gehören
- Mieterselbstverwaltung durch eine zu gründende „Residents Management Corporation", nach dem Vorbild von BW Cooper (⇨ Kapitel III).
- Auswahl der Bewohner durch die Mieterselbstverwaltung
- Ansiedlung kleiner, von Bewohnern betriebener Geschäfte.

Die Bewohnerschaft sollte folgendermaßen strukturiert sein: Die Hälfte der insgesamt fast 600 neuen Einheiten sollten an Sozialmieter gehen, 30 Prozent als „Affordable Housing" und 20 Prozent zu Marktpreisen vermietet werden. Das hätte zur Folge gehabt, dass weit über die Hälfte der einst 806 Public Housing-Familien das Quartier hätten verlassen müssen. Doch die Aussichten klangen derart verlockend, dass die Bewohner den Plänen zustimmten. Die Familien, die keinen Platz mehr in dem neuen Quartier gehabt hätten, sollten mit Section 8-Vouchers abgefunden werden.

Die „Historic Restoration Inc." (HRI), eine Immobilienfirma aus New Orleans wurde sich mit der HANO einig. Sie bekam den Auftrag für die Sanierung. Der Name für das neue Quartier: „River Garden". Bis zum Jahr 2000 mussten für den Umbau sämtliche Familien das Project verlassen. Nach Angaben des Soziologen Jay Arena von der Tulane University in New Orleans hat man dabei ausgiebig Gebrauch von der so genannten „One Strike"-Regelung (⇨ Kapitel VI) gemacht, die Bewohner entfernt, wenn sie sich eine Ordnungswidrigkeit oder ähnliches haben zu Schulden kommen lassen. Ein solcher Rauswurf ging im Übrigen mit dem Verlust des Anspruches auf ein Section 8-Voucher einher. Die, die danach noch übrig waren, seien meist in anderen Public Housing Projects untergebracht worden. Dies habe zu Konflikten mit den Bewohner dieser Projects geführt, weil deshalb Freunde und Verwandte der Stammbewohnerschaft, die seit längerem auf der Warteliste für eine der Wohnungen standen, nicht zum Zuge kamen.

Die Umsetzung

Vier Jahre später war die erste Phase der Sanierung abgeschlossen, knapp 300 Wohnungen wurden errichtet. In rund 100 hiervon sind Familien gezogen, die vor der Sanierung in St. Thomas gelebt haben.[379] Am Ende der Bauarbeiten, 10 Jahre nach Beginn der Sanierung, soll es 503 Public Housing Einheiten geben – ein Drittel des Wohnraums von St. Thomas vor dem Abriss.[380, 381]

Tabelle 9: Entwicklung Wohneinheiten St. Thomas/River Garden 1996 bis 2010

	Market Rate	Public-Housing	Gesamt	Prozent von Public Housing vor Sanierung
Vor Sanierung	0	1.510	1.510	100
Offizieller HUD/HANO Plan 1996	117	368	485	24,4
Aktuell	**174**	**122**	**296**	**8**
		Nach der letzten Ausbaustufe (~ 2010)		
On-Site	360	246	606	16,3
Off-Site	0	257	257	17
Gesamt	**360**	**503**	**863**	**33,3**

Quellen: Bagert, HRI

Brod Bagert, Wirtschaftswissenschaftler der London School of Economics, hat ausgerechnet, dass HRI für „River Garden" insgesamt 100 Millionen Dollar an öffentlichen Mitteln über Subventionen, Tax Credits und Grundstücksgewinne eingestrichen hat.[382]

Tabelle 10: Öffentliche Subventionen für das „River Garden" Projekt in Mio. US-Dollar

HOPE VI Zuschuss	**25,0 Mio Dollar**
HUD HOPE VI Abrisskostenzuschuss	**4,0 Mio Dollar**
HUD Section 202 Elderly housing für 67 Altenwohneinheiten	**4,7 Mio Dollar**
HANO Comprehensive Grant Program (CGP)	**6,2 Mio Dollar**
City of New Orleans Infrastrukturbeihilfe	**6,0 Mio Dollar**
State of Louisiana Zuschuss	**8,0 Mio Dollar**

City of New Orleans „Home Funds" Zuschuss	0,4 Mio Dollar
City of New Orleans „Tax Increment Financing"[333] Zuschuss	20,0 Mio Dollar
Zuschüsse aus dem PILOT-Fonds für die Gewerbeansiedlung	1,8 Mio Dollar
„Land for Residential Component"-Zuschuss	7,0 Mio Dollar
Verkaufserlös Gewerbegrundstück („HANO/HRI/Wal-Mart land flip")	2,2 Mio Dollar
2. Verkaufserlös Gewerbegrundstück Wal-Mart	1,8 Mio Dollar
Steuernachlässe „tax-exempt bonds"	2,7 Mio Dollar
Low Income Housing Tax Credits	11,0 Mio Dollar
Gesamt	**100,8 Mio Dollar**

Quelle: Bagert

Bagerts Aufstellung zufolge hätte die öffentliche Hand jede der am Ende – möglicherweise – entstandenen 503 Sozialwohnungen mit knapp 200.000 Dollar subventioniert. Im US-Landesdurchschnitt werden Sozialwohnungen mit lediglich rund 118.000 Dollar bezuschusst.[385] Mit den errichteten Wohnungen kassierte HRI ordentlich weiter. Anfang 2008 kostete ein Ein-Zimmer-Appartement in River Garden ab 875 Dollar monatlich. Für drei Zimmer waren bis zu 1.450 Dollar zu zahlen.[386] Nach Angaben des HRI-Managements zahlen die Public Housing Mieter durchschnittlich 200 Dollar im Monat, die Marktpreismieter durchschnittlich 1.000 Dollar.

„River Garden ist nichts weiter als eine gigantische öffentliche Subvention für ein privates, hochrentables Bauprojekt" befindet Bagert.[387] Es handele sich um eine „riesige Fehlinvestition öffentlicher Mittel" und um einen „Betrug" an den Bedürftigen, denen die Wohnhilfemittel hätten zugute kommen sollen. Laut den aktuellen Planungen wird HRI am Ende doppelt so viele Marktpreiswohnungen gebaut haben wie ursprünglich vereinbart – aber nur ein Drittel mehr Sozialwohnungen, auf dem Gelände selbst sogar ein Drittel weniger. Diese sich bereits zum Zeitpunkt von Bagerts Untersuchung abzeichnende Entwicklung habe HRI mit dem Verweis auf steigende Baukosten und mit allerlei Abrechnungstricks gerechtfertigt – und die öffentliche Hand habe es sich bieten lassen. Statt des ursprünglich vorgesehen Verhältnisses von 3,1 Sozialmieter auf einen Marktpreismieter werden nun auf dem Gelände 1,5 Marktpreismieter auf einen Sozialmieter kommen.

Statt der „bewohnerbetriebenen Kleingeschäfte" hat HRI einen Wal-Mart auf dem St. Thomas Gelände angesiedelt. Der Weiterverkauf des günstig von der Stadt erworbenen Grundstücks über die „New Urban Developments" brachte einen Erlös von fast 2,2 Millionen Dollar.[388] Auch von einer Mieterselbstverwaltung ist keine Rede mehr. Künftig will HRI ein „Beraterkommittee" aufbauen, das zu 50 Prozent aus Marktpreismietern und zu 50 Prozent aus Sozialmietern besteht – und eine das Management „beratende" Funktion haben wird.[389] Die umliegenden Straßenzüge erfuhren durch die Quartierssanierung die vorhersehbare Wertsteigerung. Jay Arena, Soziologe der Tulane University in New Orleans hat herausgefunden, dass eine Investorengruppe um den mit HRI verbandelten Immobilienunternehmer Joseph C. Canizaro in der Zeit von 1991 bis 2000 durch den An- und Verkauf von Grundstücken in der Umgebung des St. Thomas Projects mit einer Investitionssumme von 11 Millionen Dollar einen Gewinn von 70 Millionen Dollar erzielt hat.[390]

„Aus unserer Sicht besteht überhaupt kein Zweifel daran, dass es ein großer Erfolg war"

Wer heute „River Garden" besucht, dem bietet sich der Anblick einer sterilen Mustersiedlung. Die Anlage besteht aus pastellfarbenen Doppelhäusern aus Holz. Überflutet wurde hier nichts, der Stadtteil liegt leicht über dem Meeresspiegel.

▷ 56: **river garden** | f: "we could be famous"

Jeder Vorgarten ist eindeutig als Privatgrundstück abgezirkelt. Durchzogen wird das Quartier von vier Straßen. Nach Katrina hat man eine handvoll Mieter aus den anderen Projects hier einquartiert. Angestellte der Immobiliengesellschaft machen tägliche Runden durch das Quartier. Wessen Kinder ihre Spielzeuge vor dem Haus herumliegen lassen, wer laut fernsieht oder im Vorgarten grillt, mit dem wird geredet. Hilft dies nicht, kommt schnell ein Brief vom Management. „Customer care" nennt das die Firma. Verhaltensweisen, die im Project niemanden stören, werden hier sanktioniert – die kulturellen Vorstellungen der vollzahlenden „White Collar"-Arbeiter diktieren, was erlaubt ist. Dauerhafte Renitenz leisten kann sich niemand. Wen die Immobiliengesellschaft aus seiner Sozialwohnung wirft, der muss wieder Jahre auf eine neue Sozialwohnung warten – Erfolgsaussichten ungewiss. Die Außenseiterrolle der Armen, die im homogenen Sozialblock etwas aus dem Blickfeld rückte, ist in St. Thomas allgegenwärtig. An der Zufahrtstraße zu „River Garden" hat die Entwicklungsgesellschaft ihr Büro in einem zweistöckigen Holzhaus. HRI hat einen Projektmanager und einen „Social Manager" mit der Verwaltung des Quartiers beauftragt. Denen sind die sozialtechnischen Implikationen ihres Quartiers mehr als bewusst. Das Unbehagen ihrer Sozialmieter sehen sie als eine Art Übergangsphase. Im Zuge einer inneren Umorientierung sollen sie sich an ihren neuen Nachbarn, die nicht auf Sozialleistungen angewiesen sind, ein Beispiel nehmen. Das folgende Gespräch mit dem Key Asset Mananger Trey Langus und dem afroamerikanischen „General Manager for Social Relations" Ronald G. Baptiste wurde am 4. Mai 2007 in den Räumen von HRI geführt:

»Würden Sie ‚River Garden' als Erfolg bezeichnen?

Trey Langus: Aus unserer Sicht besteht überhaupt kein Zweifel daran, dass es ein großer Erfolg war. Wir glauben, als Immobiliengesellschaft, dass wir eine sehr schöne Umgebung, architektonisch sehr schöne Gebäude und eine insgesamt sehr ausgewogene Mischung geschaffen haben. Aber der eigentliche Erfolg liegt in der Art und Weise, in der das Quartier gemanagt wird. Der große Fehler, den viele der kommunalen Sozialbaubehörden begehen, ist, dass sie ihre Bewohner schlecht verwalten und dass die Aufsichtsbehörden da nicht einschreiten.

Was machen Sie besser?

Trey Langus: Wir glauben aus persönlicher und professioneller Perspektive, dass der wahre Wert, den wir hier geschaffen haben, die Integration unserer Bewohner ist. Wenn man zurück geht und sich anschaut, welche Ziele vor dem Bau für River Garden formuliert worden sind, dann lauteten diese, ein „Mixed Income"-Quartier aufzubauen, um im Rahmen unserer Möglichkeiten die Konzentration von Armen und ‚Superarmen' zu verringern. Das haben wir hier. Wir haben hier Familien aus verschiedenen Teilen des wirtschaftlichen Spektrums und so kommen Individuen, vor allem Kinder, mit Menschen aus der Mittelklasse in Berührung. Mit Menschen, die qualifizierte Jobs („white collar jobs") haben. Insofern ist das hier sicherlich ein Erfolg. Auch die Infrastruktur ist sicherlich besser als diejenige, die die Menschen hatten, als sie noch im Public Housing konzentriert waren. Und schließlich ist der Grad an Aufmerksamkeit, den wir unseren Sozialmietern widmen können, viel größer als typischerweise im Public Housing, wo sich die Angestellten aus der Verwaltung natürlich um viel mehr Menschen kümmern müssen als wir hier.

Was vermutlich ein Mehr an Unterstützung für diese Familien bedeuten soll?

Trey Langus: Richtig.

Wissen Sie, was mit all den Familien geschehen ist, die früher in St. Thomas gewohnt haben und nicht zurück konnten?

Trey Langus: Nein, dass wissen wir nicht. Das war alles vor unserer Zeit, dass hat alles die Regierung abgewickelt. Als wir kamen, war das schon alles gelaufen. Wir hatten hier Familien, die zurück sollten und dafür unsere Unterstützung brauchten, darauf konzentrieren wir uns.

Was bringt „Mixed Income" den Sozialmietern?

Ronald Baptiste: Wissen Sie, es gibt hier Kinder, die brauchen jemanden, der ihnen auf die Schultern klopft, ihnen zeigt wie man Fahrrad fährt oder ein Fahrrad repariert, der sie fragt, wie es in der Schule war oder ihnen zum Geburtstag gratuliert. So was machen wir hier, wie versuchen ihnen ein gutes Vorbild zu sein und hoffen, dabei zusehen zu dürfen, wie sie in einer sicheren Umgebung aufwachsen. (...) Wir erkennen – genau wie die Regierung – als Bürger dieses Staates, dass den in Wohnungsfragen Bedürftigen weit mehr damit gedient ist, sie zu dekonzentrieren, als sie alle zusammenzusperren. Die kommunalen Wohnungsbehörden hatten viele Jahre Zeit, ihre Leistungsfähigkeit unter Beweis zu stellen, aber was sie getan haben, das hat aus vielen Gründen nicht funktioniert.

Was funktioniert denn?

Es ist mittlerweile gesellschaftlich anerkannt, dass man diesen Leuten die Gelegenheit geben muss, weiter zu kommen, statt sie nur in ihrer Umgebung zu verwalten. Solange man das tut, alimentiert man nur einen ewigen Kreislauf, das zeigt die Erfahrung all dieser Jahre. In anderen Städten der USA gibt es bereits viele Erfahrungen mit „Mixed Income“, aus denen wir schöpfen konnten. Als wir hier angefangen haben, waren wir sozusagen ‚New Kids on the Block'. Wir lernen noch.

Die Zeche für Ihre fürsorgliche Förderung zahlt die Mehrheit der einkommensschwachen Familien, für die wegen Projekte wie dem Ihren keine Wohnungen da sind.

Ronald Baptiste: Letztlich ist das hier auf jeden Fall eine viel bessere Umgebung für unsere Bewohner, im Gegensatz zu früher, als hier noch 700 Familien gewohnt haben. Es gibt mehr Weiterbildungs- und Verdienstmöglichkeiten, es ist besser und sicherer für die Kinder, sie werden hier mit ganz anderen Biographien, mit ganz anderen Berufsgruppen konfrontiert. Was uns von einer staatlichen Behörde unterscheidet, ist, dass unsere Investoren uns verpflichten, hier einen gewissen Dienstleistungsstandard zu garantieren. Und das bedeutet auch, unsere Schulden zu bedienen und Gewinn zu generieren. Tun wir das nicht, existieren wir nicht. Das ist die Triebfeder unserer Motivation, dafür zu sorgen, dass wir ein Produkt anbieten, dass marktfähig ist. Ist es das nicht, dann sind wir nicht attraktiv für Mieter die die vollen Marktmieten bei uns zahlen. Kommen diese nicht, dann haben wir versagt. Und wir haben dann nicht nur versagt, was unseren Schuldendienst betrifft. Wir haben auch in dem versagt, was unser wichtigstes Ziel für diese Gemeinschaft war: nämlich eine funktionierende „Mixed Income“-Gemeinschaft zu betreiben. Versagen wir darin, dann haben wir nicht mehr geleistet, als das, was es vorher schon gab, neu zu schaffen – nur in schöneren Gebäuden.

Viele Soziologen sagen, dass die Senkung der Konzentration von Armen auch die Kriminalitätsrate senke. Die Bewohner der Projects entgegnen dem, dass nur eine Bekämpfung der Armut die Kriminalität senke. Was glauben Sie?

Ronald Baptiste: Ich bin kein Soziologe. Aber ich verstehe ihre Frage. Das hat natürlich mit der inneren Haltung der Bewohner einer „Mixed Income“-Community zu tun. Was denken die von ihrer neuen Gemeinschaft?

Und, was denken die?

Trey Langus: Sie wollen mir hier also erzählen, dass in einer dekonzentrierten Gemeinschaft, in der nur noch wenige Unterschichtler unter vielen Mittelschichtlern leben und von ihnen lernen können, die Armen auf ewig dort bleiben, wo sie sind? Dass sie auf ewig in ihren Kreislauf von Kriminalität gefangen bleiben? Ich will das hier nur verstehen, was hier ihr Argument sein soll. Sie sagen also, dass sie nicht sozial aufsteigen werden?

Nein. Der Einwand sagt, dass das passieren kann, dass es aber ebenso gut in einem reinen Armenviertel passieren kann.

Trey Langus: Zeigen Sie mir, wo das passiert sein soll.

Ich kann Ihnen keine konkreten Beispiele nennen, weil ich keine solchen Untersuchungen gemacht habe. Ich zitiere hier nur eine Position.

Trey Langus: Ich habe schon verstanden, dass sie hier nur zitieren. Aber dann will ich auch wissen, wovon Sie hier eigentlich genau reden. Wir sind hier nicht erst seit zwei Jahren. Wir managen dass hier seit 1999 und wenn es eine Sache gibt, die wir hier immer und immer wieder gehört haben, die einfach jeder anerkennt: Dieses System hat versagt. Public Housing war ein Fehler des Systems. Wenn dann Leute kommen und sagen, nein, das war kein Fehler im System, dann brauchen wir Nachhilfeunterricht. Wenn wir verstehen sollen, wie jemand sagen kann: „Das war gut", dann muss man sich Mühe geben, uns dass zu erklären. Das verstehen wir nämlich nicht.

Jemanden in eine besseres Viertel zu verpflanzen bedeutet nicht, dass sich seine Qualifikation verbessert.

Ronald Baptiste: Ich habe ihr Argument schon öfter gehört. Ich weiß, dass es unter den Bewohner der Projects Leute gibt, die anders über das Konzept der Dekonzentration denken, als es die Soziologen oder der gebildete Teil unserer Welt tun. Das liegt daran, dass sie selber in den Projects wohnen. Ich glaube, aus meiner mehrjährigen Erfahrung sagen zu können, dass der entscheidende Faktor, der die Dinge ändert, die Zeit ist. Ich glaube, die Zeit ist hier sehr wichtig. Der unmittelbare Prozess der Dekonzentration der Familien findet in einem nur sehr kurzen Zeitfenster statt. Es gibt hier einige wenige kulturelle, soziale Verhaltensweisen von einigen wenigen Familien – einer Minderheit – die diese noch nicht abgelegt haben und die diese noch eine Weile beibehalten werden. Und was wir hier beobachten, ist, dass andere Familien, die auch vorher in den Projects gewohnt haben, langsam die Nase voll von den noch nicht abgelegten schlechten Verhaltensweisen ihrer alten und neuen Nachbarn haben.

(Trey Langus geht wegen eines schon vorher fest stehenden Termins, alle weiteren Antworten stammen von Ronald Baptiste)

Weshalb Sie diese Familien umerziehen müssen?

Richtig. Und vielleicht hatten die anderen Familien auch schon viel früher die Nase voll von den schlechten sozialen Verhaltensweisen ihrer Nachbarn, schon damals in den Projects. Doch die Voraussetzungen waren gegen sie und haben ihnen einen Wechsel in ihrem Leben unmöglich gemacht. Denn die anderen waren damals in den Projects in der Mehrheit, und haben womöglich Druck auf sie ausgeübt, nichts gegen deren schlechte soziale Verhaltensweisen zu unternehmen. Indem wir den Anteil dieser Gruppe, die schlechte soziale Verhaltensweisen praktiziert, senken, beginnt deren Einfluss zu schwinden. Die Möglichkeit, sozialen Druck auszuüben geht von ihnen auf die anderen Familien über, die keine schlechten sozialen Verhaltensweisen praktizieren.

Und das ist Ihr Verdienst?

So etwas könnte theoretisch auch in den Projects passieren, deswegen will ich ihren Einwand nicht abtun, aber wie lange würde so etwas dort dauern? Wir haben hier gesehen, was die Zeit bei uns bedeutet. Manche Leute sagen: Public Housing Bewohner sind schlecht oder die Mehrheit praktiziert schlechte soziale Verhaltensweisen. Ich bin kein Experte, aber von meiner Erfahrung hier kann ich ihnen sagen: das ist nicht wahr. Die Mehrheit dieser Familien im Public Housing, das sind Familien, die ein gutes Leben führen wollen.

Was soll das sein, ein ‚gutes Leben'?

Eine sichere Umgebung für ihre Kinder. Sie wollen nicht von Sozialleistungen abhängig sein und sie wollen etwas Besseres für ihre Kinder, als sie selber haben. Unsere Gemeinschaft gibt ihnen die Möglichkeit, sich mehr wie die gesellschaftliche Norm als deren Ausnahme fühlen zu können. Und das ist wahrscheinlich der beste Weg. Denn wenn sie in einer Umgebung leben würden, in denen eine andere Lebensweise die Norm darstellt – wie es im Public Housing der Fall war – dann ist da ständig dieser Anpassungsdruck. Es kostet dort viel mehr, etwas Besseres zu versuchen, weil man sich damit außerhalb der Gemeinschaft stellt.

Die evakuierten Public Housing Bewohner befürchten in „Mixed Income" ständiger, subtiler Überwachung als Vertreter einer Minderheit unter dem Generalverdacht des abweichenden Verhaltens unterworfen zu sein.

Ich kann absolut verstehen, was Sie da sagen, welche Befürchtungen die Herrschaften haben. Aber aus meiner langjährigen Erfahrung kann ich ihnen sagen: Das ist die Ausnahme, nicht die Regel. Lassen Sie uns einmal den ganzen Prozess betrachten, der hier abgelaufen ist: Da haben Leute über Generationen in einer Umgebung, in St. Thomas, gelebt. Dann wird das aufgelöst und sie müssen vorübergehend in eine provisorische Umgebung, St. Bernard, ziehen. Und schließlich kriegen sie die Möglichkeit nach River Garden zurückzukommen. Das für sich genommen gibt schon vielen Leuten das Gefühl, irgendwie abgeschnitten zu sein.

Keine guten Voraussetzungen für einen Neuanfang...

Ja, die ganzen Bewohner waren, als sie hierher zurückkamen, schon emotional vorbelastet. Genauso wie die Katrina-Evakuierten. Man fühlt sich hin und her geschoben. Warum auch immer. Es mag ein guter Ort sein, an dem man ist, aber es ist nicht dein Ort, nicht deine Gemeinschaft. In eine neue Umgebung zu kommen, die nicht die eigene ist, das bringt seine Schwierigkeiten mit sich.

Was glauben Sie, welche das sind?

Ich kann die 122 Familien, die hierher zurückgekommen sind, wirklich verstehen. Früher war das hier eine viel größere Community von Familien, die sich vom Wesen her ähnlich waren: wirtschaftlich, kulturell. Statt aber dahin zurückzukommen, finden sie sich in einer Umgebung wieder, in der sie die Minderheit sind. Das ist unangenehm. Und das ist der Punkt an dem wir die Experten brauchen, die den Familien professionelle Hilfestellung geben, um den Übergang von dem, was früher war, zu dem, was jetzt ist, zu bewältigen. Die verschiedenen Gruppen und Menschen, die wir hier nun haben, müssen zusammen gebracht werden. Das ist schwierig. Und es besteht kein Zweifel, dass es auch für die Bewohner schwierig ist. Aber was ich Ihnen sagen kann: Wir als Management geben unser Bestes, dass sich wirklich jeder unserer Bewohner als Teil der Gemeinschaft fühlt.

Wie denn zum Beispiel?

Es gibt ein „Beraterkommittee" aus Vertretern der Bewohner, das bauen wir langsam auf. Darin werden 50 Prozent der Mitglieder Markpreismieter und 50 Prozent Public Housing Mieter sein. Uns ist sehr wohl bewusst, dass es in der Regel keine Interaktionen zwischen diesen beiden Bewohnergruppen gibt. Und das führt dann dazu, dass Leute sich so fühlen, wie sie Ihnen berichtet haben: Isoliert, kein Teil der Community. Ein Stück weit liegt das daran, dass Markpreismieter einfach anders sind als Public Housing Mieter.

Inwiefern?

Ihr ganzes Weltbild, ihre Wahrnehmung, warum sie hier sind, ist anders. Wir brauchen uns da gar nichts vorzumachen: Für die meisten Markpreismieter sind die Wohnungen bei uns nur ein vorübergehender Ort zum Leben. Nach ihrer Arbeit kommen sie dorthin, ruhen sich aus, essen, schlafen. Ihr soziales Leben hat nichts mit der Wohnung zu tun, ihre Freizeit verbringen sie woanders. Irgendwann, wenn sie einen anderen Job haben, ziehen sie wieder aus. Für die Public Housing Mieter hingegen ist das hier die Heimat, die Umwelt für ihre Kinder, ihre Community. Sie arbeiten nicht weit von hier, ihre Verwandten wohnen hier, entweder gleich nebenan oder drei Blocks weiter. In ihrer Straße wohnen Leute, die sie seit vielen Jahren kennen, sie haben soziale Kontakte zu den Nachbarn und verbringen ihre Freizeit hier. Das ist ihre Nachbarschaft.

Sie sprechen von früher, von der Zeit, als das hier noch St. Thomas war?

Ja. Aber auch jetzt noch, es gibt das noch, man kann es sehen, es ist Realität. Ich fahre hier ja die ganze Zeit durch die Anlage, hupe, um die Leute zu grüßen, es erinnert mich an die Nachbarschaft, in der ich aufgewachsen bin. Wir kennen die Leute und sprechen sie beim Vornamen an, sie sprechen uns beim Vornamen an, ich steige aus dem Auto aus, wir unterhalten uns. Ich sage es Ihnen ganz direkt: In den Gebäuden, die wir zu Marktpreisen vermietet haben, ist das anders.

Wie sehen die Marktpreismieter ihre Rolle hier?

Die Leute sehen dass nur als vier Wände, nicht als Heimat, nicht als Nachbarschaft, nicht als Gemeinschaft. Ich mache meine Geschäfte woanders, ich verbringe meine Freizeit woanders. Das sind zwei ganz andere Geisteshaltungen. Und das, was wir versuchen, ist diese verschiedenen Menschen in diesem Komitee zusammen zu bringen. Diese verhältnismäßig kleine Gruppe soll uns, das Management, beraten. Die Mitglieder des Komitees sollen Aufgaben und Verantwortlichkeiten übernehmen. Und so soll eine Gemeinschaft von Nachbarn wachsen. Unter den Marktpreismietern gibt es einige, die langfristig in River Garden wohnen bleiben wollen. Das sind allerdings weniger, als wir Public Housing Bewohner haben. Mit diesem Komitee, es muss ja nicht bei dem einen bleiben, wollen wir den Menschen helfen, sich kennen zu lernen, und so eine echte Nachbarschaft zu werden.

Sie wollen also sagen, dass sich die Marktpreismieter bei ihren Unterschichtsnachbarn abgucken sollen, wie man nachbarschaftliche Beziehungen pflegt?

Das Networking unter den Public Housing Mietern ist viel, viel stärker ausgeprägt als unter den Marktpreismietern. Deswegen werden sie, die Public Housing Mieter, die treibende Kraft in diesem Komitee sein. Denn sie werden mit ihren Nachbarn reden, mit ihren Verwandten und mit den Leuten, mit denen sie aufgewachsen sind. Die Marktpreismieter werden das auf keinen Fall tun (lacht), losgehen und drei Blocks weiter mit Leuten reden, die zufällig dort ein Haus gemietet haben.

Weil sie nicht so gemeinschaftsorientiert sind?

Genau. Die Public Housing Mieter haben diesbezüglich ein viel stärker ausgeprägtes Bewusstsein, was es heißt, in einer Nachbarschaft zu leben, in der jeder jeden kennt und alle miteinander reden, man kennt die Kinder und die meisten Kinder gehen zusammen auf die selbe Schule. Hier sehe ich meinen Nachbarn und er interagiert nicht mehr mit mir, wie es üblich war, als dass hier noch eine andere Gemeinschaft war.

Liegt das am Schichtunterschied?

Einige der Bewohner hier haben kein Interesse, ihre Nachbarn kennen zu lernen. Das muss nichts damit zu tun haben, dass es sich dabei um Public Housing Bewohner handelt. In reinen Marktpreis-Wohnanlage kommt das natürlich auch vor, dass manche Mieter ihre Nachbarn einfach nicht kennen wollen. Das ist nicht ihr Ziel, nicht ihr Bedürfnis. Es gibt also in dieser neuen Community zwei Geisteshaltungen, zwei Arten des sozialen Lebens, die wir zusammen bringen müssen.

Und dafür brauchen Sie ‚Experten'?

Ja, genau. Ich selber bin kein Experte, obwohl ich in ‚Mixed Income'-Communities und auch in sehr gemischten Vierteln gelebt habe. Das ist Teil der Geschichte, die ich in mir trage, wenn ich hier die Kinder die Straße hinunter laufen sehe, wenn ich hier Familien sehe, die mich an meine eigenen Familien erinnern, oder Menschen, die mich an Menschen erinnern, mit denen ich aufgewachsen bin. Das versuche ich in meinen Umgang mit den Familien hier in River Garden einfließen zu lassen. Ich bin nur ein durchschnittlicher Mensch, ich lasse mich bei meinem Handeln von meinem Gefühl für das Richtige leiten. Deswegen brauchen wir Experten.

Verstehe ich es richtig, dass es zwei Schritte der Umerziehung der Public Housing Bewohner bedarf? In einem ersten Schritt sollen sie lernen, in einer ‚Mixed Income'-Umgebung zu leben, in einem zweiten sollen sie die Verhaltensweisen der Mittelklasse annehmen?

Ich stimme Ihnen zu.

Sie sagen, es sei richtig, die Köpfe der Menschen, die vorher in Public Housing gewohnt haben, neu zu erziehen. Wozu genau?

Eines der Dinge, auf die wir von Anfang an viel Wert gelegt haben, war es, den Familien zu helfen, in die neue Umgebung hinein zu kommen. Der Begriff Erziehung mag

▷ 57: **"ein gutes leben"** – seniorenfest der HANO in der "new fisher" modellsiedlung, april 2007

vielleicht etwas zu stark sein, aber wir reden hier definitiv von Unterstützung, von emotionaler, sozialer und wirtschaftlicher Unterstützung. Wir wollen ihnen helfen, in der neuen Umgebung Erfolg zu haben. Einer der Aspekte des ‚Mixed Income'-Konzeptes ist die Bereitstellung von Kundendienstleistungen. Früher haben das die Housing Authorities gemacht, heute tun wir das. Diese Kundendienstleistungen dürfen nicht reaktiv sein, sie müssen proaktiv sein. Vor Katrina hatten wir, HRI, durch Sondermittel unseres Firmeninhaber und andere Mittel, die uns zugänglich gemacht wurden, Programme, in denen Sozialarbeiter und Menschen mit technischen Qualifikationen von sich aus auf die Menschen zugegangen sind und mit ihnen gearbeitet haben. Sie haben den Menschen geholfen, die Fähigkeiten zu erwerben, die für den Übergang in ihr neues Leben nötig sind. Das ist mehr als nur eine psychologische Anpassung.

Was denn noch?

Es geht auch um grundlegende praktische Fähigkeiten. Ich gebe ihnen ein Beispiel. Wir haben eine Umgebung geschaffen, in der es Fußböden aus Hartholz, Laminat, in hellen Farben gestrichene Wände, neue Haushaltsgeräte, Waschmaschinen und Trockner in jeder Wohnung gibt. Wir haben hier Familien, die so etwas noch nie hatten. Diese Familien wussten gar nicht, wie man diese Geräte bedient. In den Projects gab es nur Gasherde, hier nur Elektroherde, viele Familien wussten gar nicht, wie man einen E-Herd bedient. Einige Familien mussten niemals routinemäßige Wartungsarbeiten bei einem Wäschetrockner ausführen. In einem Waschsalon haben sie immer nur die Münze eingeworfen, aber wenn sie nun, da sie einen eigenen haben, das Flusensieb nicht reinigen, dann gibt es ein Problem. Es ist wichtig zu wissen, dass ein E-Herd auch dann heiß sein kann, wenn man keine Flamme sieht. Mikrowellen, eine Dunstabzugshaube, Teppichböden, all das kannten viele nicht. Es ist also viel mehr an qualifizierter Hilfe, was diese Familien brauchen. Soziale, wirtschaftliche, technische und auch sozialpädagogische Hilfe bei der Elternschaft. Was wir hier machen, ist mehr als, Häuser zu bauen.«

X. Kolonialisierung der Köpfe

Communities. Alle lieben dieses Wort. Wenn Anarchisten in den USA gegen den Kapitalismus der Großkonzerne wettern, dann stellen sie diesen bevorzugt „Communities" als Basis für die von ihnen favorisierte Graswurzelwirtschaft entgegen. Wenn ein Vorstandsvorsitzender einer großen Fluggesellschaft die Ausschüttung von Gewinnbeteiligungen an seine Beschäftigten ankündigt, dann sagt er, er sei froh, der „Community von US Air" zu helfen. Wenn man die Strategen des Strukturwandels in New Orleans auf das Leid anspricht, dass sie über viele Menschen bringen, weil sie deren „Communities" zerstören, dann ändert sich ihr Tonfall. In der Sache bleiben sie unerbittlich, doch sie sprechen leiser, langsamer und ihre Stimme wird weich: Sie wollen zeigen, dass sie Verständnis haben. Die Gefühle, die man für die Community hegt, sind unantastbar, auf säkulare Art heilig. Sich offen über sie zu erheben, ist etwa so, als entehre man die amerikanische Flagge. Die Bedeutungsvielfalt des amerikanischen „Community" macht das Wort geradezu unübersetzbar. Es ist so beliebt, dass es geradezu inflationär verwendet wird. Für den Urbanist Davis ist das „Korruption von Sprache":

> »Man quatscht von der ‚Community der Projektentwickler' oder der ‚Community der Feuerwehrmänner', was weiß ich. Jeder will eine Community sein. In gewisser Hinsicht dürfte dies eine Art Euphemismus für die totale soziale Stratifikation[391] der amerikanischen Gesellschaft sein. Um das Wort ‚Klasse' zu vermeiden, sortiert man heute eben nach ‚Communities'. Und wenn man sie bekämpft, dann heißen sie ‚Special Interest Group'. Die Sprache ist von einer solchen Semantik infiziert. Das ist idiotisch. Es handelt sich um einen imaginären Fetisch.«

Doch für die Beschreibung dessen, was sich in den Public Housing Projects von New Orleans entwickelt hat, lässt sich der Begriff heranziehen, ohne ihm Gewalt anzutun. Die Projects waren eine soziale Nische mit einer homogen afroamerikanischen, überproportional jungen Bewohnerschaft. Ihre durch ethnische und ökonomische Diskriminierung ausgelöste gesellschaftliche Randständigkeit hat ein starkes Bedürfnis nach eigenen identitären Mustern hervorgerufen. Die Projects waren nicht nur in New Orleans, sondern in den ganzen USA Keimzellen einer besonderen afroamerikanischen Subkultur. Bedeutende Hip-Hop-Künstler sind in Projects aufgewachsen. Das moderne, afroamerikanische, populäre Kino erzählt häufig vom sozialen Milieu der Projects.

Als einer der wenigen Weißen in New Orleans hat der Baptistenmönch Don Everard in einem der Projects gelebt. Fast zwei Jahrzehnte war der Sozialarbeiter in St. Thomas, dem heutigen „River Garden“ (⇨ Kapitel 8). Der Geistliche hält die pädagogische Mission der Sozialbürokratie und ihrer Partner aus der Immobilienwirtschaft für „kulturellen Genozid“:[392] „Als Reagan entschieden hat, die Projects nieder zu reißen, hat er entschieden, die Kultur der armen Schwarzen zu eliminieren und ihre Köpfe mit seiner Idee vom weißen Leben zu kolonisieren,“ sagt Everard. Die unkontrolliert wuchernde afroamerikanische Parallelgesellschaft in den Projects, eine Tabuzone für jeden Fremden an der Schnittstelle von Kriminalität, Schattenwirtschaft und Prekarität hätten die Republikaner stets „als Bedrohung“ empfunden.

Unterstützt wird diese These von Davis, der dabei auch die Auswirkungen auf die kulturelle Identität der so stark vom Jazz geprägten Stadt im Blick hat:

> »Ich habe kein Problem mit dem Begriff. Eins ist sicher: Die lebendigste, dynamischste Kultur dieser Stadt wird mit den Public Housing Projects sterben. Ihr müsst Euch die Filme über Hip-Hop aus den New Orleans Projects ansehen. Unglaublich. Die Drogen und die Gewalt sind schrecklich, aber das ist nur der eine Teil davon. Die Kultur, die diese Stadt hervorgebracht hat, ist erstaunlich, aber jetzt wird sie zu einem Museum ihrer selbst. Horden von Touristen, die zu den Fußabdrücken von Louis Armstrong geschleppt werden. Es ist nicht weniger als eine moralische, politische und soziale Katastrophe. Es kann kein New Orleans ohne diese Menschen geben. Manche Leute glauben, was New Orleans ausmacht sei der Garden District (Oberschichtsviertel in New Orleans mit gut erhaltener Südstaaten-Architektur, AdV) oder die historischen Straßenbahnen – das ist irrsinnig, das ist eine ethnische Säuberung, auch wenn sie vor allem materiell motiviert ist.«

Die starke kulturelle Prägung fand ihren Niederschlag auch in der Bindung an die Quartiere. Der durchschnittliche Sozialmieter wohnte in New Orleans über 17 Jahre in seinem Appartement. In den USA, wo es für viele Arbeitnehmer normal ist, alle paar Jahre umzuziehen, waren die Projects daher geradezu ein Inbegriff von Bodenständigkeit. Oft siedelten sich die Kinder der Bewohner im selben Block, in derselben Straße an. In ein anderes Project zu gehen, kam meist nicht in Frage: Das Quartier wurde zur Heimat, zur ideellen Großfamilie. Die Project-Communities, durchsetzt von realen Verwandtschaftsbeziehungen und in langjähriger Nachbarschaft gewachsen, waren Schutzraum für die Afroamerikaner am Rande der Gesellschaft. Mochten sie auch auf der untersten Stufe des amerikanischen Sozialgefüges stehen – in der eigenen Welt des Sozialbauviertels ließ sich dies viel leichter ertragen. Informelle Netzwerke und Schattenwirtschaft boten die ökonomischen Perspektiven, die ihnen von der regulären Wirtschaft verweigert werden. Aus diesem Grund wird der HANO vorgeworfen, nicht nur Wohnraum zu zerstören, sondern ihren Sanierungsplänen einzigartige soziale Gefüge zu opfern. Davis:

»Die Public Housing Projects sind eigentlich genau so, wie amerikanische Nachbarschaften sein sollen: Die Leute bleiben da, wo sie sind. Das Ausmaß der emotionalen Verbundenheit der Bewohner mit den Projects ist durch den Kampf um ihr Rückkehrrecht offensichtlich geworden. Viele der Leute sind nicht dazu im Stande, auf sich allein gestellt in einer Marktwirtschaft zu überleben. Viele sind sehr tiefgründig mit den Traditionen ihrer Communities verbunden. Die meisten Amerikaner leben nicht in Communities. Das unterscheidet sie von den Bewohner von Public Housing. Die tun das. Die leben in einer traditionellen sozialen Gemeinschaft mit unmittelbaren persönlichen Beziehungen.

Inwiefern?

Das sind authentische, urbane Communities. Das heißt nicht, dass es im Zusammenhang mit der Drogenindustrie dort nicht zu entsetzlichen Gewaltausbrüchen käme. Trotzdem: Diese Projects stehen in einer direkten Traditionslinie mit den schwarzen Communities, die unter den Bedingungen und zur Zeit der Sklaverei entstanden sind. Entlang dieser historischen Linie haben die Schwarzen ihre Tradition bewahrt und eine einzigartige, lebendige Kultur in der Stadt geschaffen. Und nun werden sie zerstört.

Was hat denn diese Communities genau ausgemacht?

Die Bewohner waren ‚Working Poor', auch wenn die Öffentlichkeit sie immer als arbeitslos wahrgenommen hat. Die Sozialstrukturen in den Projects in New Orleans waren sehr stabil. Es gab ausgeprägte Netzwerke von Hilfs- und Tauschbeziehungen, viele Familien haben zusammen im selben Project gewohnt. Dort gab es sehr viel von dem, was heute gern als ‚soziales Kapital' bezeichnet wird. Und nun ist es verloren.«

Dies deckt sich mit der Sichtweise des Stadtplaners Gladstone:

»In den Projects gibt es vielfältige informelle Netzwerke, die den Mangel an materiellen Ressourcen kompensieren helfen. Die Menschen besorgen sich gegenseitig Jobs

> und helfen sich auf vielfältige Weise. Das führt auch zu einer Abhängigkeit von diesen informellen sozialen Netzwerken. Wenn man dann ein solches Project zerstört und die Menschen aus diesen Netzwerken reißt, ist das oft ein großes Problem für die Betroffenen.«

Der Initiativensprecher Endesha Juakali sieht das genauso:

> »Die Community, das sind nicht die Gebäude, das sind die Leute. Man kann auch zusammen im Wald leben oder in der Prärie und ein funktionierendes soziales Netzwerk haben. Wir mögen deswegen auch den Begriff ‚Project' nicht so gerne und reden eben von der St. Bernard Community. Und da gab es in der Tat sehr enge Beziehungen. (...) Viele wohnen jetzt in Städten, die sich einen Scheiß um sie kümmern. Sie sind noch immer arm, sie sind jetzt nur woanders arm. Sie haben aber nicht mehr die sozialen Netzwerke und ihre Familien um sich, die sie in St. Bernard hatten. Wenn sie jetzt fallen, fallen sie bis ganz nach unten.«

Die Bewohner der Projects äußern sich in ähnlicher Weise. Die ehemalige St. Bernard-Mieterin Sharin Jasper....

> »Das war das Gute am Public Housing. Immer dorthin zurück zu können, und sich sicher zu sein, dass einem dort geholfen wird, das ist es, was die Community in den Projects ausmacht – oder ausgemacht hat.«

...und die ebenfalls aus St. Bernard stammende Stefanie Mingo:

> »In St. Bernard ist meine Community und ich habe dort eine so lange Geschichte. Es bricht mir das Herz, dass ich nicht dorthin zurück kann. Ich habe keine Angst davor, ins Gefängnis zu müssen, wegen meinem Kampf um das Project, ich stehle nicht, ich töte nicht, ich verkaufe keine Drogen. Ich habe gute Kinder, sie gehen aufs College und ich habe sie in St. Bernard erzogen. Ich will dahin zurück.«

Dieser Wunsch widerspricht nach Ansicht der Behörden in fundamentaler Weise dem Konzept von sozialem Wohnungsbau als Hilfe zur Selbsthilfe in Form von Erwerbsarbeit. Früher sah man vor allem die Selbstverwaltungsinitiativen der Bewohner als Chance, die deklassierten Afroamerikaner zu fördern. Heute, sagt HANO-Direktor Babers, steht nur noch auf der Agenda, die Bewohner so schnell wie möglich wieder aus den Projects zu entfernen:

> »(...) Ein Leben im Public Housing ist kein Dauerzustand.

Das ist eine normative Wunschvorstellung. De facto leben die Familien über Jahrzehnte in den Wohnungen.

Das ist leider richtig. Traditionell haben wir viele Familien, die über Generationen in den Projects leben. Das wollen wir aufbrechen. Und ein Weg, das zu erreichen, ist es, sie so zu qualifizieren, dass sie vernünftige Jobs bekommen, angemessene Löhne verdienen und letztlich selber Hauseigentümer werden können – und bei uns ausziehen. Das ist unser langfristiges Ziel.

Viele der ehemaligen Bewohner sagen, dass die Übernahme der Nebenkosten durch den Staat nur einer der Gründe ist, weshalb sie gerne zurückwollen. Viel wichtiger ist ihnen aber, dass sich dort ausgeprägte soziale Netzwerke gebildet haben.

Das mag wahr sein. Aber ich sage es Ihnen noch einmal: Das Konzept von Public Housing war das einer vorübergehenden Hilfestellung, nicht das einer dauerhaften Lebensweise. Es wird immer Arme unter uns geben, aber diese Häuser sind nicht dazu gedacht, dort 30, 40 oder 50 Jahre zu bleiben. Und damit kommen wir wieder zu unserem Plan zurück. Wir werden versuchen, die Einstellung dieser Leute zu ändern. Sie müssen verstehen, dass sie wirklich einen Job brauchen. Uns ist sehr wohl bewusst, dass es Menschen gibt, die nichts zu essen haben, alt sind oder aufgrund von Behinderungen niemals arbeiten können. Diese Menschen können wir sicherlich unterbringen. Aber auf der anderen Seite, die Leute die sich dort einrichten, denen es gefällt, die sagen, ‚hier wohne ich gerne' – das war auf jeden Fall nicht die Absicht des Public Housing Programms.

Wollen Sie damit sagen, dass in den Projects niemals eine Gemeinschaft entstehen sollte?

Exakt. Das sollte eine vorübergehende Angelegenheit sein, in der die Leute wieder auf die Füße kommen und dann in etwas größeres und besseres umziehen. Bedauerlicherweise hat das so nicht funktioniert. Und deswegen haben wir jetzt nicht nur die Großmutter, sondern auch die Tochter und die Enkelin dort wohnen – alle in ihrer eigenen Wohnung. So war das nicht gedacht. Das kostet den Steuerzahler jedes Jahr Abermillionen von Dollar. Wir haben sicherlich eine moralische Verpflichtung, für Menschen mit niedrigem Einkommen eine Behausung sicherzustellen. Wir haben aber eine ebenso große Verpflichtung – und das kann ich gar nicht überbetonen – die Qualifizierung dieser Leute zu fördern, damit sie auch wieder von uns weg kommen. Sie sollen auf eigenen Füßen stehen.«

„Ein Tisch mit großen Gelegenheiten"

Die Claibourne Avenue Bridge im Zentrum von New Orleans erfüllt unterschiedliche Zwecke.

Den Beschäftigten des Central Business Districts ermöglicht sie die schnellere Fahrt aus den Vororten zu ihren Arbeitsplätzen. Den anderen, ein Stockwerk tiefer, dient sie als Schutz vor Regen. Die Obdachlosen, die unter der Brücke ihr Nachtlager aufgeschlagen haben und nun jede ihrer Nächte auf einer stickigen Insel im nie abreißenden Verkehr verbringen, sind nur zum Teil allein stehende Frauen und Männer mit Alkohol- oder Drogenproblemen, wie sie überall auf der Welt den harten Kern der Wohnungslosen stellen. Das Gros der Obdachlosen von New Orleans sind heute Menschen, die nach Monaten im Exil nach New Orleans zurückgekehrt sind und keine bezahlbare Bleibe mehr finden konnten – unter ihnen finden sich auch viele Familien.[393]

Ginge es nach den Plänen großer Investoren wie den New Orleanser Immobilienmogul Press Kabacoff[394] oder Joseph Canizaro, dann müssten die anderen, die neuen Obdachlosen nämlich, ihr Quartier bald räumen. Denn Kabacoff hatte vor, einen „Jazz Amusement Park“ in der Nähe der Innenstadt zu errichten. Die innenstadtnahen Public Housing Projects Iberville, BW Cooper und CJ Peete standen ihm dabei ebenso im Weg wie das Obdachlosencamp am Rande der Innenstadt. Canizaro hatte die von der Flut zerstörte Stadt als „Tisch“ bezeichnet, auf dem „uns ein paar sehr große Gelegenheiten erwarten“.

In den letzten Jahren wächst in den USA der Druck auch auf solche gewachsenen, innerstädtischen Minderheitenquartiere die lange Zeit als unsanierbar galten enorm. Überall im Land kündigen die Stadtverwaltungen an, die Hardcore-Ghettos aufwerten zu wollen. Es gibt eine riesige Nachfrage nach den Grundstücken, auf denen sich die Public Housing Projects befinden. Am deutlichsten ist dies im New Yorker Stadtteil Harlem zu beobachten, der innerhalb weniger Jahre vom verrufenen Scherbenviertel zu einem beliebten Wohnort der Mittelschicht aufstieg.

Doch im Süden gehen die Uhren anders. Die Umstrukturierung von New Orleans ist – bisher – nicht recht in Gang gekommen. „Sie können sich wahrscheinlich gar nicht vorstellen, wie sehr diese Stadt der Dritten Welt gleicht“, sagt die Wohnungsmarktexpertin Martha Burt über ihre Heimatstadt. Die Elite von New Orleans wäre wahrscheinlich auch unter günstigeren Ausgangsbedingungen nicht in der Lage gewesen, ein Projekt wie Kabacoffs „Jazz Amusement Park" zu bewältigen. Um das Projekt jedenfalls ist es schon vor Ausbruch des jüngsten Hypothekencrashs still geworden. Und ob sich die riesigen Spekulationsgewinne der Vergangenheit auch in der Umgebung der künftig sanierten „Big Four" wiederholen lassen, bleibt offen.

Doch obwohl man die Metropole am Mississippi bisher nicht zu einem „Las Vegas des Südens" gemacht hat, ist das Leben für die Armen der Stadt nach Katrina härter geworden. Womöglich sind deshalb viele von ihnen bis heute nicht zurückgekehrt. Im Frühjahr 2008 lag die Zahl der Haushalte in New Orleans zwar bei etwa 70 Prozent des Vor-Katrina-Niveaus. Doch die Zahl der Empfänger von „Medicaid" – der staatlichen Krankenversicherung für Bedürftige – war um 46 Prozent gesunken, die der Rentner mit Anspruch auf Sozialhilfe um 50 Prozent und die der staatlich alimentierten Arbeitsunfähigen und Behinderten gar um 59 Prozent. Die Anmeldungen an öffentlichen Schulen – in New Orleans ein verlässlicher Indikator für Schichtzugehörigkeit und Hautfarbe gleichermaßen – sank seit Katrina um mehr als die Hälfte. Und obwohl die Bevölkerung seit der Flut stark geschrumpft ist, leben doppelt soviel Menschen auf der Straße wie vor Katrina.

▷ 58: canal street, die hauptstraße der innenstadt von new orleans

Fast zweieinhalb Jahre nach dem Sturm waren in New Orlans 12.000 Menschen obdachlos. Das ist jeder 25. Bewohner der Stadt.[395, 396]

* * *

Die amerikanischen Holzhäuser sind nicht eben für ihre Langlebigkeit bekannt – und für ihren Energieverbrauch berüchtigt. Doch die Idee vom Eigenheim als sicherem Hafen in einer feindlichen Umwelt prägt die amerikanische Gesellschaft wie wenig anderes. Nirgendwo auf der Welt sind die Vorstädte endloser, nirgendwo sind die Städte zersiedelter, großflächiger und dezentraler als in den USA. Der Popularität der eigenen vier Wände steht dabei nur scheinbar im Widerspruch zur Mobilität der US-Amerikaner. Das traute Heim ist ein Symbol der Ruhe, der Zurückgezogenheit, der Privatheit und der Intimität im Kreise der Lieben und gleichzeitig ein Container, eine leblose, standardisierte Hülle, die schnell mit dem nötigsten angefüllt werden kann. Auf diese Weise stellt sich überall innerhalb kürzester Zeit eine Art Instant-Vertrautheit ein. Und daher nimmt es auch niemand krumm, dass die Haltbarkeit der Häuser begrenzt ist. Denn der Traum vom Eigenheim ist nicht an ein bestimmtes Objekt gebunden, sondern an eine Lebens-

form. Die kleinen Vorstadthäuser transportieren diese Ideologie vom Eigenheim.

Die Architektur der Public Housing Anlagen, die im New Deals der 1930er und 1940er Jahre errichtet wurden, stehen dagegen für eine ganz andere Form des Zusammenlebens. Sie sind gekennzeichnet durch eine solide Bauweise, fußgängerfreundliche Grünanlagen, ihre überdachten Veranden und ihre niedrige Geschosshöhe. Nicolai Ouroussoff, Architekturkritiker der New York Times, sieht in den Projects von New Orleans viele Prämissen moderner Wohnanlagenarchitektur verwirklicht. Sie glichen eher den Campi der elitären Ostküstenuniversitäten als dem, was man sich gemeinhin unter sozialem Wohnungsbau vorstelle, schreibt Ouroussoff.

Dass das Leben in den von Gewalt gebeutelten Schwarzenghettos wenig mit dem Treiben auf dem Campus einer Eliteuniversität gemeinsam hatte, führt Ouroussoff auf den Niedergang der öffentlichen Infrastruktur, der in den Projects einst bestehenden Gesundheitszentren, Kindergärten und Erwachsenenbildungsstätten sowie der Vernachlässigung der Bausubstanz durch die HANO zurück.

***

Dass auf den öffentlichen Grünflächen und Veranden nicht nur gemeinsam gegrillt und gechillt, sondern manchmal eben auch gekillt wurde, kann wohl kaum als Argument für die sterilen Holzhäuschen in den neuen „Mixed Income"-Anlagen herhalten. Zu glauben, gemeinsamer öffentlicher Raum produziere mehr Gewalt als abgetrennter privater Raum, ist eine Illusion. In den Eigenheimen spielen sich die kleinen und großen Dramen versteckt hinter vier Wänden ab. Formen organischer Solidarität wie sie die Nachbarn von Stefanie Mingo in St. Bernard praktiziert haben, um sie vor ihrem gewalttätigen Ehemann zu retten, sind dort nicht vorstellbar.

Trotzdem ist für die wenigen ehemaligen Public Housing Bewohner, die sich in den „Mixed Income"-Quartieren wieder finden, die Wahrscheinlichkeit, Opfer eines bewaffneten Raubüberfalls zu werden, geringer sein als in den alten Projects. Doch diese Sicherheit bezahlen sie mit dem Verlust ihrer Autonomie und ihrer Privatsphäre. „Mixed Income" überträgt die Idee von „zero tolerance" in den Privatbereich. Die Sozialmieter leben hier nur auf Bewährung. Beim kleinsten Regelübertritt droht ihnen der Ausschluss, der oft gleichbedeutend mit Obdachlosigkeit und nicht selten mit Gefängnis ist. Die gesetzlichen Regelungen dafür hat man bereits mit den Sozialstaatsreformen der 1990er Jahren (⇨ Kapitel VI) geschaffen. Doch erst die Isolierung, die Aufteilung der Armutsbevölkerung in kleine, überschaubare Cluster lässt verleiht dem Regime seine disziplinierende Schärfe.

Die Denunziation des nicht-angepassten Verhaltens ist für die sozial schlechter gestellten Bewohner von „Mixed Income" allgegenwärtiges Risiko. Sie wohnen in den schmucken Häusern des kleinbürgerlichen amerikanischen Idylls, in dem das Eigenheim als „Castle" romantisch überhöht wird. Doch im Gegensatz zu ihren zahlenden Nachbarn leben die Sozialmieter nicht in einem Schloss, sondern in einem goldenen Käfig.

* * *

Man kann über den Abriß der Housing Projects von New Orleans keine eindeutigen Urteile fällen. Die Behauptung, reiche weiße Männer würden arme afroamerikanische Familien aus ihren Wohnungen jagen, wird den Verhältnissen jedenfalls nicht gerecht. Die Verantwortlichen für den Abriss der Quartiere, HUD-Chef Alphonso Jackson und HANO-Direktor Donald Babers sind beide Afroamerikaner. Die Aufträge für die Umwandlung der Housing Projects in „Mixed Income"-Quartiere wurden meist an Firmen vergeben, die Afroamerikanern gehören. Viele von ihnen kommen selbst aus ärmlichen Verhältnissen. Auch die Gewalt in den Projects ist nicht allein durch gesellschaftliche Ausgrenzung zu rechtfertigen. Sexuelle Belästigungen bis hin zur Vergewaltigung, Männlichkeitskult, Homophobie und Waffenfetischismus sind weit verbreitet in den Projects und ihrer afroamerikanischen Subkultur. Was in den Videoclips des Gangsta-Raps vorgelebt wird, ist der amerikanische Traum vom schnellen Geld in seiner rohen und ungeschminkten Variante. Man mag es sympathisch finden, dass hier unverblümt auf den Tisch kommt, worum es in der kapitalistischen Gesellschaft geht; um den Erfolg nämlich – verkörpert durch dicke Autos, falsche Goldzähne und knapp bekleidete Frauen – der die Mittel immer schon rechtfertigt. Doch Gangsta-Rap ist nicht angetreten, um die wahren Züge der Konkurrenzgesellschaft unter dem dünnen Anstrich bürgerlicher Moral offen zulegen. Gangsta-Rap ist keine moderne Dreigroschenoper. Er ist – trotz grotesker Überzeichnung – im Grunde ernst gemeint. Nach dem Ende der Apartheid war die Bewaffnung der Afroamerikaner ein Akt der Emanzipation. Nur so konnte man sich in einer waffenstarrenden Ge-

▷ 62: eine bewohner von bw cooper | f: craig morse

sellschaft erfolgreich gegen Übergriffe rassistischer Polizeieinheiten und Bürgerwehren verteidigen. Nur so ließ sich das Bild des ewig duldenden, servilen und einfältigen „Jim Crow" (Jim Krähe) überwinden. „Jim Crow", das war der Stereotyp des Negers mit Latzhose, Banjo und zerbeulten Strohhut, wie ihn die soziale Realität in den Südstaaten über Jahrhunderte kreiert hatte. Doch mit dem Niedergang der afroamerikanischen Selbstorganisation wurden die Waffen vom Mittel der Selbstverteidigung zum Mittel der Selbstzerstörung. Die Gewalt in den Projects richtet sich fast ausschließlich gegen die Bewohner der Projects selbst. Der Kult des Gangsta-Rap schafft eine neue Form des Jim Crow, des Klischeenegers, nämlich den waffenstarrenden, goldkettenbehangenen Gangsta.

Der Gangsta mag bedrohlicher wirken als Jim Crow. Doch seine Aggressionen richten sich gegen seine unmittelbare Umwelt, seine „bitches" und sein Konkurrenten im Zuhälter- und Drogenbusiness. Für das Establishment ist er genau so wie sein Vorgänger „Jim Crow" und anders als die Black Panther keine Gefahr und auch kein ernstzunehmender Konkurrent.

Doch bei aller berechtigten Kritik an der destruktiven Subkultur in den Projects sollte eines nicht vergessen werden: Um den Erfolg zu haben, den die Gesellschaft den Bewohnern der Elendsquartiere gleichermaßen verweigert wie vorlebt, bleiben ihnen meist nur die illegalisierten ökonomischen Nischen wie der Drogenhandel. Die Illegalität dieser Geschäftsfelder bringt es mit sich, dass keinerlei staatliche Aufsicht, die das Geschäftsleben im Normalfall reglementiert und die Ausschaltung der Konkurrenz durch Gewaltanwendung verhindert, eingreifen kann. Die verschärfte Strafrechtspolitik trägt ihr übriges zur Verrohung der Umgangsformen in den Wohnblocks der Armutsbevölkerung bei. Wo der Gefängnisaufenthalt zum festen Bestandteil der Normalbiographie wird und die Gefängnisse selbst immer weniger auf Resozialisierung und immer mehr auf Bestrafung, Demütigung und Abschreckung ausgerichtet sind, fällt eine Kultur der Gewalt auf fruchtbaren Boden.

* * *

Ob eine sozialstaatliche Intervention wie im New Deal oder eine schlagkräftige Selbstorganisation wie die Black Panther in den spätern 1960er und 1970er Jahren die Projects wieder zu einem lebenswerten Ort machen könnten, ist fraglich.

Die Politik des New Deals war durch und durch paternalistisch. Die Überzeugung, dass wer nicht arbeitet, auch nicht essen dürfe, lag allen Reformanstrengungen dieser Zeit zu Grunde. Der fälschlicherweise John Maynard Keynes untergeschobene Ausspruch, eine aktive Arbeitsmarktpolitik könne „ebenso gut Gräben ausheben und dann wieder zuschütten lassen", wurde dabei allzu häufig wörtlich genommen. Die Reformen des New Deals fanden in Zeiten massenhafter Not statt. Sie zielten auf die Wiederherstellung einer elementaren materiellen Grundversorgung ab – und nicht auf Emanzipation.

Der allgegenwärtige Rassismus und die Apartheidsgesetze in den Südstaaten wurden durch die Politik des New Deals nie in Frage gestellt. Die Black Panther dagegen wollten mit den Mitteln der Selbstorganisation die rassistischen Polizeiübergriffen und die Gewalt unter den Project-Bewohnern in den Griff bekommen. Doch blieb ihnen kaum Zeit ihre Konzepte umzusetzen, bevor die Polizei ihre Organisation zerschlug. Es bleibt also offen, ob es ihnen gelungen wäre, eine Kultur der basisdemokratischen Selbstorganisation in den Ghettos zu etablieren oder ob sie sich selbst zu einer autoritären Nachbarschafts-Miliz entwickelt hätten.

* * *

Katrina zeigt, dass Naturkatastrophen unter kapitalistischen Verhältnissen immer und in erster Linie soziale Katastrophen sind. Arme werden von den Auswirkungen der Katastrophe stärker betroffen als Wohlhabende. Ihre Wohnviertel liegen fast immer in Gebieten, die durch Naturkatastrophen besonders gefährdet sind. Die Favelas von Rio de Janeiro, Caracas, Medellin oder Manila liegen an steilen Hängen, an denen es nach starken Regenfällen regelmäßig zu Erdrutschen kommt. Die Wohnviertel der Armen in New Orleans liegen unter dem Meeresspiegel und werden in Folge von Deichbrüchen als erstes überschwemmt. So geschah es schon dreimal – in den Jahren 1927, 1965 und 2005.

Doch Naturkatastrophen fordern nicht nur die meisten Todesopfer und den größten Verlust an Eigentum bei den Ärmsten, sondern sie verändern auch das soziale Gefüge und sorgen für eine dauerhafte Verschärfung sozialer Ungleichheit. Im Fall von New Orleans führte Katrina dazu, dass die Stadt für Arme teurer wurde und dass sich nun viele ihrer ärmsten Bewohner eine Rückkehr nicht leisten können. Katrina hatte zur Folge, dass die Zahl der Obdachlosen in die Höhe geschnellt ist, die Public Housing Bewohner aus ihren Behausungen dauerhaft ausgesperrt bleiben, die öffentliche Infrastruktur wie kommunale Schulen und Krankenhäuser geschlossen bleiben oder privatisiert werden. Katastrophen im Kapitalismus bieten ein Zeitfenster für die Umgestaltung von sozialem Raum. In ihrem Schlepptau führen sie Privatisierungen, Vertreibungen und den militärischen Ausnahmezustand, schreibt die Journalistin Naomi Klein. Die Auswirkungen von Naturkatastrophen wie 'Katrina' sind zuallererst sozial bestimmt. Die Folgen der Flut für die Bewohner der Region, aber auch für die makrosozialen, geografischen, demografischen, ökonomischen und letztlich kulturellen Verhältnisse im Mississippi-Delta sind das Ergebnis gesellschaftlicher Auseinandersetzungen. Dass sie so ausgefallen sind, wie sie ausgefallen sind, ist nicht die Folge natürlicher Gesetzmäßigkeiten. Von einem „Ende der Anderen" kann keine Rede sein.

Und auch die optimistische Behauptung Ulrich Becks, Katrina erzwinge im Medienzeitalter eine kosmopolitische, zivilgesellschaftliche Katharsis, weil im Angesicht der Katastrophe Ungerechtigkeiten und Konflikte zutage kämen, die sonst vertuscht würden, ist falsch. Für die „Anderen", die Rückkehrer, die unter der Claiborne Bridge ihr neues Zuhause gefunden haben und die ehemaligen Public Housing Bewohner, die sich dauerhaft im meist ungewollten Exil wieder finden, gilt nach Katrina mehr denn je: „…denn man sieht nur die im Licht, die im Dunkeln sieht man nicht."

Quellen und Anmerkungen

▷ Einleitung – Szenen einer sedierten Stadt

[1] Das City Council sprach im März 2008 von rund 300.000 Rückkehrern, die Bundesbehörden von 240.000. Die Times Picayune merkte zu den Schätzungen an, dass in beiden Fällen ein starkes Interesse an einer hohen beziehungsweise niedrigen Schätzung bestand: Die Höhe der Bundeszuschüsse an die finanzschwache Kommune bemisst sich nämlich an der Höhe der Einwohnerzahl. http://www.nola.com/news/index.ssf/2008/03/nagin_urges_census_revision.html

[2] Greater New Orleans Community Data Center und The Brookings Institution Metropolitan Policy Program: „The Katrina Index – Tracking Recovery of New Orleans and the Metro Area", New Orleans, 12. April 2007. Seite 18.

[3] Im an New Orleans angrenzenden, zu 93 Prozent von Weißen besiedelten St. Bernard Parish wurde Ende 2006 eine Regelung erlassen, derzufolge Einfamilienhäuser nur noch an Blutsverwandte vermietet werden durften. Die „American Civil Liberties Union" hat dagegen erfolgreich rechtliche Schritte eingeleitet. Siehe auch die Website der „National Association for the Advancement of Colored People" (NAACO).

[4] Greater New Orleans Community Data Center (2002): Algiers Point Neighborhood Snapshot: http://www.gnocdc.org/orleans/12/1/snapshot.html

[5] Algiers Point Association (2007): Welcome to Algiers Point!: http://www.algierspoint.org/about.htm

[6] Parish bedeutet wörtlich übersetzt Kirchspiel, es entspricht dem, was andernorts in den USA County und in Deutschland Landkreis heißt.

[7] The Bridge To Gretna. Why Did Police Block Desperate Refugees From New Orleans? CBS (2005): http://www.cbsnews.com/stories/2005/12/15/60minutes/main1129440.shtml

[8] Im Original: „Vigilante".

[9] http://www.taz.de/nc/1/archiv/print-archiv/printressorts/digi-artikel/?ressort=ra&dig=2008%2F02%2F26%2Fa0037&src=GI&cHash=3b9d65ac43&type=98

▷ I. "We are a smaller city now"

[10] Quigley, William P., Loyola Law Clinic, www.justiceforneworleans.org, letzter Zugriff am 19. Dezember 2007.

[11] Dem Technischen Hilfswerk vergleichbare Einheit des US-Militärs mit einem großen Stützpunkt in New Orleans; dort auch für den Deichbau und Küstenschutz zuständig.

[12] U. S. Departement of Housing and Urban Development: „Current Housing Unit Damage Estimate – Hurrican Katrina, Rita and Wilma", Washington, 12. Februar 2006, Korrektur: 7. April 2006.

[13] Offizielle Statistik des „Road Home"-Programmes, http://www.road2la.org/newsroom/stats.htm, letzter Zugriff vom 27. Dezember 2007.

[14] "Louisiana's Road Home closing pace slows a bit", In: New Orleans CityBusiness vom 12. September 2007, http://findarticles.com/p/articles/mi_qn4200/is_20070912/ai_n20509875, letzter Zugriff vom 22. Dezember 2007.

[15] "Louisiana's Road Home closing pace slows a bit", In: New Orleans CityBusiness vom 12. September 2007, http://findarticles.com/p/articles/mi_qn4200/is_20070912/ai_n20509875, letzter Zugriff vom 22. Dezember 2007. Seite 65.

[16] der Einfachheit halber im Weiteren „Projects" genannt

[17] Housing Authority of New Orleans: „Post-Katrina Frequently Asked Questions", http://www.hano.org/FAQ102006.pdf.

[18] Dabei handelt es sich um die außerhalb der Innenstadt gelegenen Projects „Florida" und „Desire". Die einstigen Backsteinbauten waren in den Jahren vor 2005 mit staatlichen Mitteln abgerissen und neu aufgebaut worden. Im Gegensatz zur sonst üblichen Praxis bestand die neue Anlage zu 100 Prozent aus Sozialwohnungen, es handelte sich nicht um eine „Mixed-Income"-Sanierung. Lediglich die Bebauungsdichte wurde durch eine reihenhausartige Architektur gesenkt. Weil dabei aber, wie in den USA bei Einfamilienhäusern üblich, nur Holz verwendet wurde, fielen die erst kürzlich fertig gestellten Bauten mit mehreren Tausend Wohnungen der Flut zum Opfer.

19 „Housing Authority of New Orleans“

20 Head, Stacey S. Mitglied City Council von New Orleans. Persönliches Interview am 07. Mai 2007.

21 Everard, Don. Knapp 20 Jahre lang Sozialarbeiter in St. Thomas. Persönliches Interview am 05. Mai 2007.

22 Juakali, Endesha. Ehemaliger Bewohner des St. Bernard Projects und Sprecher der Katrina-Opferinitiativen „Survivors Village“ und „Peoples Hurricane Relief Fund Coalition“. Persönliches Interview am 04. Mai 2007.

23 Mausshardt, Philipp: „Die eigentliche Katastrophe“. In: taz vom 2. September 2005.

24 Roth, Lawrence H.: “The New Orleans Levees: The Worst Engineering Catastrophe in US History - What Went Wrong and Why?”, http://eng.auburn.edu/admin/marketing/seminars/2007/l-roth.html, letzter Zugriff: 14. Februar 2008.

25 Davis, Mike: „The predators of New Orleans.“ In: Le monde diplomatique – english edition, Ausgabe Oktober 2005.

26 Beck, Ulrich: “Risikogesellschaft. Auf dem Weg in eine andere Moderne“, Suhrkamp, Frankfurt am Main, 1986.

27 Ebd. Seite 39.

28 Jasper, James: „Political Floodwaters.“ http://understandingKatrina.ssrc.org/Jasper/, letzter Zugriff 19.09.2006.

29 Beck, Ulrich: „Weltrisikogesellschaft. Auf der Suche nach der verlorenen Sicherheit“, Suhrkamp, Frankfurt am Main, 2007.

30 Ebd. Seite 9.

31 Ebd. Seite 11.

32 Ebd. Seite 8.

33 Ebd.

34 Ebd. Seite 78.

35 Ebd. Seite 79.

36 Antirassismus-Büro Bremen: „Warum Al Gore den Friedensnobelpreis nicht verdient hat“. Positionspapier. Bremen, November 2007.

37 Forthman, Jörg: “Ölvorkommen: Hitze macht Grönland reich”. In: Finanznachrichten.de vom 21. Juli 2006. http://www.presseportal.de/story.htx?nr=851004.

38 Beck, Ulrich: „Weltrisikogesellschaft. Auf der Suche nach der verlorenen Sicherheit“, Suhrkamp, Frankfurt am Main, 2007. Seite 109.

39 Beispielsweise: Luhmann, Niklas: „Die Gesellschaft der Gesellschaft“, Teilband 1, Suhrkamp, Frankfurt am Main, 1997. Seite 205 ff.

40 Beck, Ulrich: „Weltrisikogesellschaft. Auf der Suche nach der verlorenen Sicherheit“, Suhrkamp, Frankfurt am Main, 2007. Seite 113.

41 Ebd. Seite 118.

42 Logan, John: „The Impact of Katrina. Race and class in storm-damaged neighborhoods.“ http://www.s4.brown.edu/Katrina/report.pdf#search=%22brown%20the%20impact%20of%20Katrina%22.

43 Quigley, Bill: „New Orleans. Leaving the poor behind again.“ http://www.commondreams.org/views05/1011-20.htm

44 Wildcat (Autorenkollektiv): New Orleans war keine Naturkatastrophe. In: Wildcat. Ausgabe Winter 2005/2006.

45 Gabe, Thomas; Falk, Gene Falk; McCarty, Maggie: “Hurricane Katrina: Social-Demographic Characteristics of Impacted Areas”, Congressional Research Service, Washington, November 2005.

46 Rigamer, Gregory C: “Population Estimates October 2007”, GCR & Associates, Inc. New Orleans, November 2007.

47 Logan, John: ‚The Impact of „Katrina‘: Race and Class in Storm-Damaged Neighborhoods”, Center for Spatial Structures in the Social Sciences, Providence, 2006.

48 Logan, John. Direktor Center for Spatial Structures in the Social Sciences. Brown University Providence. Persönliches Interview am 24. April 2007.

49 Elliott, James R.; Pais, Jeremy: „Race, class, and Hurricane Katrina: Social differences in human responses to disaster“. In: „Social Science Research“ 35; 295–321, Elsevier, 2006.

50 Beck, Ulrich: “Risikogesellschaft. Auf dem Weg in eine andere Moderne“, Suhrkamp, Frankfurt am Main, 1986, S. 30.

51 Ebd. Seite 30.

52 Klein, Naomi: „Die Schock-Strategie. Der Aufstieg des Katastrophen-Kapitalismus“, dt. Ausgabe, S. Fischer, Frankfurt, 2007.

53 Brunner, Karl: “The Monetarist Revolution”. In: „Monetary Theory“, Weltwirtschaftliches Archiv, 105, 1, S. 1-30, 1970.

54 Friedman, Milton: „Capitalism and Freedom", Vorwort (in der deutschen Ausgabe nicht enthalten). Chicago University Press, Chicago, 1962. Nachdruck 1982.

55 Friedman, Milton; Friedman, Rose: „Die Tyrannei des Status Quo", Wirtschaftsverlag Langen-Müller/Herbig, München, 1985.

56 Klein, Naomi: „Die Schock-Strategie. Der Aufstieg des Katastrophen-Kapitalismus", dt. Ausgabe, S. Fischer, Frankfurt, 2007: Seite 18.

57 Friedman selbst misst dem chilenischen Prozess allerdings nur untergeordnete Bedeutung für die Umsetzung seiner Theorien bei und sagte, seine Thesen seien keineswegs erstmalig von Pinochet umgesetzt worden. "On Freedom and Free Markets", Interview mit "Commanding Heights"; http://www.pbs.org/wgbh/commandingheights/shared/minitextlo/int_miltonfriedman.html#10; 10. Januar 2001

58 Ebd. Seite 22

59 Ebd. Seite 23.

60 Friedman, Milton: „The Promise of Vouchers". In: The Wall Street Journal, 5. Dezember 2005.

61 Finn, Chester E. Jr.; Osberg, Eric: "Charter School Funding: Inequity's Next Frontier", Thomas B. Fordham Institute, Washington. August 2005.

62 Klein, Naomi: „Die Schock-Strategie. Der Aufstieg des Katastrophen-Kapitalismus", dt. Ausgabe, S. Fischer, Frankfurt, 2007: Seite 16.

63 Metropolitan Policy Program und The Brookings Institute: „Tracking Recovery of New Orleans and the Metro Area", 16. April 2008.

64 Bei der „Heritage Foundation" handelt es sich nach eigenen Angaben um eine 1973 gegründete Forschungsstiftung, die sich die „Formulierung und Durchsetzung konservativer Politik auf der Basis der Prinzipien des freien Marktes, einer Begrenzung des Einflusses der Regierung, individueller Freiheit, traditionellen amerikanischen Werten und einer starken Landesverteidigung" zur Aufgabe gemacht hat.

65 Republican Study Committee: "Pro-Free-Market Ideas for Responding to Hurricane Katrina and High Gas Prices", nach: Klein, Naomi. In: "The Nation"-Onlineausgabe, 23. September 2005.

66 Klein, Naomi: „Die Schock-Strategie. Der Aufstieg des Katastrophen-Kapitalismus", dt. Ausgabe, S. Fischer, Frankfurt, 2007: Seite 576.

67 Ebd. Seite 578ff.

68 Ebd. Seite 579.

69 Davis, Mike: " Who Is Killing New Orleans?". In: "The Nation"-Onlineausgabe, 23. März 2006.

70 Klein, Rick: "Senate votes to extend Patriot Act for 6 months". In: "The Boston Globe", 22. Dezember 2005.

71 Ebd. Seite 583.

72 Nussbaum, Paul: "City at crossroads: As New Orleans looks ahead, which path will it follow?". In: "Philadelphie Inquirer" vom 29. August 2007.

73 Scahill, Jeremy: "In the Black(water)". In: "The Nation"-Onlineausgabe. http://www.thenation.com/doc/20060605/scahill. 22. Mai 2006.

74 Rivlin, Gary: "A Mogul Who Would Rebuild New Orleans", In: New York Times, 28. September 2005.

75 Arena, John David: „Social Struggle for Public Housing in New Orleans", PHD-Thesis, Tulane Universität, New Orleans 2007.

76 Babington, Charles: "Some GOP Legislators Hit Jarring Notes in Addressing Katrina, In: Washington Post. S. A04, 10. September 2005.

77 Gladstone, David. Center for Urban Planning, University of New Orleans. Persönliches Interview am 5. Mai 2007. New Orleans.

▷ II. Welcome Back – Unless You`re Black

78 Filosa, Gwen: "Developers picked for revamping public housing". In: "The Times Picayune", 28. März 2007.

79 Palast, Greg: „New Orleans two years after", http://www.gregpalast.com/%E2%80%9Cthey-wanted-them-poor-niggers-out-of-there%E2%80%9D/, letzter Zugriff 22. Dezember 2007.

80 Filosa, Gwen: "Brick housing biting the dust", in: The Times-Picayune, 3. November 2005.

81 Filosa, Gwen. „Housing Holdout Faces Lockout: HANO to Seal Off Closed Complexes," Times-Picayune (November 15, 2005).

82 Filosa, Gwen: „Home Depot gets turf in public housing – Lease opens debate on agency priorities", In: "The Times Picayune", 19. Januar 2006.

83 Von der HANO wurde dies als Beleg für ein mangelndes Interesse der ehemaligen BewohnerInnen an

einem Wiederbezug ihrer Wohnungen gewertet. Tatsächlich aber dürfte dies vor allem an dem mehrstufigen Vergabeverfahren liegen, wegen dem es viele Monate dauern kann, bis jemand in eine solche Wohnung einziehen kann. Zunächst müssen die ehemaligen MieterInnen selbst kontaktiert werden. Gelingt dies nicht, weil, wie häufig der Fall, keine Adresse bekannt ist, muss eine gewisse Zeit abgewartet werden. Anschließend muss die Wohnung älteren MieterInnen und NachbarInnen angeboten werden, denen wiederum eine gewisse Bedenkzeit eingeräumt werden muss.

84 Babers, Donald. Direktor HANO. Persönliches Interview am 10. Mai 2007.

85 Nach eigenen Angaben plante die HANO, bis Ende des Jahres 2007 die Zahl der geöffneten Einheiten auf „insgesamt 2.000 bis 2.500“ zu erhöhen.

86 Department of Homeland Security, Office of Inspector General, „A Performance Review of FEMA's Disaster Management Activities in Response to Hurricane Katrina," available at http://www.dhs.gov/interweb/assetlibrary/OIG_06-32_Mar06.pdf (March 2006).

87 „Waste in Katrina Response Is Cited," Washington Post, (April 14, 2006).

88 Hammer, David: „Tenants feel pinch in shift from FEMA“. In: "The Times Picayune", 1. Dezember 2007.

89 Davis, Mike. Historiker. University of California, Irvine. Persönliches Interview vom 12. Mai 2007.

90 Associated Press: "From catastrophe to chaos in New Orleans". In (u. a.): USA Today. 2. September 2005. http://www.usatoday.com/news/nation/2005-09-01-katrina_x.htm.

91 Davis, Mike. Historiker. University of California, Irvine. Persönliches Interview vom 12. Mai 2007.

92 Die offizielle Fair-Market-Rent liegt 2007 für ein Ein-Zimmer-Appartement in New Orleans bei 836 US-Dollar. Allerdings geht die HUD wegen der extremen Wohnraumknappheit derzeit darüber hinaus.

93 Wilson, Rick K. und Stein, Robert M.: "Katrina evacuees in Houston: One-year out." September 2006. Rice University, Division of Social Sciences, Seite 2 ff. Shttp://brl.rice.edu/Katrina/White_Papers/White_Paper_9_8_06.pdf, letzter Zugriff: 14. Februar 2008.

94 siehe hierzu auch: Wilson, Rick K. und Stein, Robert M.:Katrina evacuees in Houston: One-year out." September 2006. Rice University, Division of Social Sciences. http://brl.rice.edu/Katrina/White_Papers/White_Paper_9_8_06.pdf.

95 Mit dem Begriff werden Vermieter bezeichnet, die ihre Häuser verfallen lassen und dennoch hohe Mieten kassieren.

96 Babers, Donald. Direktor HANO. Persönliches Interview am 10. Mai 2007.

97 "Class Action Complaint for Declaratory Relief, Injunctive Relief and Damages", Anderson vs. Jackson, eingelegt beim US District Court for the Eastern District of Louisiana am 27. Juni 2006, http://www.justicefomeworleans.org/index.php?module=pagemaster&PAGE_user_op=view_page&PAGE_id=29, letzter Zugriff: 31. Dezember 2007.

98 Bei Jesse Jackson handelt es sich um einen afroamerikanischen Prediger, der in den USA als Bürgerrechtler sehr bekannt geworden ist. Seine „Rainbow Push Coalition“ versucht seit den 1980er Jahren, die verschiedenen Lager der Schwarzenbewegung zu vereinen, bisher allerdings ohne durchschlagenden Erfolg.

99 „Judge permits the razing of housing projects“, nach Associated Press, In: „The Lousiana Weekly“ vom 19. November 2007.

100 Filosa, Gwen: "Dollar 31 million contracts let to raze housing complexes". In: "The Times Picayune", 29. November 2007.

101 Filosa, Gwen: "Live Updates on Demolition Vote from Council Chambers". In: "The Times-Picayune" vom 19. Dezember 2007.

102 Jarvie, Jenny: "Fury in New Orleans as housing demolition OKd". In: "Los Angeles Times" vom 21. Dezember 2007.

103 Bond Graham, Darwin: „Police Attack Protesters With Mace, Tazers to Keep Them Out of City Hall“, Indymedia-Portal New Orleans, 20. Dezember 2007.

104 Steinberg, Michael: „Demolitons and Resistance Begin At BW Cooper“, Indymedia-Portal New Orleans, 20. Dezember 2007.

105 HUD: „Fact Sheet: Redevelopment that Respects New Orleanians“, http://www.hud.gov/news/neworleansfact122007.cfm, letzter Zugriff: 17. Januar 2008.

106 United States Risk Management: „Environmental Justice Study" für CJ Peete, BW Cooper, Tremé/Lafitte und St. Bernard Housing Development New Orleans“, März 2007.

107 Dies könnte, so das Gutachten, in der Zukunft zu statischen Problemen beim Mauerwerk führen, auch wenn solche derzeit nicht erkennbar seien.

108 http://fairhousingnetwork.org/node/10, dort: „Declaration John E. Fernandez.pdf", letzter Zugriff: 15. Januar 2007.

109 Ivy League ist eine Liga im US-amerikanischen Hochschulsport. Ihr gehören acht der ältesten Hochschulen der USA an. Im übertragenen Sinne bezeichnet der Ausdruck auch allgemein die Gruppe der acht bekanntesten Elite-Universitäten an der Ostküste der USA.

110 Ourossoff, Nicolai: „All Fall Down", in: New York Times vom 19. November 2006, http://www.nytimes.com/2006/11/19/weekinreview/19ouroussoff.html, letzter Zugriff: 17. Januar 2008.

▷ III. Stadt wie neugeboren– Die Pläne für den Neubau

111 Filosa, Gwen: "Dollar 31 million contracts let to raze housing complexes". In: "The Times Picayune", 29. November 2007.

112 http://www.justiceforneworleans.org/index.php?module=article&view=74&lay_quiet=1&59ece7a8719b71b7b35bb0cc1f1dea20=9251a6b4710b1ab83f08ff4f44c2218b

113 Filosa, Gwen: "Developers picked for revamping public housing". In: "The Times Picayune", 28. März 2007.

114 Auf den Arealen der Projects selber sollen lediglich 2.618 Wohnungen entstehen

115 http://www.nola.com/news-logs/tpupdates/index.ssf?/mtlogs/nola_tpupdates/archives/2006_11_24.html

116 Head, Stacey S. Mitglied City Council von New Orleans. Persönliches Interview am 07. Mai 2007.

117 http://www.pww.org/article/articleview/12131/1/141/

118 http://www.nola.com/new-slogs/tpupdates/index.ssf?/mtlogs/nola_tpupdates/archives/2006_11_24.html

119 Rumrill, Curtis. Common Ground Relief, persönliches Interview am 20. April 2007.

120 http://www.columbiares.com/web/forms/frmindex.aspx, letzter Zugriff: 17. Januar 2007.

121 http://solar.southface.org/web/greenprints_conference/g2k6/GP-speakers_g-n.htm#k

122 http://www.braf.org/site/c.jfISKoOxFkG/b.2249783/, letzter Zugriff: 17. Januar 2008.

123 Baton Rouge Area Foundation Annual Report 2006, http://www.braf.org/site/c.jfISKoOxFkG/b.2282611/k.A07F/Publications.htm, letzter Zugriff: 17. Januar 2008.

124 http://forekidsfoundation.com/index.php?option=com_content&task=view&id=98&Itemid=55

125 Cook, Elizabeth: "City Park, Affordable Housing at Risk", Indymedia New Orleans, 23. Oktober 2007. http://neworleans.indymedia.org/news/2007/10/11247.php

126 Warner, Coleman : "New Orleans proposal links St. Bernard and City Park". In: The Times Picayune. 11. November 2007. http://www.nola.com/news/t-p/frontpage/index.ssf?/base/news-9/11947629901811o.xml&coll=1

127 Hammer, David; Russell, Gordon: „HANO contractor denies Jackson got him job". In: „The Times Picayune" vom 4. Oktober 2007.

128 BayouBuzz: „New Orleans Housing Authority Chooses Firms For Mixed Income Housing", http://www.bayoubuzz.com/News/Business/New_Orleans_Housing_Authority_Chooses_Firms_For_Mixed_Income_Housing___3263.asp, letzter Zugriff: 19. Januar 2008.

129 Pound, Edward T.: "HUD Probe Heats Up", In: The National Journal. 14. Dezember 2007. http://news.nationaljournal.com/articles/071214nj1.htm, letzter Zugriff: 20. Februar 2008.

130 http://www.kbkenterprises.net/

131 http://www.hud.gov/news/releases/pr07-030b.cfm

132 Ball, Brian R.: „KBK Enterprises selected to redevelop housing project in New Orleans", in: „Columbus Business First" vom 11. Mai 2007, http://www.bizjournals.com/columbus/stories/2007/05/14/newscolumn1.html?jst=s_cn_hl, letzter Zugriff: 19. Januar 2008.

133 Greater New Orleans Community Data Center: „BW Cooper Apts Neighborhood Snapshot", http://www.gnocdc.org/orleans/4/60/snapshot.html, letzter Zugriff: 19. Januar 2008.

134 Howard, Bobbie L.: „Independent Audit Report for the Year

ended September 30, 2005“, app1.lla.state.la.us/PublicReports.nsf/FF82E0977EB0C49F862572B9006C6170/DollarFILE/00000E77.pdf, letzter Zugriff: 19. Januar 2008.

135 http://www.dollarsandsense.org/blog/2006_12_01_archive.html

136 Ball, Brian R.: „KBK Enterprises selected to redevelop housing project in New Orleans“, in: „Columbus Business First“ vom 11. Mai 2007, http://www.bizjournals.com/columbus/stories/2007/05/14/newscolumn1.html?jst=s_cn_hl, letzter Zugriff: 19. Januar 2008.

137 BayouBuzz: „New Orleans Housing Authority Chooses Firms For Mixed Income Housing“, http://www.bayoubuzz.com/News/Business/New_Orleans_Housing_Authority_Chooses_Firms_For_Mixed_Income_Housing___3263.asp, letzter Zugriff: 19. Januar 2008.

138 http://www.hud.gov/news/release.cfm?content=pr07-030.cfm, letzter Zugriff: 19. Januar 2008.

139 http://www.mccormackbaron.com/HTML/overview.html, letzter Zugriff: 19. Januar 2008.

140 http://www.mccormackbaron.com/HTML/mixedincome.html, letzter Zugriff: 19. Januar 2008.

141 Baron, Richard D: „Let Us Agree That Cities Are Worth Saving", http://www.uli.org/AM/Template.cfm?Section=Home&CONTENTID=70356&TEMPLATE=/CM/ContentDisplay.cfm, letzter Zugriff: 19. Januar 2008.

142 Reed, Lawrence: „A Public Housing Success Story“, http://www.mackinac.org/article.aspx?ID=218, letzter Zugriff: 19. Januar 2008.

143 http://kai-db.com/images/portfolio/design/Residential/Large/CochranGardens/CochranGardensHopeVI.htm, letzter Zugriff: 19. Januar 2008.

144 City of St. Louis: „St. Louis Five Year Strategy - Consolidated Plan Draft", Appendix A – Neighborhoods“, http://stlouis.missouri.org/5year-strategy-old/draft/appenda_columbus.html, letzter Zugriff: 19. Januar 2008.

145 http://www.friendsofneworleans.org/2006/06/new_orleans_nei.php, letzter Zugriff: 19. Januar 2008.

146 Ball, Brian R.: „KBK Enterprises selected to redevelop housing project in New Orleans“, in: „Columbus Business First“ vom 11. Mai 2007, http://www.bizjournals.com/columbus/stories/2007/05/14/newscolumn1.html?jst=s_cn_hl, letzter Zugriff: 19. Januar 2008.

147 BayouBuzz: „New Orleans Housing Authority Chooses Firms For Mixed Income Housing“,http://www.bayoubuzz.com/News/Business/New_Orleans_Housing_Authority_Chooses_Firms_For_Mixed_Income_Housing___3263.asp, letzter Zugriff: 19. Januar 2008.

148 Providence Community Enterprises: "Buildung healthy, diverse & vibrant communites", www.providencech.org, letzter Zugriff: 11. Januar 2008. Seite 4.

149 Enterprise Community Partners: „Annual Report 2006“. www.enterprisecommunity.org, letzter Zugriff: 19. Dezember 2007. Seite 5.

150 Providence Community Enterprises: "The Providence/Enterprise Partnership with the Lafitte/Treme Community.", www.providencech.org, letzter Zugriff: 11. Januar 2008. Seite 1.

151 Ebd. Seite 2.

152 www.providencecommunity-housing.org/pchwebbrochure.pdf

153 Rumrill, Curtis. Common Ground Relief, persönliches Interview am 20. April 2007.

154 http://www.providencecommunityhousing.org/Community%20Info.html, letzter Zugriff: 19. Januar 2008.

155 Providence spricht von 2010, es wird aber allgemein davon ausgegangen, dass das gesamte Projekt nicht vor 2012 realisiert werden kann.

▷ IV. Wie eine Jugend in einem Kriegsgebiet

156 Zielinski, Danielle: „Chicago public housing: 'the worst place in the country'“. In: „The Daily Northwestern“ vom 4. April 2000.

157 http://www.laut.de/vorlaut/news/2003/10/02/05895/index.htm

158 http://www.deatharoundthecorner.com/

159 Laut offizieller Statistik der HUD gab es im Jahr 2000 tatsächlich 8 Haushalte in St. Bernard, die ein Jahreseinkommen von über 20.000 Dollar hatten.

160 In New Orleans also Afroamerikaner.

161 Housing Authority of New Orleans: „Post-Katrina Frequently Asked Questions", http://www.hano.org/FAQ102006.pdf.

162 Housing Authority of New Orleans: „Post-Katrina Frequently Asked Questions", http://www.hano.org/FAQ102006.pdf.

163 Ebd.

164 Rigamer, Gregory C: "Population Estimates October 2007", GCR & Associates, Inc. New Orleans, November 2007.

165 Finger, Davida. Attorney at Law. Loyola Law Clinic, Loyola University New Orleans. Persönliches Interview am 5. Mai 2007.

▷ V. Refugium kolonialer Verhältnisse

166 Lewis, P. (2003): New Orleans: The Making of an Urban Landscape. Santa Fe: 40f.

167 Ingersoll, T. 1991: Free Blacks in a Slave Society: New Orleans 1718-1812: 175

Domínguez, V. (1977): Social Classification in Creole Louisiana. In: American Ethnologist 4: 592

169 Lewis, P. (2003): New Orleans: The Making of an Urban Landscape. Santa Fe: 40f.

170 Ebd. Seite 42.

171 Ingersoll, T. 1991: Free Blacks in a Slave Society: New Orleans 1718-1812: 177

172 Ebd. Seite 178f.

173 Ebd. Seite 182ff.

174 Ebd. Seite 188ff.

175 Lewis, P. (2003): New Orleans: The Making of an Urban Landscape. Santa Fe: 43f.

176 Ebd. Seite 53f.

177 Die Bezeichnung „Kreolen" ist nicht an die Hautfarbe gebunden. Als Kreolen wurden sowohl weiße Nachkommen der französischen Kolonialherren als auch Kinder aus unehelichen Verhältnissen mit Sklavinnen oder Freien bezeichnet. Entscheidend war, dass mindestens ein Elternteil französischer Abstammung war. In den angelsächsischen Kolonien dagegen galt die „one drop of blood rule", die besagt, dass jeder Mensch mit afrikanischen Wurzeln – und sei sie/er noch so hellhäutig – als schwarz zu gelten hat. Politiker wie Colin Powell, Condoleeza Rice oder Barack Obama, die auch optisch eindeutig „Mischlinge" sind, gelten daher automatisch als Afroamerikaner und nicht als beispielsweise "Mulatten" wie in den lateinamerikanischen Ländern.

178 Domínguez, V. (1977): Social Classification in Creole Louisiana. In: American Ethnologist 4:589-602

179 Lachance, P. (1999): Where Saint-Domingue Refugees a Distinctive Cultural Group in Antebellum New Orleans? Evidence form Patterns and Strategies of Property Holding. In: Revista/Review Interamericana 29: 171

180 Dunbar-Nelson, A. (1917): People of Color in Louisiana. In: The Journal of Negro History 1: 52

181 Lewis, P. (2003): New Orleans: The Making of an Urban Landscape. Santa Fe: 50

182 Fischer, R. (1969): Racial Segregation in Ante Bellum New Orleans. In: The American Historical Review 3. Seite 928.

183 Ebd. Seite 929f.

184 Lavelle, K./Feagin, J. (2006): Hurricane Katrina: The Race and Class Debate. In: Monthly Review 58

185 „Ward" steht synomym für Stadtteile

186 Lewis, P. (2003): New Orleans: The Making of an Urban Landscape. Santa Fe: 97f.

187 Arend, Orissa: „Showdown in Desire – The Story of the Black Panthers in New Orleans 1970", 2003, New Orleans.

188 http://en.wikipedia.org/wiki/Malik_Rahim

189 Lewis, P. (2003): New Orleans: The Making of an Urban Landscape. Santa Fe: 99f.

190 Wilkie, C. (2007): Politics. In: Bergal et al.: City Adrift. New Orleans before and after Katrina. Baton Rouge

191 Lewis, P. (2003): New Orleans: The Making of an Urban Landscape. Santa Fe: 99f.

192 US Bureau of the Census (2008): www....

193 Lewis, P. (2003): New Orleans: The Making of an Urban Landscape. Santa Fe: 124f.

194 Ebd. Seite 76f.

195 US Department of Justice (2007a): Number of persons under correctional supervision. http://www.ojp.usdoj.gov/bjs/glance/tables/corr2tab.htm

196 Pew Charitable Trusts (2007): Public Safety, Public Spending. Forecasting America's Prison Population 2007–2011. http://www.pewpublicsafety.org/pdfs/PCT%20Public%20Safety%20Public%20Spending.pdf: 33

197 Louisiana Department of Corrections (2000): Department of Correction Overview. A Presentation to Senate Judiciary B and Judiciary C Comittees. http://senate.legis.state.la.us/fiscalservices/Presentations/FY00-01/Corrections/judbc.ppt

198 Amercian Civil Liberties Union (2007b): Abandoned and abused. Orleans Parish Prison in the wake of Hurricane Katrina. http://www.aclu.org/pdfs/prison/oppreport20060809.pdf :13

199 Lediglich Tennesse hatte im Jahr 2000 mit 26 Prozent eine annähernd vergleichbare hohe Quote von Straftätern des staatlichen Gefängnissystems, die aus Kostengründen und Kapazitätsengpässen in „county jails" untergebracht sind (Department of Correction Louisiana 2000: 20).

200 Ebd.

201 Ebd. Seite 24.

202 Nossiter, A. (2006): With Jobs to Do, Louisiana Parish Prison Turns to Inmates. In: The New York Times 05.07.2006

203 Amercian Civil Liberties Union (2007): "Abandoned and abused. Prisoners in the wake of Hurricane Katrina". In: "Race & Class", 49: 81-92.

204 nach Angaben der Website des zuständigen Sheriffs Gusmanns war es sogar die siebtgrößte Einrichtung seiner Art in den USA (http://www.opcso.org/about.php).

205 Ebd. Seite 82ff.

206 Ebd. Seite 83.

207 Gerharz, B./Hong, S. (2006): Down by Law. Orleans Parish Prison before and after Katrins. In: Dollar & Sense. The Magazine of Economic Justice. www.dollarandsense.org/archives/2006/0306/geharzhong.html.

208 Gerharz, B./Hong, S. (2006): Down by Law. Orleans Parish Prison before and after Katrins. In: Dollar & Sense. The Magazine of Economic Justice. www.dollarandsense.org/archives/2006/0306/geharzhong.html.

209 CNN-Beitrag Pressekonferenz. "New Orleans Mayor, Louisiana Governor Hold Press Conference." CNN. August 28, 2005

210 Ebd.

211 American Civil Liberties Union (2007): "Abandoned and abused. Prisoners in the wake of Hurricane Katrina". In: Race & Class 49. Seite 85.

212 Jugendanwaltsgruppe „Juvenile Justice Project"

213 Pitzke, M. (2006): "New Orleans' verlorene Knastkinder.", In: "Der Spiegel"-Onlineausgabe. http://www.spiegel.de/panorama/0,1518,433804,00.html, letzter Zugriff: 10. Januar 2008.

214 American Civil Liberties Union (2007): "Abandoned and abused. Prisoners in the wake of Hurricane Katrina". In: Race & Class 49. Seite 87ff.

215 Das Phänomen war so weit verbreitet, dass sich dafür der Ausdruck „doing Katrina time" einbürgerte.

216 Der weiße Demokrat Maurice Edwin Landrieu war von 1970 bis 1978 Bürgermeister von New Orleans.

▷ VI. Armutskultur als Kampfbegriff

217 Situationistische Internationale (1965): Niedergang und Fall der spektakulären Warenökonomie. http://www.si-revue.de/index.php?page=text&pageid=10-niedergang

218 Katz, M. (1986): In the Shadow of the Poorhouse. A Social History of Welfare in America. New York. Seite 251ff.

219 Orfield, G. (1988): Race and the Liberal Agenda: The Loss of the Integrationist Dream, 1965-1974. In: Weir, M./Orloff, A./Skopcol, T. (Hrsg.): The Politics of Social Policy in the United States. Princeton.

220 Ebd. Seite 265.

221 Slessarev. H. (1988): Racial Tension and Institutional Support: Social Programs during a Period of Retrenchment. In: Weir, M./Orloff, A./Skopcol, T. (Hrsg.): The Politics of Social Policy in the United States. Princeton. Seite 369ff.

222 Wacquant, L. (2000): Elend hinter Gittern. Konstanz. Seite 68f.

223 Median bezeichnet eine Grenze zwischen zwei Hälften. In der Statistik halbiert der Median eine Stichprobe. Gegenüber dem arithmetischen Mittel oder dem Durchschnitt hat der Median den Vorteil, robuster gegenüber Ausreißern, also extrem abweichenden Werten wie sie typischerweise bei der Einkommensverteilung auftreten, zu sein.

224 Katz, M. (1986): In the Shadow of the Poorhouse. A Social History of Welfare in America. New York. Seite 259ff.

225 Scharenberg, A. (2007): Kampfschauplatz Armut. Der Unterschichtendiskurs in den Vereinigten Staaten. In: Blätter für deutsche und internationale Politik 2/2007: 183-192. Seite 185.

226 Katz, M. (1986): In the Shadow of the Poorhouse. A Social History of Welfare in America. New York.

227 Jackson, T. (1993): The State, the Movement and the Urban Poor. The War on Poverty and Political Mobilization in the 1960s. In: Katz: (Hrsg.): The Underclass Debate. Views from History. Princeton: 403-439.

228 Administration for Children & Families (2001): U.S. Welfare Caseloads Information. http://www.acf.hhs.gov/news/tables.htm

229 Disaster Center (2007): United States Crime Rates 1960 – 2006. http://www.disastercenter.com/crime/uscrime.htm

230 Gans, H. (1967): Levittowners. Ways of Life and Politics in a New Suburban Community. London.

231 Katz, M. (1995): Improving Poor People. The Welfare State, the "Underclass", and Urban Schools as History. Princeton. Seite 77f.

232 Scharenberg, A. (2007): Kampfschauplatz Armut. Der Unterschichtendiskurs in den Vereinigten Staaten. In: Blätter für deutsche und internationale Politik 2/2007: 183-192.

233 Myrdal, G. (1962): Challenge to Affluence. New York.

234 Kronauer, M. (2002): Exklusion. Die Gefährdung des Sozialen im hoch entwickelten Kapitalismus. Frankfurt a. M.

235 Mead, L. (1992): The New Politics of Poverty. The Nonworking Poor in America. New York. Seite 36.

236 o.V. (1977): The American Underclass. In: Time Magazine 29.08.1977.

237 Auletta, K. (1983): The Underclass. Washington.

238 Gans, H. (1992): Über die positiven Funktionen der unwürdigen Armen. Zur Bedeutung der „underclass" in den USA In: Leibfried, S./Voges, W. (Hrsg.): Armut im modernen Wohlfahrtsstaat. Opladen 1992 (KZfSS-Sonderheft32): 48-57.

239 Mead, L. (1988): Beyond Entitlement. The Social Obligations of Citizenship. New York.

240 Mead, L. (1992): The New Politics of Poverty. The Nonworking Poor in America. New York.

241 Mead, L. et al. (1998): The New Paternalism. Supervisory Approaches to Poverty. Washington.

242 Murray, C. (1984): Losing ground. American social policy 1950-1980. New York

243 Bourgois, P. (1995): In Search of Respect. Selling Crack in El Barrio. Cambridge.

244 Lewis, O. (1963): Die Kinder von Sanchez. Selbstporträt einer mexikanischen Familie. Düsseldorf/Wien.

245 Lewis, O. (1966): La Vida. A Puerto Rican Family in the Culture of Poverty - San Juan and New York. New York.

246 Goetze, D. (1992): „Culture of Poverty" – Eine Spurensuche. In: Leibfried, S./Voges, W. (Hrsg.): Armut im modernen Wohlfahrtsstaat. Opladen: 88 - 103.

247 Auletta, K. (1983): The Underclass. Washington.

248 Murray, C. (1984): Losing ground. American social policy 1950-1980. New York

249 Mead, L. (1988): Beyond Entitlement. The Social Obligations of Citizenship. New York; Mead, L. (1992): The New Politics of Poverty. The Nonworking Poor in America. New York;Mead, L. et al. (1998): The New Paternalism. Supervisory Approaches to Poverty. Washington.

250 Administration for Children & Families (2001): U.S. Welfare Caseloads Information. http://www.acf.hhs.gov/news/tables.htm

251 Administration for Children & Families (2007): TANF Recipients - Through December 2006. http://www.acf.hhs.gov/programs/ofa/caseload/2006/tanf_recipients.htm

252 US Department of Health and Human Services (1998): Federal and State Expenditures for AFDC. http://aspe.hhs.gov/HSP/AFDC/baseline/4spending.pdf. Seite 67.

253 Administration for Children & Families (2006): TANF Financial Data. http://www.acf.hhs.gov/programs/ofs/data/2005/tableA1_spending_2005.htm

254 Eigene Berechnung auf Basis von Zahlen des US Census Bureau.

255 Goos, E./Schmid, J. (1999): Die US-Amerikanische Welfare-Reform. Occasional Paper des Arbeitsbereichs Politische Wirtschaftslehre und Vergleichende Politikfeldana-

lyse der Universität Tübingen.

256 US Department of Health and Human Services, 2006

257 Administration for Children & Families 2001

258 Grell, B./Sambale, J./Eick, V. (2002): Workfare zwischen Arbeitsmarkt- und Lebensstilregulierung. In PROKLA 32 (129): 557–576.

259 Goos, E./Schmid, J. (1999): Die US-Amerikanische Welfare-Reform. Occasional Paper des Arbeitsbereichs Politische Wirtschaftslehre und Vergleichende Politikfeldanalyse der Universität Tübingen.

260 Texas Health und Human Services Commission (2007): Temporary Assistance for Needy Families (TANF) Frequently Asked Questions. http://www.hhsc.state.tx.us/programs/TexasWorks/TANF-FAQ.html

261 Louisiana Department of Social Services (2007): Family Independence Temporary Assistance Program. http://www.dss.state.la.us/departments/ofs/Family_Independence_Temporary_.html

262 Administration for Children & Families (2007): TANF Recipients - Through December 2006. http://www.acf.hhs.gov/programs/ofa/caseload/2006/tanf_recipients.htm

263 Wacquant, L. (2001): Deadly Symbiosis: When Ghetto and Prison Meet and Mesh. In: Punishment Society. 3: 95-133. Seite 107f.

264 Venkatesh, S. (2000): American Project. The Rise and Fall of a Modern Ghetto. Cambridge.

265 Wacquant, L. (2001): Deadly Symbiosis: When Ghetto and Prison Meet and Mesh. In: Punishment Society. 3: 95-133. Seite 120.

266 Davis, Mike. Historiker. University of California, Irvine. Persönliches Interview vom 12. Mai 2007.

267 Wacquant, L. (2000): Elend hinter Gittern. Konstanz.

268 Smith, E./Hattery, A.(2006): The Prison Industrial Complex. In: Sociation Today 4 (2): http://www.ncsociology.org/sociationtoday/v42/prison.htm

269 US Department of Justice (1999): Truth in Sentencing in State Prison. http://www.ojp.usdoj.gov/bjs/pub/pdf/tssp.pdf

270 angelehnt an die Bezeichnung für Fehlschläge beim Baseball

271 Austin, J./Clark J./Hardyman, P. (1999): The Impact of 'Three Strikes and You are Out'. In: Punishment Society 1: 131-162.

272 Gottschalk, M. (2006): The Prison and the Gallows. The Politics of Mass Incarceration in America. Cambridge

273 Wacquant, L.: Elend hinter Gittern. Konstanz. 2000. Seite 68.

274 US Department of Justice (2007a): Number of persons under correctional supervision. http://www.ojp.usdoj.gov/bjs/glance/tables/corr2tab.htm

275 US Department of Justice (2007b): Direct expenditures by criminal justice function, 1982-2005. http://www.ojp.usdoj.gov/bjs/glance/tables/exptyptab.htm

276 Pew Charitable Trusts (2007): Public Safety, Public Spending. Forecasting America's Prison Population 2007–2011. http://www.pewpublicsafety.org/pdfs/PCT%20Public%20Safety%20Public%20Spending.pdf

277 Chang, T./Thompkins, D. (2002): Corporations Go to Prisons. The Expansion of Corporate Power in the Correctional Industry. In: Labor Studies Journal 27: 45-69.

278 Ebd.

279 Wacquant L. (2002): From Slavery to Mass Incarceration. Rethinkin the 'race question' in the US. In: New Left Review 13. Jan/Feb 2002: 41-60.

280 Gottschalk, M. (2006) The Prison and the Gallows. The Politics of Mass Incarceration in America. Cambridge

281 Ebd.

282 In Louisiana landet statistisch jeder siebte Mann afroamerikanischer Abstammung im Gefängnis und nur jeder 35. schafft es auf ein College oder eine Universität (Gerharz/Hong 2006).

283 Zwar wurde als „Gangbang" ursprünglich die Vergewaltigung einer Frau durch eine Gruppe von Männern bezeichnet, mittlerweile hat sich der Begriff jedoch für mehr oder weniger freiwilligen Gruppensex eingebürgert, der in der Vorstellung der amerikanischen Öffentlichkeit häufig charakteristisch für eine promiske, schwarze Unterschichtsjugend sein soll.

284 „The Occupation of St Bernard." Videodokumentation der Filmemacherin Luisa Dantas über die Besetzung des St. Bernard Public Housing Projects vom Januar 2007.

285 CNN. http://www.cnn.com/CNN/Programs/anderson.cooper.360/blog/2006/02/soap-opera-watchers-need-not-apply.html

286 Federal Bureau of Investigation, Dienststelle New Orleans. Bekanntmachung vom 21. November 2007. http://neworleans.fbi.gov/dojpressrel/2007/no112107.htm

287 NBC: http://www.msnbc.msn.com/id/11485681/

288 Mingo, Stefanie. Ehemalige Bewohnerin des St. Bernard Projects. Interview vom 02. Mai 2007.

289 Venkatesh, Sudhir Alladi: „American Project, The Rise and Fall of a Modern Gettho“, Harvard University Press, Cambridge, 2000.

290 Ebd. Seite 67.

291 Ebd.

292 Foner, Eric: „Organized Black Labour and the Black Workers in the 1970s“ in: „The Insurgent Sociologist“, 8 (1978): 87-89

293 Valentine, Bettylou: „Hustling and Other Hard Work Life Styles in the Ghetto.“ New York: The Free Press, 1978.

294 Venkatesh, Sudhir Alladi: „American Project, The Rise and Fall of a Modern Gettho“, Harvard University Press, Cambridge, 2000.

295 Ebd. Seite 108.

296 Ebd.

297 Blank, Rebecca M.: „It Takes a Nation: A New Agenda for Fighting Poverty. New York: Russell Sage Foundation.

298 Popkin, Susan J., Victoria E. Gwiasda, Lynn M. Olson, Dennis P. Rosenbaum, and Larry Buron. 2000. The Hidden War: Crime and the Tragedy of Public Housing in Chicago. New Brunswick: Rutgers University Press.

299 Newman, Oscar: Creating Defensible Space, U.S. Department of Housing and Urban Development Office of Policy Development and Research, Washington, D.C., 1996.

300 Venkatesh, Sudhir Alladi: „American Project, The Rise and Fall of a Modern Gettho“, Harvard University Press, Cambridge, 2000

301 Ebd. Seite 243.

302 U. S. Department of Housing and Urban Development: „Fair Housing and Equal Opportunity (FHEO)“. http://www.hud.gov/offices/fheo/. letzter Zugriff am 19. Dezember 2007.

303 Davis, Mike. Historiker. University of California, Irvine. Persönliches Interview vom 12. Mai 2007.

304 Housing and Urban Development; http://www.hud.gov/offices/pih/programs/ph/hope6/about/

305 Newman, Oscar. Defensible space; crime prevention through urban design. New York: Macmillan, 1972.

306 http://de.wikipedia.org/wiki/New_Urbanism.

307 Newman, Oscar: Creating Defensible Space, U.S. Department of Housing and Urban Development Office of Policy Development and Research, Washington, D.C., 1996:14 ff.

308 Ebd. Seiten 35, 47, 104.

309 Popkin, Susan, Katz, Bruce, Cunningham, Mary K. , Brown, Karen D., Gustafson, Jeremy, Turner, Margery A.: A Decade of HOPE VI: Research Findings an Policy Challenges, The Urban Institute, Washington 2004.

310 Wikipedia-Eintrag zu „HOPE VI“. http://en.wikipedia.org

311 Ebd.

312 Cardinale, Matthew: “RIGHTS-US: Low-Income Housing on the Chopping Block”. In: Inter-Press-Service, Atlanta. 30. August 2007. http://ipsnews.net/news.asp?idnews=39079, letzter Zugriff: 18. Februar 2008.

313 Davis, Mike. Historiker. University of California, Irvine. Persönliches Interview vom 12. Mai 2007.

314 Holin, Mary Joel, Larry Buron, Gretchen Locke, and Alvaro Cortes. 2003. „Interim Assessment of the HOPE VI Program Cross-Site Report.” Prepared by Abt Associates for the U.S. Department of Housing and Urban Development.

315 Popkin, Susan, Katz, Bruce, Cunningham, Mary K., Brown, Karen D., Gustafson, Jeremy, Turner, Margery A.: A Decade Of HOPE VI: Research Findings an Policy Challenges, The Urban Institute, Washington 2004

316 Davis, Mike. Historiker. University of California, Irvine. Persönliches Interview vom 12. Mai 2007.

317 Ebd.

National Housing Law Project: „False HOPE: A Critical Assessment of the HOPE VI Public Housing Redevelopment Program.” 2002. http://www.nhlp.org. letzter Zugriff: 9. Februar 2008.

319 Ebd.. Seite: ii.

▷ VII. Abrissbirne für die Armut

320 U. S. Department of Housing and Urban Development: „Fair Hou-

sing and Equal Opportunity (FHEO)". http://www.hud.gov/offices/fheo/. letzter Zugriff am 19. Dezember 2007.

321

http://www.commondreams.org/views06/0617-20.htm

322 Babers, Donald. Direktor HANO. Persönliches Interview am 10. Mai 2007.

323 Head, Stacey S. Mitglied City Council von New Orleans. Persönliches Interview am 07. Mai 2007.

324 Damit sind die vier großen Projects gemeint, deren Appartementzahl sich in der Größenordnung von 1.500 bewegt hat.

325 Filosa, Gwen. Redakteurin „The Times Picayune". Persönliches Interview vom 02. Mai 2007.

326 Head, Stacey S. Mitglied City Council von New Orleans. Persönliches Interview am 07. Mai 2007.

327 Rahim, Malik. Common Ground Relief. Persönliches Interview am 08. Mai 2007.

328 Turner, Margery Austin; Popkin, Susan J. Popkin; Kingsley, G. Thomas; Kaye, Deborah: "Distressed Public Housing—What It Costs to Do Nothing", The Urban Institute, April 2005. http://www.urban.org/uploadedPDF/411159_Costs_of_Inaction.pdf

329 Head, Stacey S. Mitglied City Council von New Orleans. Persönliches Interview am 07. Mai 2007.

330 große Verkehrsachse in New Orleans, parallel zum Mississippi

331 Auch auf mehrfache Nachfrage der Verfasser gab die HANO eine existierende Erhebung zur Beschäftigungsrate ihrer Mieter nicht heraus.

332 Ebd.

333 Langus, Trey. Key Asset Manager „River Garden". Persönliches Interview am 04. Mai 2007.

334 Head, Stacey S. Mitglied City Council von New Orleans. Persönliches Interview am 07. Mai 2007.

335 2003 haben Rabito, Charles und White die Bleiwerte von Kindern aus Public Housing Projects der Stadt untersucht. Sie stellen dabei fest: Die Wahrscheinlichkeit bei Kindern aus allen innerstädtischen Wohngebieten in New Orleans, erhöhte Bleiwerte vorzufinden war identisch – egal, ob sie im Public Housing lebten oder nicht. Die fraglos gesundheitsschädliche Bleiverseuchung ist ein Problem des maroden innerstädtischen Wasserleitungssystems. Dieser Befund wird durch neuere Untersuchungen bestätigt.

336 Head, Stacey S. Mitglied City Council von New Orleans. Persönliches Interview am 07. Mai 2007.

337 sofern die für Tremé/Lafitte angekündigte 1:1-Kompensation durchgehalten werden sollte – was völlig offen ist.

▷ VII. Urbaner Kehraus – Die Vertreibung der Lower Class

338 Nicht zu verwechseln mit dem „Urban Land Institute".

339 Burt, Martha. Urban Institute. Persönliches Interview am 26. April 2007 in New Orleans.

340 "Wohngeldgesetz in der Fassung der Bekanntmachung vom 7. Juli 2005 (BGBl. I S. 2029 (2792)), geändert durch Artikel 2 Abs. 12 des Gesetzes vom 5. Dezember 2006 (BGBl. I S. 2748)", http://www.gesetze-im-internet.de/wogg_2/BJNR016370970.html.

341 Rice, Douglas; Fischer, Will and Sard, Barbara: "President's Veto Threat Risks Loss of Housing Assistance for Low-Income Families", Center on Budget and Policy Priorities, Washington, www.cbpp.org/11-14-07hous.pdf, letzter Zugriff: 13. Februar 2008. Seite 3.

342 Fischer, Will; Sard, Barbara: "HUD Data Show Housing Vouchers Costs Leveled off", Center on Budget and Policy Priorities, Washington, http://www.cbpp.org/3-16-05hous.htm, letzter Zugriff: 13. Februar 2008.

Fischer, Will; Sard, Barbara: „Administration seeks deep cuts in Housing Vouchers", Center on Budget and Policy Priorities, Washington, http://www.cbpp.org/2-12-04hous.htm, letzter Zugriff: 13. Februar 2008.

344 U. S. Housing and Urban Development: „Affordable Housing". http://www.hud.gov/offices/cpd/affordablehousing/. letzter Zugriff: 13. Februar 2008.

345 Center on Budget and Policy Priorities, Washington: „Introduction to the Housing Voucher Programm", 6. Juli 2007, www.cbpp.org/5-15-03hous.pdf, letzter Zugriff: 13. Februar 2008.

346 U. S. Housing and Urban Development: „Affordable Housing". http://www.hud.gov/offices/cpd/affordablehousing/. letzter Zugriff: 13. Februar 2008.

347 In dieser Statistik sind allerdings HauseigentümerInnen mit

niedrigem Einkommen eingerechnet, die Schwierigkeiten bei der Bedienung ihres Immobilienkredites bekommen haben.

348 Burt, Martha. Urban Institute. Persönliches Interview am 26. April 2007 in New Orleans.

349 U. S. Housing and Urban Development: „Affordable Housing Needs: A Report to Congress on the Significant Need for Housing", www.huduser.org/Publications/pdf/AffHsgNeedsRpt2003.pdf, letzter Zugriff: 13. Februar 2008. Seite 7.

350 U. S. Housing and Urban Development: „HUD's Public Housing Program", http://www.hud.gov/renting/phprog.cfm, letzter Zugriff: 13. Februar 2008.

351 Center on Budget and Policy Priorities, Washington: „Introduction to the Housing Voucher Program", 6. Juli 2007, www.cbpp.org/5-15-03hous.pdf, letzter Zugriff: 13. Februar 2008.

352 U. S. Housing and Urban Development: „Low-Income Housing Tax Credits". http://www.huduser.org/datasets/lihtc.html. letzter Zugriff: 13. Februar 2008.

353 National Policy and Advocacy Council on Homelessnes: "Written Statement of the National Policy and Advocacy Council on Homelessness (NPACH) submitted to the House Financial Services Committee Subcommittee on Housing and Community Opportunity on 'Housing Options in the Aftermath of Hurricanes Katrina and Rita. New Orleans, 13. Januar 2006, www.npach.org/npach_testimony1-13.pdf, letzter Zugriff: 26. Januar 2008.

354 Babers, Donald. Direktor HANO. Persönliches Interview am 10. Mai 2007.

355 Die für die Höhe der Voucher maßgebliche „Fair Market Rent" stieg dagegen nur um gut 44 Prozent.

356 Logan, John. Direktor Center for Spatial Structures in the Social Sciences. Brown University, Providence. Persönliches Interview am 24. April 2007.

357 National Policy and Advocacy Council on Homelessnes: "Written Statement of the National Policy and Advocacy Council on Homelessness (NPACH) submitted to the House Financial Services Committee Subcommittee on Housing and Community Opportunity on 'Housing Options in the Aftermath of Hurricanes Katrina and Rita.'", New Orleans, 13. Januar 2006, www.npach.org/npach_testimony1-13.pdf, letzter Zugriff: 26. Januar 2008.

358 Head, Stacey S. Mitglied City Council von New Orleans. Persönliches Interview am 07. Mai 2007.

359 so unter anderem die Sitcoms "Good Times", "The Bernie Mac Show" oder die Spielfilme "Cooley High", "Candyman" und "Hoop Dreams".

360 Chicago Housing Authority, Website-Sektion: Cabrini Green Homes; http://www.thecha.org/housingdev/cabrini_green_homes.html, letzter Zugriff 18. Dezember 2007.

361 „Off-Site" bedeutet, dass sich die neue Anlage nicht auf dem Gelände des Projects befindet, sondern in dessen Umgebung, meist in unmittelbar angrenzenden Straßen. „Off-Site" bedeutet darüber hinaus, dass der Bau der neuen Anlagen mit HOPE VI-Mitteln, die für die Neuentwicklung des jeweiligen Projects – in diesem Fall Cabrini Green – bestimmt waren, subventioniert wurde.

362 http://www.holstenchicago.com/mixed_north_town.asp, letzter Zugriff vom 18. 12. 2007.

363 Rice, Alison: "Chicago Hope". In: "Builder Online", 1. Juni 2003, http://www.builderonline.com/industry-news.asp?sectionID=29&articleID=176, letzter Zugriff 18. Dezember 2007.

364 Ebd.

365 http://www.therenaissance-companies.com/site/epage/4871_277.htm

366 http://www.nhc.org/index/About-Leadership-BoardofGovernors

367 http://www.nhc.org/housing/chp-leadership/?mode=print

368 Nicht zu verwechseln mit dem „Urban Institute". Das „Urban Land Institute" (ULI) ist ein Think Tank der Immobilienwirtschaft. Das ULI war Teil der so genannten „Bring New Orleans Back Commission", des Bürgermeisters Ray Nagin. Zur Einschätzung des Programmes des – mittlerweile international agierenden – ULIs: Dessen deutsche Dependance ist die „ECE Projektmanagement GmbH" aus Hamburg, nach eigenen Angaben der „europäische Markführer auf dem Gebiet innerstädtischer Shopping-Center" (http://www.ece.de/de/wirueberuns/).

369 www.uli.org/AM/TemplateRedirect.cfm?template=/CM/ContentDisplay.cfm&ContentID=43681

370

http://www.nhc.org/housing/about-overview

371 Hoban, Sarah: "From Concept to Reality. The municipal development process illustrates the promise and peril of public/private initiatives." In: „Commercial Investment Real Estate. The Magazine of the CCIM Institute", Chicago, Ausgabe November/Dezember 2004.

▷ IX. Die pastellfarbene Zukunft des Sozialbaus

372 HUD: „Fact Sheet: Redevelopment that Respects New Orleanians", 20 Dezember 2007, http://www.hud.gov/news/neworleansfact122007.cfm, letzter Zugriff: 24. Januar 2008.

373 Persönliches Interview am 2. Mai 2007.

374 Persönliches Interview am 5. Mai 2007.

375 Everard, Don. Knapp 20 Jahre lang Sozialarbeiter in St. Thomas. Persönliches Interview am 05. Mai 2007.

376 Bagert, Brod: "HOPE VI and St. Thomas – Smoke, Mirrors and Urban Mercantilism", London School of Economics, September 2002. Seite 7.

377 Ebd.. Seite 8.

378 Ebd.

379 MacCash, Doug: "New Orleans: New Urbanism?". In: The Seattle Times vom 16. November 2005, http://seattletimes.nwsource.com/html/nationworld/2002626329_neworleans16.html, letzter Zugriff: 24. Januar 2008.

380 Ebd.

381 Langus, Trey. Key Asset Manager „River Garden". Persönliches Interview am 04. Mai 2007.

382 Bagert, Brod: "HOPE VI and St. Thomas – Smoke, Mirrors and Urban Mercantilism", Executive Summary, London School of Economics, September 2002.

383 Das in den gesamten USA zur Subventionierung von Affordable Housing verwendete TIF-Modell funktioniert so: Auf dem Gelände siedeln sich ein oder mehrere Unternehmen an, in diesem Fall der Wal-Mart. Diese werden von der Stadt von der Kommunalsteuer befreit. Sie zahlen hiervon aber trotzdem einen Teil, und zwar an den Bauunternehmer, also HRI. Dieser subventioniert damit sein Bauprojekt und muss im Gegenzug Mieteinheiten zu Niedrigmieten für arme Familien vorhalten.

384 Ebd.

385 Ebd. Seite 16.

386 HRI: http://www.rivergardenneworleans.com/Apartments/module/company_property_info/company_property%5Bid%5D/6097, letzter Zugriff: 24. Januar 2008

387 Bagert, Brod: "HOPE VI and St. Thomas – Smoke, Mirrors and Urban Mercantilism", Executive Summary, London School of Economics, September 2002. Seite 6.

388 Arena, John David: „Social Struggle for Public Housing in New Orleans", PHD-Thesis, Tulane Universität, New Orleans 2007. Seite 355.

389 Langus, Trey. Key Asset Manager „River Garden". Persönliches Interview am 04. Mai 2007.

390 Arena, John David, 2007, S. 355, Appendix C. Originalquelle: Bagert 2002, Appendix E4

▷ X. Kolonialisierung der Köpfe

391 Schichtenbildung

392 Everard, Don. Knapp 20 Jahre lang Sozialarbeiter in St. Thomas. Persönliches Interview am 05. Mai 2007.

▷ Schluss – "Ein Tisch mit großen Gelegenheiten"

393

http://neworleans.indymedia.org/news/2007/12/11785.php

394 Kabacoff hatte schon das St. Thomas Project mit den bekannten Folgen renoviert.

395 Quigley, B. (2008): Half New Orleans Permanently Displaced: Failure or Success? http://neworleans.indymedia.org/news/2008/03/12275.php

396 Zahlen aus: The Brookings Institution Metropolitan Policy Program & Greater New Orleans Community Data Center (2008): The New Orleans Index April 16th 2008: http://www.gnocdc.org/NOLAIndex/NOLAIndex.pdf